当代管理理论与实践系列丛书

基于投资者注意力视角的企业财务效应研究：

市场表现与管理层财务择机

权小锋◎著

Dongwu Business School

(Finance and Economics School)

苏州大学出版社
Soochow University Press

图书在版编目(CIP)数据

基于投资者注意力视角的企业财务效应研究：市场表现与管理层财务择机 / 权小锋著. —苏州：苏州大学出版社，2014.12
(当代管理理论与实践)
ISBN 978-7-5672-1128-5

Ⅰ. ①基… Ⅱ. ①权… Ⅲ. ①公司—财务管理—研究 Ⅳ. ①F276.6

中国版本图书馆 CIP 数据核字(2014)第 288356 号

基于投资者注意力视角的企业财务效应研究：
市场表现与管理层财务择机
权小锋 著
责任编辑 薛华强

苏州大学出版社出版发行
(地址：苏州市十梓街 1 号 邮编：215006)
苏州工业园区美柯乐制版印务有限责任公司印装
(地址：苏州工业园区娄葑镇东兴路 7-1 号 邮编：215021)

开本 700 mm×1 000 mm 1/16 印张 12.75 字数 224 千
2014 年 12 月第 1 版 2014 年 12 月第 1 次印刷
ISBN 978-7-5672-1128-5 定价：32.00 元

苏州大学版图书若有印装错误，本社负责调换
苏州大学出版社营销部 电话：0512-65225020
苏州大学出版社网址 http://www.sudapress.com

致　谢

本书阶段研究受到国家自然科学基金面上项目(编号:71302121)、中国博士后科学基金特别资助项目(编号:2014T70014)、中国博士后科学基金面上资助项目(编号:2014M560021)、教育部人文社会科学研究青年项目(编号:12YJC630158)、江苏高校哲学社会科学研究重点项目(编号:2012ZDIXM039)资助,特此致谢!

前　言

现代金融理论认为股票市场是有效的，信息能够及时有效地反映到股票价格中。然而，20 世纪 80 年代对金融市场的大量实证研究发现了许多现代金融理论无法解释的异象。异象的存在挑战了有效金融市场理论中的一个重要假设，即个人是完全理性的。这个假设具有两方面的含义：第一，信息完全对称；第二，个人能够迅速准确地理解上述信息。显然，实际金融市场参与者的知识、技能水平和注意力是有限的，无法满足上述两个条件。这就使得有效市场理论在某种意义上成为金融市场理论中的参照系。为了解释金融市场上的这些异象，一些金融学家将心理学的研究成果应用于对投资者的行为分析，形成了金融理论中的行为金融流派。在这个流派的发展中，投资者注意力无疑是最近兴起的最引人瞩目的研究领域。目前，国外财务和金融学者对投资者注意力与股票定价、投资者行为以及公司的财务行为之间的关系产生了越来越浓的兴趣。因为信息是资本市场定价的基础，而投资者注意力在不同信息结构上的配置影响了信息消化、吸收以及处理的效率，进而引起了股票价格和成交量的巨大波动，这种波动在资本市场会产生连锁效应，投资者和管理层财务行为受到了注意力的强烈驱动。

本书包含两个层次的研究：

(1) 投资者注意力与股票误定价之间的关系。

本书选取我国资本市场最具代表性的价格异象、盈余异象以及应计异象作为股票误定价的分析重点。通过观察注意力在不同信息结构上的配置，本书重点检验了投资者注意力程度的认知差异对这些典型股票误定价现象的影响，并且通过非参数的方法将市场状态划分为牛市和熊市，研究了在不同市场状态下，股票定价上的投资者注意力效应是否存在显著的差异。第一个层次预期解决的问题是：投资者注意力是否影响了市场的定价效率？或者说投资者注意力是否引起了股票的定价偏差及其动态变化？充分注意和有限注意的认知状态对市场中股票的横截面收益会分别产生什么样的影响？这种影响在不同的市场态势下会产生怎样的变化？这些问题的研究对投资者形成正确的投资决策以及监管层改进市场资源配置效率、抑制股市的过度波动等具有重要参考价值。

(2) 投资者注意力与管理层财务择机行为之间的关系。

如果第一个层次问题的答案是肯定的，那么第二个层次研究所要解决的问题是：股票定价上的“注意力效应”是否会被短期逐利的管理层所利用和操纵？即管理层是否会基于投资者在资本市场的注意力偏差从事财务择机行为？其中本书将重点选取盈余信息的公告择机行为以及更为直接的内部人股票交易择机行为来分析管理层的财务择机行为。通过对投资者注意力与公告择机、交易择机行为的考察，分析管理层基于投资者注意力进行择机行为的途径、特征、影响因素以及对应的经济后果。这些问题的研究对规范上市公司的信息披露，完善公司治理机制具有重要的启示意义，对监管层明确市场中信息审查机制的重点领域和工作方向，改善内部人交易的监管效率也具有重要价值。

本书共有九个章节，每章的主要内容安排如下：

第一章为研究概述，主要介绍了本书的选题背景与研究意义，提出了本书的研究问题，概括了本书的研究思路与主要内容，最后对本书的贡献和创新之处进行了总结。

第二章为制度背景分析，主要介绍了本书研究的制度背景，分别从资本市场投资者的注意力配置特征、年报信息披露的时机偏好与内部人交易行为的制度监管三个方面对本书研究的政策和市场背景进行了简单概述和分析。

第三章为理论与文献基础，首先概述了注意力的三种信息加工理论：知觉负载、注意力分配以及注意力唤醒理论，概括了注意力研究的心理学基础；并通过分析注意力引起经济行为的逻辑和传递模式概括了注意力研究的经济学基础。其次通过建立一个简单的数理模型来直观说明投资者注意力是如何影响资本市场股票定价的。最后对于近年来出现的投资者注意力文献进行了梳理，重点针对研究主题，对近年来投资者注意力与股票定价、管理层战略择机决策行为之间关系的文献进行了梳理和评述。本章是实证研究的理论和文献基础。

第四章介绍了投资者注意力测度指标。投资者注意力涉及投资者的认知心理，因此在实证中很难直接测度。本章通过对当前投资者注意力测度文献的归类和梳理，在对不同种类测度指标的优缺点进行评述的基础上提出了本书的测度指标。本章是实证研究重要的指标基础。

第五章为投资者注意力与市场误定价之间的实证关系研究。本章基于认知心理学视角，首先分析了投资者对于持续性的股价历史信息和间歇性的盈余公开信息之间的注意力配置，并以此注意力配置上的差异实证检验了投资者注意力对价格反转和盈余惯性形成的影响效应。其次利用非参数的方法将研究样本划分为牛市和熊市两个阶段，进一步检验投资者注意力对市场误定价上的影响效应在不同的市场态势下是否存在非对称性的“鸵鸟效应”。

第六章为投资者注意力与应计误定价（又称“应计异象”）之间的实证关系研究。当前的文献发现异常应计的低持续性和高估价是应计误定价形成的主要原因。本章遵循投资者注意力—盈余操纵—应计误定价的分析思路，首先从管理层的视角检验了投资者注意力的配置对于管理层盈余操纵行为的影响；其次从投资者认知视角检验了注意力配置对投资者会计应计信息解读效率的影响，进而分析这种影响效应下的应计误定价程度。在投资者注意力的统一框架下，本章为我国资本市场应计误定价的存在性及其形成机理提供了新的理论解释。

第七章为投资者注意力与管理层盈余公告择机行为的实证关系研究。我国资本市场盈余公告的平均业绩“前高后低”、披露时间“前松后紧”的现象非常明显。因此结合我国的制度背景和市场环境，立足于投资者注意力资源局限条件下的管理层短视财务择机行为分析，本章从认知心理学角度出发，实证检验了投资者注意力、盈余公告效应以及管理层盈余公告择机行为之间的内在关系。其中，公告择机行为重点考察了管理层盈余信息公告的时机和时间偏好特征与投资者注意力的关系。

第八章为投资者注意力与管理层内部人股票交易择机行为的实证关系研究。股权分置改革以后，《公司法》《证券法》对内部人交易行为的放行引起我国资本市场上频频出现高管集体精准套现和违规交易的现象。在新的制度背景下，上市公司管理层在交易本公司股票时是否存在择机交易行为及其对应的手段是本章的研究主题。本章预期从分析投资者认知特征出发，在分析管理层交易特征的基础上，重点检验管理层长短期的择机交易倾向、程度与投资者注意力的关系，并分析管理层择机交易的途径、影响因素及对应的价值效应，从而为当前制度背景下管理层择机交易的动力、制约因素、运作途径及其对应的外部效应提供新的投资者注意力解释。

第九章为全文的总结与展望，具体包括：本书的主要发现、研究启示与政策建议，并且指出了本书的研究局限性和未来的研究方向。

本书的创新和改进之处体现如下：

(1) 研究视角的创新。对于任何市场信息，要想引起市场的反应，首先就要引起投资者的注意，这是市场反应的前提和客观条件。但长期以来金融和财务学者却忽略对这种局限条件的分析。本书研究引入认知心理学的研究视角，通过选择注意力的研究主线系统性地对投资者注意力、股票定价以及管理层财务择机行为之间的内在关系进行了研究，研究逻辑具有继起性和系统性，研究视角具有新颖性。

(2) 研究指标的创新。投资者注意力反映了投资者的认知心理，在实证研究中很难直接测度。本书在指标测度中，首次将注意力的起因和后果进行结合，利用媒体报道数和换手率两个指标测度投资者注意力。其中媒体报道数是投资者注意力的起因指标，该指标从信息特性角度对媒体报道所引起的投资者的注意力程度进行测度；换手率是投资者注意力的后果指标，该指标从交易特性角度对投资者注意力所引起的股票交易的活跃状态进行测度。这两个指标结合投资者注意力的起因和后果两个方面进行测度，在实证检验中一方面能够增加研究结论的可靠性，另一方面也能有效地规避内生性的问题。为了控制这两个指标的时间增长趋势以及异常值对研究结论的影响，本书在实证分析中还对这两个指标进行了等级化处理，这有效保证了本书研究结论的稳健性。

(3) 研究内容的创新和改进。对于实证研究，本书从研究内容上也有所改进：

① 本书基于认知心理学的理论，着重分析了投资者注意力和价格异象、盈余异象之间的关系。对于这两种典型的市场异象，现有文献主要在投资者反应过度和反应不足的行为金融理论框架内进行解释，但这两种反应模式背后的关键驱动因素和运行机制目前还缺乏探索。市场中信息种类繁多，个体投资者由于时间、精力以及能力的限制不可能对所有的信息都进行充分注意，因此必然会对信息产生选择性的注意力配置。本书的研究立足于投资者在持续性的股价历史信息和间歇性的盈余公开信息之间的注意力分配问题，进而分析这种注意力配置造成的经济后果。研究发现，投资者注意力具有双重的作用：一方面，有限的注意力引起投资者对盈余公开信息反应不足，进而加大了市场中盈余惯性收益；另一方面，投资者对于股价历史信息的充分注意又会与其自身的行为偏差(外推预期和过度自信)交织在一起引起对于股价历史信息的过度反应，从而放大了市场中股票的价格反转收益。另外，本书还通过组合分析的方法发现在不同的市场态势下，股票定价的注意力效应存在非对称性。本书研究验证了注意力的静态和动态配置对市场中股票误定价及其动态变化的显著影响。在投资者注意力的统一框架下，合理解释了价格和盈余异象的生成机理与影响因素，因此对现有资产定价的研究文献提

供了有力的补充。

② 对于应计误定价现象,当前我国学者仅分析了其在我国资本市场中的存在性问题,对于应计误定价的成因及其形成机理的分析还非常缺乏。本书在投资者注意力的统一框架下,延承投资者注意力—盈余操纵—应计误定价这种递进的分析思路,利用 Mishkin(1987)等多种实证方法研究了投资者注意力与应计误定价之间的关系。研究表明投资者注意力一方面具有“治理效应”,即投资者注意力的提高能够抑制管理层的主观操纵行为,降低异常应计的构成比例,提高盈余构成信息的可靠性;另一方面具有“认知效应”,即投资者注意力的提升,使投资者对盈余构成信息的解读能力得到显著提高,因此应计成分的高估价程度得到显著抑制,最终导致了市场对其应计构成成分定价效率的提升。研究证实了投资者注意力是我国资本市场应计误定价形成的重要成因。

③ 我国资本市场财务报告集中披露现象由来已久,平均业绩“前高后低”,亏损年报集中在 4 月下旬,“前松后紧”、“好消息提前披露,坏消息推迟披露”的现象非常明显。这些现象表明我国上市企业管理层盈余公告信息的披露具有择机行为。但这种择机行为的动因和手段是什么? 现有的研究还非常缺乏。本书在投资者注意力与盈余公告市场反应关系探讨的启示下,进一步从投资者认知过程角度分析管理层盈余信息择机公布的直接动因和手段。研究发现,资本市场上具有信息优势的管理层在公布盈余公告时会择机进行,为了减轻市场对于坏消息的“惩罚”力度和提高好消息的市场“奖励”力度,管理层会倾向于在投资者注意力比较低的状态下公布坏消息,而在投资者注意力比较高的状态下公布好消息,其中好的盈余信息更倾向于提前公布。而且基于投资者注意力状态的盈余公告择机倾向还受到上市企业会计信息透明度以及管理层权力强度的影响。这样的研究为政府监管部门在制定相关政策以优化信息披露制度、提高投资者对盈余信息的解读效率和增强市场效率等方面提供指引作用。

④ 股权分置改革以后,伴随着 2006 年新《公司法》和《证券法》以及 2007 年中国证监会颁布的《上市公司董事、监事和高级管理人员所持本公司股票及其变动管理规则》的出台,上市公司高管交易本公司股票被解除了枷锁,很多公司出现了高管精准套现和违规交易的现象。对于这种管理层择机交易,以往的研究都是从传统的信息不对称理论出发,基于管理层的信息优势地位来考察管理层是否会利用信息操纵获得股票择机交易的自利收益。但是,在这其中却忽略了投资者的作用,特别是忽略了投资者对于特定股票的认知所产生的影响。中国证券市场目前在发展程度上和国外资本市场差异较大,市

场中投资者以散户投资者为主，这些投资者对于信息的处理能力有限。面临资本市场种类繁多的股票，由于注意力是投资者的一种稀缺资源，因此投资者对这些股票的信息分析必然存在注意力如何使用和分配的问题，即投资者对于市场中股票存在选择性的注意状态，对于那些概念题材股、表现出异常交易和异常收益以及具有重要新闻曝光点的股票，投资者必然会聚焦充分的注意力，而对于其余股票，投资者的注意力必然有限。在这种选择性注意力配置状况下，投资者充分注意的股票无疑能够吸引更多投资者的注意力，其对应股票的信息收集和加工的处理效率必然提高，这有助于企业信息不对称状况的改善，进而对管理层的择机性股票交易行为产生影响。因此，本书通过构建新的管理层长期和短期择机交易指标，结合信息不对称理论和投资者认知心理学理论去深入分析投资者对股票的选择性注意力状态对管理层择机交易的影响、作用机理及其对应价值效应，这样的研究无疑丰富了当前内部人交易动机、手段和经济后果的研究体系。

Preface

Based on efficient market theory (EMH), modern financial theory asserts that stock market is efficient, and stock price could timely and effectively reflect all information. However, since 1980s, many stock market anomalies have been found and have challenged the assumption of modern financial theory that investors are perfect rationality. The assumption includes two aspects: (1) Information is completely symmetric; (2) Individuals can quickly and accurately understand the information. Obviously, the knowledge, skill and attention capacity of actual financial market participants are limited and cannot meet the above two conditions. To explain these anomalies, the new theory—behavioral finance, combined human psychology and behavior into research framework, can give us more convincing explanations from a totally different perspective. In behavioral finance framework, investor attention is the most striking research area in recent years. Currently, the relation between investor attention and stock price and the relation between investor attention and finance behavior of listed firms have attracted more and more attention of foreign financial scholars. Because information is the basis for the capital market pricing, and investors' attention on different information structure affect digestion, absorption and processing efficiency of information, thereby causes the stock price and trading volume large fluctuations. Such fluctuations in the capital market will have a chain effect. Investors' and managers' financial behavior seem to be intensely drove by attention.

This book includes two level researches.

(1) Study on the relation between investor attention and stock

mispricing.

For stock mispricing, based on attention distribution of information, this book chooses three representative anomalies of Chinese capital market (price anomaly, earning anomaly, accrual anomaly) to test the effect that investor attention has on stock mispricing, this book also analyzes the significant differences of attention's effect on stock mispricing in different market state (bull and bear market) identified through non-parametric approach. The first level answers the following questions: whether market pricing efficiency could be affected by investor attention? Or rather, whether investor attention could cause stock pricing biases and dynamics? How could stock cross section returns be affected by adequate attention and limited attention and whether the effect of attention varies in different stock state (bull and bear market)? The research of above questions has important value for investors in making right investment decision and supervisors in improving market resource allocation efficiency and in inhibiting excessive fluctuation of stock market.

(2) Study on the relation between investor attention and management financial timing behavior.

If the answers to the first level's questions are yes, the second level's questions are: whether the "attention effect" on stock pricing could be exploited and manipulated by short-term profit-driven management? Or rather, whether management has financial timing behavior because of cognitive biases of investor attention? Among which, earning information announcement timing behavior and insider trading timing behavior are focus of this book. The purpose of this book is to explore the way, characteristics, influencing factors and the corresponding economic consequences of timing behavior through investigating the relations between investor attention and announcement timing and transaction timing. The research of above questions is of enlightening significance to norm information disclosure and to improve corporate governance of listed companies. Also, it is of great significance to determine important areas and working direction of message checking mechanism and to improve supervision efficiency of insider trading.

The research framework of this book consists of nine chapters.

Chapter 1 is the introduction, which briefly introduces the research background, research significance, research issues, research ideas, the overall framework, and research improvements and innovations.

Chapter 2 is the institutional background, which reviews policy and market background from distribution characteristics of investor attention, timing characteristics of annual financial reports' announcement, and the institutional evolution of supervision system of insider trading in Chinese stock market.

Chapter 3 are theoretical and literature foundation. In this chapter, firstly, the author reviews three types of information processing theory of attention: perceptual load, attention allocation, and attention arouse theory, and outlines the psychological basis of the attention. Secondly, by establishing a simple mathematical model the author illustrates how investor attention affects stock price. Finally, the author reviews research literatures in recent years. Focus on research topics, the author reviews and comments on the literature about the relation between investor attention and stock pricing and the relation between investor attention and management timing behavior. This chapter is the theoretical and literature foundation of empirical research.

Chapter 4 is about measure index of investor attention. Investor attention involves cognitive psychology, so it is difficult to measure directly. By classifying and reviewing the current measure index of investor attention, this chapter puts forward the measure index adopted in this book. This chapter is measure index foundation of empirical research.

Chapter 5 empirically studies the relation between investor attention and market mispricing. From the perspective of cognitive psychology, this chapter firstly analyzes the difference of attention distribution between persistent historical stock price information and intermittent earnings public information, and then empirically test whether investor attention affects the price reversal and earnings momentum of stock market. This chapter further studies whether the "attention effect" on stock mispricing is asymmetric in different market state (bull and bear market), which is called "ostrich effect" in this book.

Chapter 6 empirically studies the relation between investor attention and accrual mispricing (or accrual anomaly). The current literatures find that low persistence and overestimate of abnormal accruals are main causes of accrual mispricing. This book follows the analytical path of "investor attention-earnings manipulation-accrual mispricing". Firstly, from management's prospective, this chapter researches on how investor attention affects earnings manipulation of management. Secondly, from investor cognitive prospective, this chapter researches on how investor attention affects accrual mispricing. In a unified framework of investor attention, this chapter provides a new explanation to existence and formation mechanism of accrual mispricing in Chinese capital market.

Chapter 7 empirically studies the relation between investor attention and management earnings announcement timing behavior. Earnings information announcement has long been centralized disclosed in Chinese capital market. Average performance has been "high in the front and low in the rear". Disclosure time has been "loose in the front and tight in the rear". Combining with our country institutional background and market environment, from cognitive psychology perspective, this chapter researches the inner relations between investor attention and earnings announcement effects, and the inner relations between investor attention and earning announcement timing behavior of management in the latter research, the author chooses opportunity and timing preference of earnings announcement as research focus.

Chapter 8 empirically studies the relation between investor attention and management insiders' trading timing behavior. After the split share structure reform in China, new "Company Law" and new "Securities Law" release the limit of insider trading, which cause management collectively taking cash against provisions accurately and trading illegally. From cognitive psychology perspective, through analyzing management trading feature, this chapter mainly tests the relations between investor attention and the tendency, degree of long-term and short-term management trading timing behavior, which provides new investor attention's explainations for motivation, restrictive factors, operation paths and value effect of management trading timing behavior under new institutional background.

Chapter 9 makes conclusions and discusses on future research. It shows research implications and limitations, and pointing out direction for future research on investor attention.

The innovations and improvements this book made are as follow:

(1) Research perspective of this book is new. Any information must firstly arouse the investor attention to cause stock price reaction. It is a prerequisite and objective condition for market reaction. However, this condition has been ignored by financial scholars for a long time. This book introduces cognitive psychology perspective, and tests the relations between investor attention and stock mispricing, and relations between investor attention and management financial timing behavior. The research logic is sustainable and systematical, and the research perspective is novel.

(2) Measure indexes are new in this book. It is difficult to directly measure investor attention in the empirical study, because investor attention reflects the reality of cognitive psychology of investors. In this book, we for the first time combine the cause and consequence index of investor attention by choosing media report frequency and turnover ratio as measure indexes of investor attention. Media report frequency is cause index and measures investor attention induced by media report from information characteristic perspective. Turnover ratio is consequence index and measures investor attention from trading characteristic perspective. These two indexes could strengthen research reliability in the empirical study on the one hand and effectively avoid endogenous problem on the other hand. What is more, we set the grade of these two indexes to control time trend and outliers, which effectively guarantees the robustness of the conclusions of this book.

(3) There are some improvements in terms of research contents in this book.

① This book mainly analyzes the relations between investor attention and price anomaly, earnings anomaly from cognitive psychology perspective. For both two typical market anomalies, the current literatures explain them through over-reaction and under-reaction models in the framework of behavioral finance. However, the key driving factors and operation mechanisms behind these two response models have not been explored until now. As the capital market is filled with all kinds of information, individual investors cannot pay attention to all information but selectively pay attention to some information because of time, energy and capacity constraints. This book mainly analyzes attention distribution between persistent historical stock price information and intermittent earnings public information, and further empirically tests the economic outcomes of attention distribution. Research shows that investor attention has dual role, on the one hand, limited attention could induce price under-reaction to earnings public information and decrease return, on the other hand, combining with behavior bias (extrapolation expect and overconfidence), adequate attention could induce price over-reaction to stock price historical information and amplify price reversal return. Meanwhile, this book also identifies market state through non-parametric approach and finds that there is asymmetric information respond model called "ostrich effect" under different market state (bull and bear market), which further verificates the investor attention effect on stock pricing. Under a unified framework of investor attention, this book reasonably explains the formation mechanism and influencing factors of price and earnings anomaly, and supplements and improves the current asset price literatures.

② Nowadays, domestic scholars mainly focus on the existence of accrual mispricing, but rarely research on the causes and mechanisms of its formation. Under a unified framework of investor attention, following "investor attention-earnings manipulation-accrual mispricing" analytical path, this book empirically studies the relation between investor attention and accrual mispricing by many approach including Mishkin Test (1987). Research suggests that on the one hand, investor attention has "governance effect" that can reduce the proportion of subjective manipulation accruals and on the other hand, investor attention has "cognitive effect" that can increase investors' reading efficiency of earnings constitute information. The research results confirm that investor attention is an important cause of accrual mispricing.

③ Earnings information announcement has long been centralized disclosed in Chinese capital market. The average performance disclosed was "high in the front and low in the rear" and disclosure time shows a phenomenon that "early disclosure for good news but delay disclosure for bad news", which indicates that management earnings' information disclosure has the obvious property of timing behavior. However, what are the motivations and means of timing behavior? Existing researches are still scarce. By exploring relation between attention and post earnings announcement drift (PEAD), this book empirically analyzes the motivations and means of management earnings information timing disclosure behavior from cognitive process prospective. Research shows that the management has information advantage in capital market so that they can time to announce earnings information so as to reduce "market punish" for bad news and increase "market reward" for good news, and also the timing behavior could be affected by the transparency degree of accounting information and management power strength. At last, this book also concludes good news is more prone to publish in advance. These results provide some directions for the government regulatory authorities to optimize information disclosure system and to increase investors' information reading efficiency and market efficiency.

④ After the split share structure reform, with new "Company Law" and new "Securities Law" enforcing in 2006 and "Management Rules directed on buying and selling own firm stock for listed company directors, supervisors and top managements" enforcing in 2007, shackles on insider trading have been rescinded, which cause management collectively taking cash against provisions accurately and trading illegally. For the opportunistic trading behavior, the prior literatures focus on whether management acquires self-interest income by manipulating information disclosure from asymmetric information theory. However, the role of investor has been long neglected in the prior literatures, especially for the role of investor cognitive psychology. Chinese capital market is very different from foreign mature capital market and is dominated by retail investors who will distribute their attention between different stocks due to limited information processing capacity. Investors will pay more attention to the concept stocks, attention-driving stocks that show abnormal trade volume and abnormal trade return, but pay limited attention to other stocks. Under the expectation of attention distribution, some stocks that investor pay full attention will drive more investor attention and information collecting and processing efficiency of these stocks will be improved. Furthermore, this will improve the asymmetric information state and affect management's trading timing behavior. Therefore, through constituting new management trading timing indexes and combing asymmetric information theory and cognitive psychology theory, this book deeply analyzes the impact, mechanism and value effect of investor attention on management trading timing behavior. This book will undoubtedly enrich the current research literatures on insider trading motives, means and economic consequences.

目　录
Contents

第一章　研究概述

第一节　选题背景、研究意义与问题的提出

一、选题背景

现代金融理论认为股票市场是有效的,信息能够及时有效地反映到股票价格中。然而,20 世纪 80 年代对金融市场的大量实证研究表明,金融市场存在许多现代金融理论所无法解释的异象。异象的存在挑战了有效金融市场理论中的一个重要假设,即个人是完全理性的。这个假设具有两方面的含义:第一,信息完全对称;第二,个人能够迅速准确地理解上述信息。显然,由于市场参与者的知识、技能水平和注意力是有限的,因此在现实金融市场中,上述两个条件不成立。为了解释金融市场上的这些异象,一些金融学家将心理学的研究成果应用于对投资者的行为分析,形成了金融理论中的行为金融流派。在这个流派的发展中,投资者注意力(关注)无疑是最近兴起的最引人注目的研究领域。由于信息是资本市场定价的基础,投资者注意力在信息结构上的不同配置会影响消化、吸收以及处理信息的效率,进而会引起股票价格和成交量的波动,这种波动在资本市场上将产生连锁效应,投资者和管理层财务行为因此将受到注意力的驱动。综观以往的研究,有关投资者注意力与股票定价、投资者行为以及公司财务行为之间关系的研究甚少,因此本书将致力于对以上问题进行系统研究。

注意力指的是在外界的激励条件下,主体对信息客体进行一定强度和持续关注的能力(Kahneman,1973)。注意力是一种稀缺资源,通常表现为认知资源在不同任务间进行替代和转换。注意是一种主观能力,属于经济学(资源)范畴;注意是种行为,属于心理学范畴。在具体客体上的注意力消耗就是注意,实施注意这种行为的同时就是在消耗注意力这种心智资源。注意力不仅是个体进行信息加工和各种认知活动的重要条件,也是个体完成各种行为

的重要条件。只有在注意状态下，人们才能有效地监控自己的动作和行为，从而达到预定目的，避免失误，顺利完成相应的工作任务。

注意力保证了个体对事物清晰的认识、更准确的反应和进行更可控有序的行为，这是个体获得知识、掌握技能、完成各种智力操作和实际操作任务的重要心理条件。在心理学领域，学者们对注意力早已研究多年，但人类注意力资源存在局限性的这种客观事实却长期被财务和金融学者所忽略。直到2001年，Huberman和Regev发表在《The Journal of Finance》上的一篇文章引起了财务和金融学者的极大关注。他们提供了一个投资者注意力的启示性案例：1998年5月3日，星期天，《纽约时报》头版报道了癌症研究领域发明出一种具有重大历史突破价值的新药，报道提到一家小的生物公司ENMD获得生产这种新药的特许权。这篇报道的影响非常大，次日，ENMD公司股票的收益率就高达330%（见图1-1），公司股价达到历史最高水平。然而，此新闻报道其实并没有新的信息含量，因为《自然》和其他大众媒体包括《纽约时报》在5个月前就发布过同样的内容。在这个案例的启示下，财务和金融学者发现，市场中股票的定价也许并不仅仅是由系统性风险因素所决定的，在认知心理层面，投资者注意力在决定资产定价方面或许扮演着重要的角色。学者们认为金融市场充斥着大量信息，这些信息不一定都能被股价充分吸收，这些信息要引起市场的反应，首先须引起投资者的注意，这是市场反应的前提和客观条件。由此，投资者注意力开始进入学者的视线。

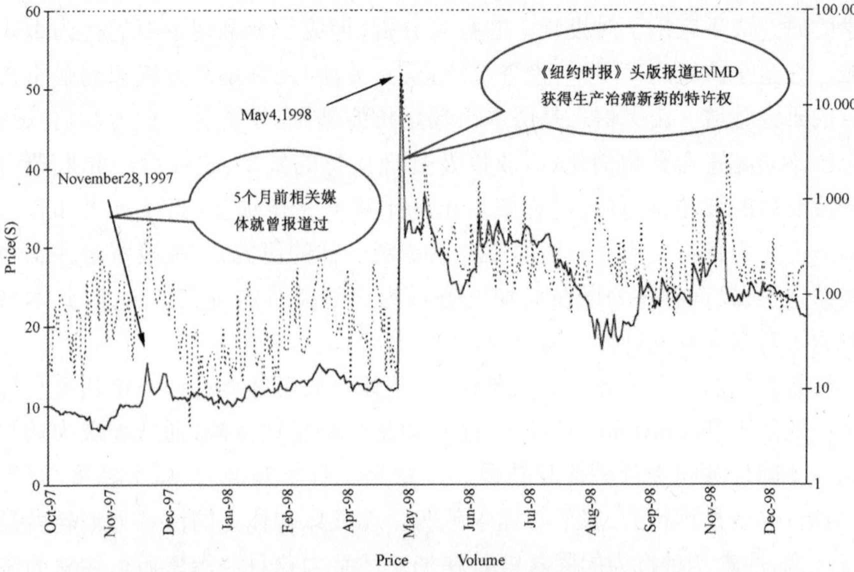

图1-1　ENMD获得生产治癌新药特许权的市场反应

在资本市场,投资者注意力作为一种稀缺资源,它反映了投资者的心理认知过程,它是投资者对信息进行反应的重要因素。当涉及投资决策时,若有大量信息,有限注意不可避免,投资者不得不对信息处理作出选择(王春、徐龙炳,2009)。Kahneman(1973)提出注意力模型,认为注意力是一种基于对外界信息输入处理的有意识活动,总体上可能的处理能力会因外界的刺激不同而增加或减少,同时存在决定各种意识资源分配和各个处理阶段的规则与策略。

现代金融理论假定信息一旦进入市场就能立即反映在股价中,这种假设要求投资者能够持续地注意投资资产信息。但在现实中,投资者注意力是一种稀缺资源,他们对于资产信息往往具有有限的注意力。这种有限注意具体表现为由于时间和精力的有限性,投资者不可能考虑所有的股票投资,并且他们所能够分析的信息量也会受到约束(Aboody 等,2012)。因此,从信息处理效率的视角,投资者受限于注意力资源的约束,客观世界并不能完全转化为心理现实,即外部世界在转化为心理现实的过程中会以一种经济和简约的形式出现,从而产生一定程度扭曲或变形,扭曲导致决策可能具有更大的风险,从而会影响个体行为和决策的正确性。投资者注意力作为现实中投资者所存在的特定心理现象,在经济和公司基本面等其他状况没有发生根本变化的情况下,会对投资者投资决策产生重大的影响。就投资者注意力的极端面而言,分为充分注意和有限注意两种情况。重要的或被投资者充分注意的信息能够引起股价的过度反应。如 2010 年我国资本市场的"锂热"现象就是一个典型的案例。2010 年我国的国家产业政策报告明确表示扶持新能源汽车发展之后,锂电池概念便被市场疯狂追捧。"有锂走遍天下",相关概念股呈现独立于大盘的上涨趋势,上市公司纷纷进军锂电池行业,锂业公司也争相上市。锂业公司一上市便受到市场的狂热追捧。2010 年上市的赣锋锂业和天齐锂业初登 A 股市场就表现得牛气冲天。上市首日,赣锋锂业飙升约 186%。天齐锂业则在发行市盈率高达 90 倍且大盘回调的情况下,首日涨幅仍达到 177%。相反地,被投资者有限注意的信息则不能有效地反映在股价中,造成股价的反应不足。如 2008 年 1 月以来,市场非理性大跌的背景下,投资者受信息处理能力的限制,无法估计所有上市公司的合理股价。因而,即使有绩优上市公司公布了业绩增长,也未能避免股价的大幅下跌。由此可见,投资者注意力可能是引起市场中股票定价偏差的重要成因。对这一前沿问题在国内制度背景下展开系统研究不仅能够丰富现有行为金融的理论体系,而且对实践中投资者特别是个体投资者的投资决策能够提供有益指导,对监管机构改善市场资源配置以及抑制市场波动都有重要启示和价值。

传统的公司财务理论建立在投资者理性视角下的管理层财务决策行为分析上，但近年来逐步兴起的行为财务理论却转换视角，开始分析基于投资者非理性视角下的管理层决策行为。Stein(1996)认为当股价过高时，理性的管理层应该发行更多股票以利用“股票的误定价”降低股权融资成本。Baker，Ruback 和 Wurgler(2007)进一步指出，当投资者过度乐观或者过度悲观时，短视的公司管理层可能会出于追求短期股价的最大化而迎合投资者情绪以进行股利发放行为。而对于投资者注意力这种市场中投资者最基本和关键的认知偏差，公司管理层的财务行为是否会受到这种非理性因素的影响呢？在一个关于盈利数字游戏的著名演说中，时任美国证券交易委员会主席的维特(1998)，表达了对股票市场 20 世纪 90 年代后半期的繁荣中许多误导性的会计实践事件的关注。而其中的事件之一就是：有些公司通过有意识地选择性披露备考盈利(而不是依据标准通用会计制度而得出的盈利)而提高投资者的良好感知，进而使投资者获得了超过分析师预测的股价预期。Lynn Turner(2000)(时任美国证券交易委员会首席会计师)将这些事件归纳为“坏消息之前的盈余报道”。DellaVigna 和 Pollet(2009)通过研究管理层自愿性的盈余预测公告发现，当投资者注意力分散的时候，管理层可能会选择性披露坏消息以逃避市场的短期惩罚，因为当投资者注意力不集中或者有限的时候，负面新闻对股价的影响更小。DellaVigna 和 Pollet(2009)同样发现管理层可能择机性地在投资者注意力分散的周五公布价值高估驱动的并购公告。并且他们还发现即使聚焦在长期股价最大化的管理层也有激励去择机公布价值高估驱动的股权置换并购公告，并购公告便利性的择机能够降低并购的成本并且增加成功并购的可能性，而且它会允许并购者使用价值高估的股权作为并购的支付手段。上述理论和实务证据表明，公司管理层的财务行为可能受到股票定价上的“注意力效应”影响。即投资者注意力可能显著影响了股票定价，进而导致了公司财务行为发生变化。

因此，基于以上的研究背景，本书结合我国的制度背景和市场环境，通过选取投资者注意力这一研究主线，力图以注意力的分配为切入点，深入检验我国资本市场上投资者注意力与投资者交易行为、股票定价以及管理层财务择机行为之间的内在关系，这样的研究丰富了当前公司财务和金融学的研究体系。

二、研究意义

基于认知心理视角，投资者注意力研究放松了传统和行为金融将信息视为外生变量的假设，认为在认知约束下，投资者注意力的分配首先决定了关注的信息结构，基于投资者注意力与信息之间的内生化关系，注意力配置的差异决定了投资者获取信息的差异，基于不同的信息集，投资者产生不同预期，进而导致差异化的投资行为，并进一步影响了股票的定价及其动态变化。正是因为投资者注意力能够影响资产定价，现实中关心公司短期股价的管理层会基于投资者的注意力状况进行择机性的财务决策行为。由此可见，资本市场在投资者注意力的研究平台上统一了投资者和管理层的角色功能，这支流派的研究无疑具有极大的理论和现实价值。

就理论价值而言，金融市场充斥着超量信息，这些信息不一定都能被股价充分吸收，这些信息要引起市场的反应，首先就要引起投资者的注意，这是市场反应的前提和客观条件。但长期以来，金融和财务学者却忽视了这个局限条件，投资者注意力的研究无疑有效补充了这一空缺。从研究的范式来看，投资者注意力在两个层面影响了投资者的行为：(1) 注意力局限使投资者有可能忽略某些影响价格变化的信息，甚至是公开信息，从而使投资者的信息集小于参与定价的信息集；(2) 注意力局限有可能使投资者在分析这些信息时出现代表性的偏误，如过度自信、外推预期、锚定效应、保守性偏差、代表性偏差等。传统的行为金融研究主要是从第二个层次进行分析，而投资者注意力则着手从第一个层次进行分析，投资者注意力研究完善了现有行为金融流派的研究体系。

就实践价值而言，本书研究对于理解我国资本市场上股票误定价的形成机理以及管理层财务择机的行为动机、手段、影响因素及其经济后果具有重要价值。对于投资者而言，正确地认识注意力现象，可以有效地获利或避免一定损失，帮助其形成正确的股票定价预期，提高资本市场的资源配置效率；对于监管部门来说，了解投资者注意力现象，可以改进市场交易质量，抑制股票市场的过度波动，并为其改进对上市公司的财务行为监管提供思路和指引方向。

三、问题的提出

本书在广泛借鉴国内外相关研究文献的基础上，结合中国的特殊制度背景，从投资者注意力的配置入手，深入分析投资者注意力对股票误定价形成和动态变化的影响，进而探讨投资者注意力是否以及如何影响了上市公司管理层的财务择机行为。其中股票误定价主要分析当前中国资本市场中存在的三个最具代表性的误定价现象：价格异象、盈余异象以及应计异象。而对于管理层的择机行为，本书选择管理层的公告择机以及交易择机两方面，深入分析投资者注意力对管理层择机行为的影响效应及其作用机理。研究预期回答以下问题：

(1) 投资者注意力对股票误定价、管理层财务择机行为是否能产生显著影响？其中的作用机理是什么？

(2) 投资者注意力是否以及如何影响股票的横截面收益？这种影响在不同的市场状态下是否会表现出显著的差异？更进一步，股票的横截面收益及其动态变化是否与注意力在不同信息结构上的配置有关？

(3) 如果投资者注意力能够显著影响股票的误定价程度，那么追求短期股价最大化的短视管理层是否会基于投资者的注意力状态进行择机性的信息公告行为？如在常规性的盈余公告上，管理层是否存在择机公告行为？即作为优势信息拥有者及具有经营决策权限的上市公司管理层，其在决定信息披露的时机上，是否会基于对投资者注意力状态的认识而有选择性地公布信息，实施盈余信息的操纵性披露？即为了减轻市场对坏消息性质的公告信息的"惩罚"而倾向于在投资者注意力分散的时候公布坏消息，在投资者注意力集中的时候公布好消息以加强市场对于好消息的"奖励"呢？

(4) 如果投资者注意力能够显著影响股票的误定价程度，那么追求短期股价最大化的短视管理层是否会基于投资者的注意力状态进行直接的股票择机交易行为呢？投资者注意力是否及如何对管理层的内部人股票交易择机行为产生影响？如果产生影响，那么其择机交易对应的途径、影响因素以及经济后果是什么？

第二节　研究思路与主要内容

一、研究思路

信息在资本市场中的定价作用一直是学者关注的焦点问题，尤其是在我国这样一个处于新兴加转轨过程的市场中，这个问题更有其特殊的意义。过去的研究主要是假设信息是外生的，从信息的生产角度，静态地研究信息披露、信息质量是否能够促进资本市场的定价功能，很少有研究从投资者认知心理和行为模式入手，考察投资者的注意力对信息在资本市场中传播效率的影响。因此，本书从认知心理学的知觉负载、注意力分配和唤醒理论出发，以换手率和媒体报道数的等级数衡量投资者的注意力投入程度，拟对注意力与股票定价以及管理层择机行为之间的关系进行研究。由于在不同信息上投资者注意力存在选择性的配置差异，因此基于不同的信息集，投资者会产生不同的预期和信息反应模式，进而导致差异化的投资行为。在股票市场上，当新闻消息发布后，该种属性的消息一旦受到投资者的充分注意，则该消息会得到投资者的充分吸收和处理，最终事件效应过度反映到公司股票价格上，引起股价的过度反应，成交量上表现为异常的放大；而当消息受到投资者有限注意时，该种信息不会得到投资者的吸收和处理，投资者认知动机受限，最终事件效应并未反映到公司股价上,引起股价的反应不足,成交量上表现为异常的萎缩。基于注意力配置视角下的信息解读效率分析,本书预期投资者注意力能够显著影响资本市场的股票误定价及其动态变化,并在此基础上,预期追求短期利益的管理层会进一步利用资本市场这种注意力效应从事财务择机行为。概括来说,投资者注意力、股票定价、管理层财务择机行为之间的研究逻辑关系如图 1-2 所示,投资者注意力的认知偏差造成了股票的"误定价",使股票价格偏离了真实价值,短视的管理层在进行财务决策时考虑在短期股价最大化与公司基本价值最大化之间进行权衡,而非仅仅关注后者,造成了投资者注意力对管理层财务择机行为产生影响,因为一旦投资者注意力影响了市场中股票的短期定价偏差,则追求短期股价最大化的管理层就获得了基于投资者注意力状态而进行信息公告择机和股票交易择机的激励。

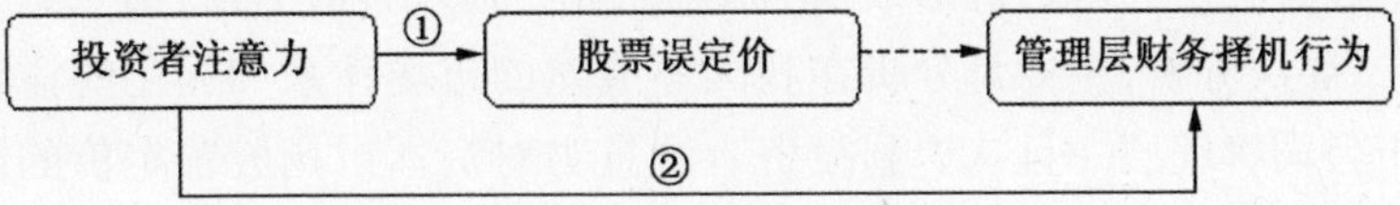

图 1-2 本书研究逻辑图

因此,本书研究内容包含两个层次:

(1) 投资者注意力与股票误定价之间的关系研究。其中股票误定价,本书选取我国资本市场最具代表性的价格异象、盈余异象以及应计异象作为分析的重点,通过注意力在不同信息结构上的配置分析,重点检验了投资者注意力程度的认知差异对资本市场这些典型的股票误定价现象的显著影响,并且通过非参数的方法将市场化状态划分为牛、熊市,研究了不同市场状态下,股票定价上的投资者注意力效应是否存在显著的差异。第一个层次预期解决的问题是:投资者注意力的配置差异是否影响股票的横截面收益及其动态变化?或者说投资者注意力的认知状态是否引起了股票的定价偏差?

(2) 投资者注意力与管理层财务择机行为之间的关系研究。如果第一个层次的问题答案是肯定的,那么第二个层次的研究预期解决的问题是:股票定价上的这种"注意力效应"是否能被追求短期利益的管理层所利用和操纵,即管理层是否会基于投资者在资本市场的注意力偏差从事财务择机行为呢?其中管理层财务择机行为重点选取盈余信息的公告择机行为以及更为直接的内部人股票交易择机行为进行检验。通过对投资者注意力与公告择机、交易择机行为的考察,分析管理层基于投资者注意力进行择机的途径、特征、影响因素以及对应的经济后果。综合来看,当前管理层的择机行为具有自利性,其会损害广大股东的利益。

二、研究内容与技术路线

本书的基本思路是以投资者注意力为研究主线，在监管相对弱化的我国新兴市场制度背景以及交易环境下，研究认知资源配置过程中存在的规律，以注意力的心理学和经济学理论为基础，通过选择科学的投资者注意力实证测度指标，以大样本的实证检验系统分析投资者注意力、股票定价以及管理层财务择机行为之间的内生关系。文章的结构主要包括三大部分，第一部分为基础篇，包括本书的第一章、第二章、第三章以及第四章，主要是导入注意力概念以及研究的制度背景，并从投资者注意力的理论、文献以及测度指标三方面奠定本书的实证研究基础。第二部分是应用篇，其中第五章、第六章是应用篇的第一层次分析，主要是将注意力的分配理论应用到投资者的交易和决策行为分析中，分析投资者注意力对市场中典型股票误定价(价格异象、盈余异象以及应计异象)的形成及其动态变化的影响；第七章、第八章是应用篇的第二层次分析，主要是分析在我国不成熟的市场体系和弱化的监管体系下，上市公司管理层一旦认识到投资者注意力对资本市场股票定价的影响效应，那么短视的管理层是否会基于投资者差异化的注意力状态进行盈余信息公告择机以操纵信息披露，以及利用内部人交易择机以达到自利性的信息获利。第三部分是总结篇，包括本书的第九章，概括了本书的主要发现，并指出了本书研究的局限性以及未来的研究方向。每章的具体内容如下：

第一章为研究概述。主要介绍了本书的选题背景与研究意义，提出本书的研究问题，概括了本书的研究思路与主要内容，最后对本书的贡献和创新之处进行了概括。

第二章为制度背景分析。主要介绍了本书研究的制度背景，分别从资本市场投资者的注意力配置特征、年报信息披露的时机偏好与内部人交易行为的制度监管三个方面对本书研究的政策和市场背景进行了简单概述和分析。

第三章为理论与文献基础。首先概述了注意力的三种信息加工理论：知觉负载、注意力分配以及注意力唤醒理论，概括了注意力研究的心理学基础；并通过分析注意力引起经济行为的逻辑和传递模式概括了注意力研究的经济学基础。其次通过建立一个简单的数理模型来直观说明投资者注意力是如何影响资本市场股票定价的。最后对于近年来出现的投资者注意力文献进行了梳理，重点针对研究主题，对近年来投资者注意力与股票定价、管理层战略择机决策行为之间关系的文献进行了梳理和评述。本章是实证研究的理论和文献基础。

第四章介绍投资者注意力测度指标。投资者注意力涉及投资者的认知心理，因此在实证中很难直接测度。本章通过对当前投资者注意力测度文献的归类和梳理,在对不同种类测度指标的优缺点进行评述的基础上提出了本书的测度指标。本章是实证研究重要的指标基础。

第五章为投资者注意力与市场误定价之间的实证关系研究。本章基于认知心理学视角,首先分析了投资者对于持续性的股价历史信息和间歇性的盈余公开信息之间的注意力配置,并以此注意力配置上的差异实证检验了投资者注意力对价格反转和盈余惯性形成的影响效应。其次利用非参数的方法将研究样本划分为牛市和熊市两个阶段,进一步检验投资者注意力对市场误定价上的影响效应在不同的市场态势下是否存在非对称性的“鸵鸟效应”。

第六章为投资者注意力与应计误定价之间的实证关系研究。当前的文献发现异常应计的低持续性和高估价是应计误定价形成的主要原因。本章遵循投资者注意力—盈余操纵—应计误定价的分析思路,首先从管理层的视角检验了投资者注意力的配置对于管理层盈余操纵行为的影响;其次从投资者认知视角检验了注意力配置对投资者会计应计信息解读效率的影响,进而分析这种影响效应下的应计误定价程度。在投资者注意力的统一框架下,本章为我国资本市场应计误定价的存在性及其形成机理提供了新的理论解释。

第七章为投资者注意力与管理层盈余公告择机行为的实证关系研究。我国资本市场盈余公告集中披露现象由来已久,平均业绩“前高后低”,披露时间上“前松后紧”非常明显。因此结合我国的制度背景和市场环境,立足于投资者注意力资源局限条件下的管理层短视财务择机行为分析,本章从认知心理学角度出发,实证检验了投资者注意力、盈余公告效应以及管理层盈余公告择机行为之间的内在关系。其中公告择机行为重点考察了管理层盈余信息公告的时机和时间偏好特征与投资者注意力的关系。

第八章为投资者注意力与管理层内部人股票交易择机行为的实证关系研究。股权分置改革以后,《公司法》《证券法》对内部人交易行为的放行引起我国资本市场上频频出现高管集体精准套现和违规交易的现象。在新的制度背景下,上市公司管理层在交易本公司股票时是否存在择机交易行为及其对应的手段是本章的研究主题。本章预期从分析投资者认知特征出发,在分析管理层交易特征的基础上,重点检验了管理层长短期的择机交易倾向、程度与投资者注意力的关系,并分析管理层择机交易的途径、影响因素及对应的价值效应,从而为当前制度背景下管理层择机交易的动力、制约因素、运作途径及其对应的外部效应提供了新的投资者注意力解释。

第九章为全文的总结与展望。具体包括:本书的主要发现、研究启示与政策建议,并且指出了本书的研究局限性和未来的研究方向。

本书研究的技术路线如图 1-3。

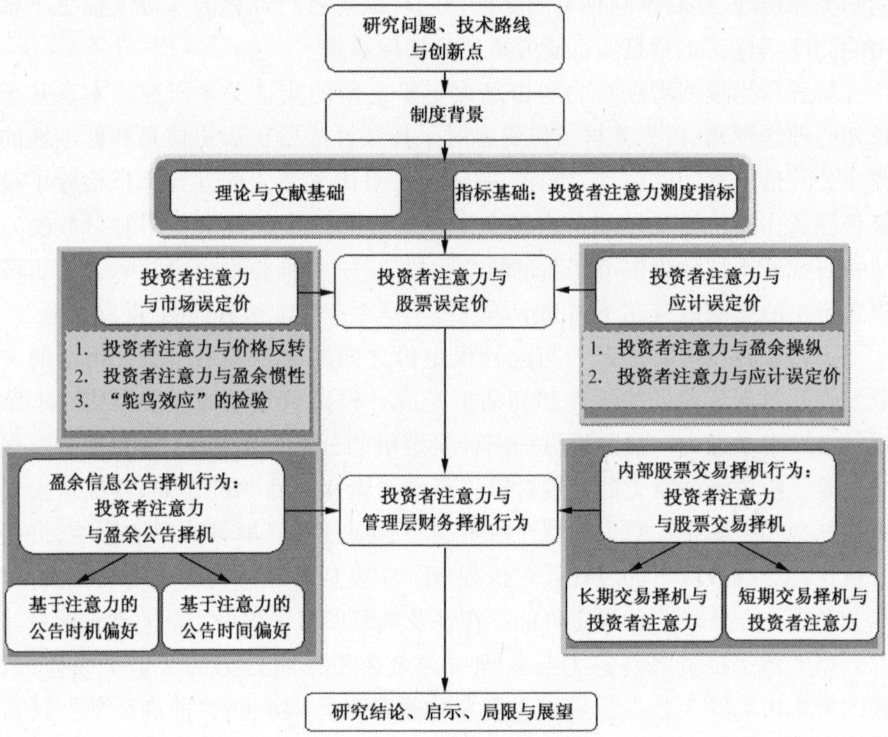

图 1-3 研究的技术路线图

第三节 研究贡献与创新之处

本书在收集、分析和借鉴国内外文献的基础上，结合我国的制度和市场背景，选择注意力为研究主线，系统地对投资者注意力、股票定价以及管理层财务择机行为之间的内在关系进行了研究，本书研究对当前行为金融和行为财务的理论框架体系提供了一种有益的补充和完善。研究创新和改进体现如下：

(1) 研究视角的创新。对于任何市场信息，要想引起市场的反应，首先就要引起投资者的注意，这是市场反应的前提和客观条件。但长期以来金融和财务学者却忽略对这种局限条件的分析。本书引入认知心理学的研究视角，通过选择注意力的研究主线系统性地对投资者注意力、股票定价以及管理层财务择机行为之间的内在关系进行了研究，研究逻辑具有继起性和系统性，研究视角具有新颖性。

(2) 研究指标的创新。投资者注意力反映了投资者的认知心理，在实证研究中很难直接测度。本书在指标测度中，首次将注意力的起因和后果进行结合,利用媒体报道数和换手率两个指标测度投资者注意力。其中媒体报道数是投资者注意力的起因指标,该指标从信息特性角度对媒体报道所引起的投资者的注意力程度进行测度;换手率是投资者注意力的后果指标,该指标从交易特性角度对投资者注意力所引起的股票交易的活跃状态进行测度。这两个指标结合投资者注意力的起因和后果两个方面进行测度,在实证检验中一方面能够增加研究结论的可靠性,另一方面也能有效地规避内生性的问题。为了控制这两个指标的时间增长趋势以及异常值对研究结论的影响,本书在实证分析中还对这两个指标进行了等级化处理,这有效保证了本书研究结论的稳健性。

(3) 研究内容的创新与改进。对于实证研究,本书从研究内容上也有所改进:

① 本书基于认知心理学的理论,着重分析了投资者注意力和价格异象、盈余异象之间的关系。对于这两种典型的市场异象,现有文献主要在投资者反应过度和反应不足的行为金融理论框架内进行解释,但这两种反应模式背后的关键驱动因素和运行机制目前还缺乏探索。市场中信息种类繁多,个体投资者由于时间、精力以及能力的限制不可能对所有的信息都给予充分注意,因此必然会对信息产生选择性的注意力配置。本书的研究立足于投资者在持续性的股价历史信息和间歇性的盈余公开信息之间的注意力分配问题,进而分析这种注意力配置造成的经济后果。研究发现,投资者注意力具有双重的作用:一方面,有限的注意力引起投资者对盈余公开信息反应不足,进而加大了市场中盈余惯性收益;另一方面,投资者对于股价历史信息的充分注意又会与其自身的行为偏差(外推预期和过度自信)交织在一起,引起对于股价历史信息的过度反应,从而放大了市场中股票的价格反转收益。其次,本书还通过组合分析的方法发现在不同的市场态势下,股票定价的注意力效应存在非对称性。本书研究验证了注意力的静态和动态配置对市场中股票误定价及其动态变化的显著影响。在投资者注意力的统一框架下,合理解释了价格和盈余异象的生成机理和影响因素,因此对现有资产定价的研究文献提供了有力的补充。

② 对于应计误定价现象,当前我国学者仅分析了其在我国资本市场中的存在性问题,对于应计误定价的成因及其形成机理的分析还非常缺乏。本书在投资者注意力的统一框架下,延承投资者注意力—盈余操纵—应计误定价这种递进的分析思路,利用 Mishkin(1987)等多种实证方法研究了投资者注意力与应计误定价之间的关系。研究表明投资者注意力一方面具有“治理效应”,即投资者注意力的提高能够抑制管理层的主观操纵行为,降低异常应计

的构成比例，提高盈余构成信息的可靠性；另一方面具有“认知效应”，即投资者注意力的提升使投资者对盈余构成信息的解读能力得到显著提高，因此应计成分的高估价程度得到显著抑制，最终导致了市场对其应计构成成分定价效率的提升。研究证实了投资者注意力是我国资本市场应计误定价形成的重要成因。

③ 我国资本市场财务报告集中披露现象由来已久，平均业绩“前高后低”，亏损年报集中在 4 月下旬，“前松后紧”、“好消息提前披露，坏消息推迟披露”的现象非常明显。这些现象表明我国上市企业管理层盈余公告信息的披露具有择机行为，但这种择机行为的动因和手段是什么，现有的研究还非常缺乏。本书在投资者注意力与盈余公告市场反应关系探讨的启示下，进一步从投资者认知过程角度分析管理层盈余信息择机公布的直接动因和手段。研究发现，资本市场上具有信息优势的管理层在公布盈余公告时会择机进行，为了减轻市场对于坏消息的“惩罚”力度和提高好消息的市场“奖励”力度，管理层会倾向于在投资者注意力比较低的状态下公布坏消息，而在投资者注意力比较高的状态下公布好消息，其中好的盈余信息更倾向提前公布。而且基于投资者注意力状态的盈余公告择机倾向还受到上市企业会计信息透明度以及管理层权力强度的影响。这样的研究为政府监管部门在制定相关政策以优化信息披露制度、提高投资者对盈余信息的解读效率和增强市场效率等方面提供指引作用。

④ 股权分置改革以后，伴随着 2006 年新《公司法》和《证券法》以及 2007 年中国证监会颁布的《上市公司董事、监事和高级管理人员所持本公司股票及其变动管理规则》的出台，上市公司高管交易本公司股票被解除了枷锁，很多公司出现了高管精准套现和违规交易的现象。对于这种管理层择机交易，以往的研究都是从传统的信息不对称理论出发，基于管理层的信息优势地位来考察管理层是否会利用信息操纵获得股票择机交易的自利收益。但是，在这其中却忽略了投资者的作用，特别是忽略了投资者对于特定股票的认知所产生的影响。中国证券市场目前在发展程度上和国外资本市场差异较大，市场中投资者以散户投资者为主，这些投资者对于信息的处理能力有限。面临资本市场种类繁多的股票，由于注意力是投资者的一种稀缺资源，因此投资者对这些股票的信息分析必然存在注意力如何使用和分配的问题，即投资者对于市场中股票存在选择性的注意状态，对于那些概念题材股、表现出异常交易和异常收益以及具有重要新闻曝光点的股票，投资者必然会聚焦充分的注意力，而对于其余股票，投资者的注意力必然有限。在这种选择性注意力配置状况下，投资者充分注意的股票无疑能够吸引更多投资者的注意力，其

对应股票的信息收集和加工的处理效率必然提高,这有助于企业信息不对称状况的改善,进而对管理层的择机性股票交易行为产生影响。因此,本书通过构建新的管理层长期和短期择机交易指标,结合信息不对称理论和投资者认知心理学理论去深入分析投资者对股票的选择性注意力状态对管理层择机交易的影响、作用机理及其对应价值效应,这样的研究无疑丰富了当前内部人交易动机、手段和经济后果的研究体系。

第二章　制度背景分析

本章是全书研究的制度背景分析，分别从我国股市投资者的注意力配置特征、年报信息披露的时机偏好与内部人交易行为的制度监管三个方面对本书研究的政策和市场背景进行简单概述和分析。

第一节　我国股市信息结构中的注意力配置特征

信息是证券市场中的重要影响因素，证券价格的波动常常被认为是由某种信息所驱动的。一般而言，从来源上看，影响证券价格的信息可以划分为三个层次：市场层面的信息、行业或板块层面的信息与公司层面的信息。其中市场层面的信息包括宏观政策的颁布、经济的系统波动等信息；行业或板块层面主要涉及行业、地域、习惯等因素；而公司层面的特质信息主要包括公司的利润、现金流、成本、经营能力、盈利能力等信息。理论上，不同层面的信息对市场交易的影响是不同的，投资者将做出不同的反应，所应采取的投资组合策略也应当是不同的。市场和板块层面的信息会引起市场上所有股票或特定板块内的所有股票价格的同方向波动，导致股价的同涨同跌；而公司层面的关于公司的特质信息则仅会引起单个股票独立于市场或行业趋势的价格波动，降低公司股价的同步性。当前我国资本市场股价同步性居高不下，与投资者对于不同层次信息的注意力分配不无关系。投资者对于市场和板块信息的注意力聚焦会引起股价对这类信息的充分吸收、消化和理解，进而形成股价中市场和板块信息的主导地位，引起市场和特定板块内股价的同步波动。而投资者对于公司特质信息注意力的忽视更会导致公司特质信息难以进入股价，这类信息被股价吸收、消化和理解的程度会大大降低，因此股价对公司特质信息会产生显著的反应不足。

当前我国资本市场一直被认为是“政策市”，投资者投机氛围浓厚，轻视公司特质信息而重视市场和板块信息在我国资本市场非常普遍。政策的多变性导致以散户为主的资本市场投机氛围浓厚，投资者没有动力和耐心对公司层面信息进行深入分析，机构投资者随意炒作题材概念股使得市场中散户投资者难以分辨信息的真假，加重了个体投资者的认知负担，在此背景下，个体投资者选择跟风炒股成为一种常态的投资策略。对于市场和板块信息，投资者的兴奋点很高，但对于公司特质信息却缺乏深入分析，这样的投资氛围造成了公司特质信息很难进入股价，而市场和板块信息主导了股价的波动，进而形成了我国股市极高的股价同步性。Morck，Yeung 和 Yu(2000)以及 Jin 和 Myers(2006)对 40 个国家的研究发现，中国股价同步性程度分别位居第二位和第一位。许年行等(2011)认为我国股价同步性居高不下的原因还有市场的非理性因素在内。陈志武(2005)研究表明，从 1991 年到 2005 年，中国股票的周平均同向波动程度为 90%，即任一周内有 90%股票同涨同跌，而且中国股市同涨同跌的现象有加重的趋势。

除了股价同步性的超高异象以外，当前我国股市的题材概念股的疯狂炒作，也表明了投资者注意力对当前资本市场非理性定价形成的重要影响。2010 年我国资本市场的“锂热”现象就是一个典型的案例。2010 年我国的国家产业政策报告明确表示扶持新能源汽车发展之后，锂电池概念便被市场疯狂追捧。“有锂走遍天下”，相关概念股呈现独立于大盘的上涨趋势，上市公司纷纷进军锂电池行业，锂业公司也争相上市。锂业公司一上市便受到市场的狂热追捧。2010 年上市的赣锋锂业和天齐锂业初登 A 股市场就表现得牛气冲天。上市首日，赣锋锂业飙升约 186%。天齐锂业则在发行市盈率高达 90 倍且大盘回调的情况下，首日涨幅仍达到 177%。[1]股价的同步性表明了在面临市场不同层次信息时，投资者会首先表现出注意力的配置现象，而题材概念股的疯炒则进一步表明了投资者充分注意力对当前市场非理性定价形成的重要影响。

即使聚焦到公司特质信息内部，由于注意力的有限性，投资者在不同公司特质信息间也会产生选择性的注意力配置，这种选择性配置同样会产生显著的经济后果。当前我国资本市场投资者存在“重利润轻现金流”的注意力倾向，投资者对于更容易操纵的会计利润信息付出的注意力程度远远超过其对于更客观的现金流信息付出的注意力程度。吴育辉(2010)在研究我国上市公司股权分置改革后新的掏空行为时提出，正是由于投资者重利润而轻视现金流，造成了股权分置改革以后，管理层经常会通过选择更容易操纵的会

[1] 相关新闻报道见《21 世纪经济报道》2010 年 8 月 24 日专题报道“天齐锂业成炒作宠儿 核心工艺被指言过其实”。

计利润指标作为股权激励的绩效考核指标。他的研究发现，我国绝大多数上市公司选择会计利润作为股权激励计划草案中的考核指标。其中，净利润增长率和净资产收益率占比最高，使用率分别高达82.35%和80%，仅有2.35%的公司选择现金指标作为考核指标。“重利润轻现金流”的注意力倾向一方面为管理层盈余管理提供了操纵空间，另一方面也会加重市场中应计误定价程度。因为会计盈余包括应计利润和现金流两部分，投资者认知系统中“重利润轻现金流”的注意力倾向经常会使得投资者对于盈余构成中应计利润和现金流之间的持续性差异难以分别，并在认知系统上将“功能锁定”于会计盈余〔1〕，从而高估了持续性较差的会计应计信息预测未来盈余的能力，相反低估了持续性较高的现金流信息预测未来盈余的能力。由此可见，投资者的注意力配置通过影响信息的解读和处理效率进而对市场中“应计误定价”的形成会产生重要影响。

综合以上制度背景和市场环境的描述，对信息的选择性注意力配置无疑能够对投资者的信息解读和处理效率产生显著影响。投资者充分注意的信息，其股价对信息可能会充分反应，但也可能会过度反应，而投资者对于有限注意的信息，却会产生反应不足。因此通过切入投资者注意力的研究视角，对我国资本市场中股票误定价的形成机制及其动态变化进行深入分析，无疑在我国当前的制度和市场环境下具有重要的现实性和趣味性。

第二节 我国上市公司年报信息披露的时机偏好与择机特征

我国资本市场财务报告集中披露现象由来已久，“前松后紧”现象非常明显，平均业绩“前高后低”、“好消息提前披露，坏消息滞后披露”，亏损年报集中在月下旬(李筱强，2003)的现象在我国资本市场非常普遍。

图2-1是我国上市公司2002到2010年年报盈余信息披露的周历分布，从分布频率上来看，表明绝大多数的公司避免在星期一披露年报(只有4.87%的公司在星期一披露)，而22.83%的公司选择在非交易日的星期六披露年报。图2-1显示我国资本市场上市公司年报盈余信息披露存在着明显的“周历偏好”。图2-2是我国上市公司2002到2010年年报盈余信息披露的月

〔1〕“功能锁定论”是由Sloan(1996)首次提出的，他通过检验现金流量与应计在预测未来盈余能力上的差异，发现应计的盈余持续性小于现金流量的盈余持续性，并发现市场没有对其正确识别并正确定价，而只是将“功能锁定”在盈余总额上，通过建立基于应计的套利策略，投资者能在未来一年中赚取10%左右的超额回报。此后，关于应计异象尤其是应计持续性的研究，均在Sloan的基础上展开。在我国资本市场，宋云玲和李志文(2009)、刘斌和杨开元(2011)同样发现了我国投资者“功能锁定”的证据。

份分布，分布频率显示我国大部分上市公司(约占A股市场总体的87%)选择在3、4月份集中披露年报盈余信息。图2-2显示我国资本市场上市公司年报盈余信息披露存在着明显的“集中披露偏好”。

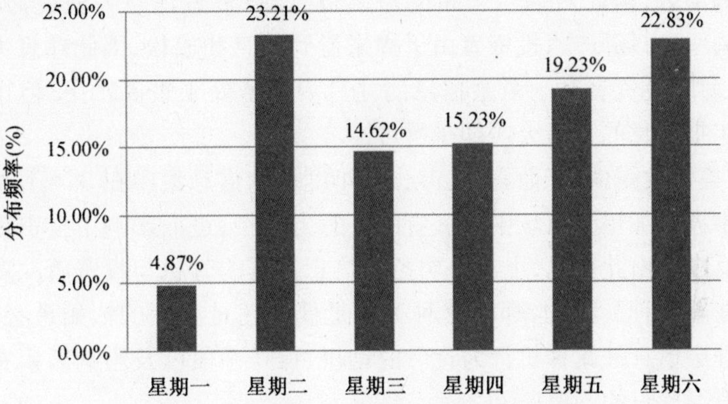

图2-1 2002—2010年年报披露周历分布

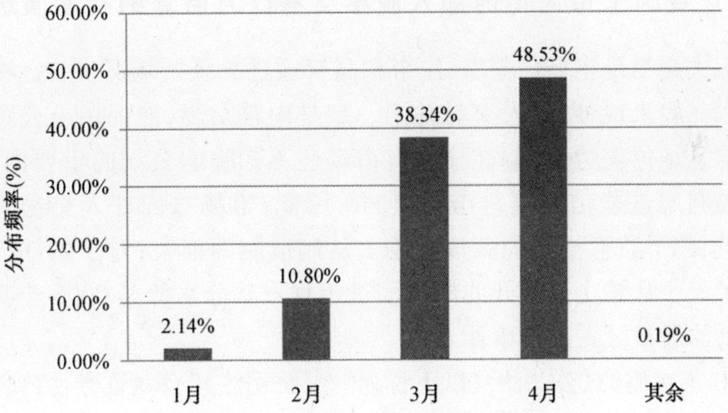

图2-2 2002—2010年年报披露月份分布

“周历偏好”和“集中披露偏好”体现了我国资本市场上市公司年报盈余信息披露时间存在不均衡性。[1]这种不均衡性表明管理层在年报信息披露

〔1〕为了改善我国上市公司年报信息披露的不均衡性问题，监管部门要求沪深证券交易所从2001年年度报告开始正式对外公布定期报告的预约日期。同时按照均衡的原则，上交所安排每日披露年报不超过35家，深交所每日不超过25家(到2008年以后更改为上交所45家，深交所30家)。上市公司应按照与交易所约定的时间，安排年度报告编制工作，并于预约日披露年度报告，预约披露日期一旦确定不能随意更改。但从这几年的执行情况来看，年报预约披露制度并没有发挥其应有的作用。一个突出表现是，众多的上市公司随心所欲地变更原先预约的披露日期，每年大约有1/3的公司随意更改预约披露的日期，“好消息提前披露，坏消息滞后披露”成为市场中管理层信息披露的一种常态性择机行为表现。

时存在着一定的择机，特别是基于投资者注意力状况进行择机公告的特征。

就“周历偏好”而言，大量上市公司在周六公布盈余信息，这个时期市场处于闭市和非交易日时间，投资者工作一周以后需要放松和休息并且处理大量的家庭事务，因此对周六公布的盈余信息，投资者注意力程度必然有限。而到了周一，市场开市，投资者由于周末得到休息和放松，因此注意力重心转回市场，此时投资者对于盈余信息的注意力程度处于较高水平，但市场中此时公布年报信息的上市公司却少得可怜。

就“集中披露偏好”而言，上市公司年度盈余信息集中在3、4月披露。信息的集中披露加重了市场中投资者的注意力负担，进而影响了投资者对盈余信息的反应。由此可见，上市公司盈余信息披露的时机与投资者注意力的配置是存在着某种关联的，那么这种关联是偶然还是必然的？如是必然，那么这种管理层信息披露择机行为背后的动机、操作手段以及影响因素有哪些就是非常值得探讨的问题。

第三节　我国上市公司内部人股票交易行为监管的制度演进

内部人交易是指公司董事、监事和高管通过二级市场买卖自己公司股票的行为。一般来说，内部人交易并不一定是内幕交易，然而由于公司内部人所处的信息地位优势，他们往往具有市场还不知晓的公司的重要内部信息，并很容易利用这些信息进行市场获利。因此，市场对内部人交易充满了争议，并已引起了监管机构的高度重视。从制度层面而言，对于内部人交易行为经历了一个从禁止到放开的制度演进历程。其分水岭是2005年我国资本市场启动的股权分置改革事件。

1999年实施的《公司法》(以下称为“老《公司法》”)和《证券法》(以下称为“老《证券法》”)对内部人交易行为进行了规范和约束，明确禁止内部人交易行为。老《公司法》第四章第二节第一百四十七条明确规定“公司董事、监事、经理应当向公司申报所持有的本公司的股份，并在任职期间内不得转让”。这也就意味着，公司内部人在任职期间交易其持有的本公司股票已属违法行为。老《证券法》更针对股东持股，明确规定了持股5%以上的股东在“买入后六月内卖出或卖出后六月内买入所获的利润归公司所有”。这些规定从根本上限制了内部人的经济需求，对内部人交易本公司股票行为进行了限制。

2005年4月29日，证监会启动股权分置改革试点方案，并于9月5日正式颁布了《上市公司股权分置改革管理办法》。股权分置改革目的是为上市公司大量的非流通股上市流通交易提供制度许可，更为内部人交易的解禁创造了市场条件。

随之，2006 年起开始实施的新《公司法》和新《证券法》拉开了我国上市公司内部人交易的序幕，监管机构对市场中上市公司内部人交易本公司股票在制度上进行了解禁。新《公司法》第五章第二节第一百四十二条规定“公司董事、监事、高级管理人员应当向公司申报所持有的本公司的股份及其变动情况，在任职期间每年转让的股份不得超过其所持有本公司股份总数的百分之二十五”，相比于老《公司法》，新《公司法》对公司内部人交易本公司股票进行了解禁和放行。

同年实施的新《证券法》对内部人交易具体的违规交易行为及其对应的法律责任进行了明确规定：“上市公司董事、监事、高级管理人员、持有上市公司股份 5%以上的股东，将其持有的该公司的股票在买入后 6 个月内卖出，或者在卖出后 6 个月内又买入，由此所得收益归该公司所有，公司董事会应当收回其所得收益。”即内部人买入与卖出本公司股票之间必须间隔 6 个月以上。为提高内部人交易的透明度，上海证券交易所(以下简称“上交所”)于 2007 年初率先要求上市公司在其网站披露内部人交易信息。同年 4 月，中国证监会发布《上市公司董事、监事和高级管理人员所持本公司股份及其变动管理规则》，要求“上市公司董事、监事和高级管理人员所持本公司股份发生变动的，应当自该事实发生之日起 2 个交易日内，向上市公司报告并由上市公司在证券交易所网站进行公告”，并设置了禁止内部人交易的敏感期间。上交所、深圳证券交易所(以下简称“深交所”)随之发布了对应的“业务指引”。

2008 年 4 月，深交所颁布《关于进一步规范中小企业板上市公司董事、监事和高级管理人员买卖本公司股票行为的通知》，进一步作出特殊规定：(1) 上市公司董事、监事和高级管理人员离任后三年内，上市公司拟再次聘任其担任本公司董事、监事和高级管理人员的，上市公司应当提前五个交易日将聘任理由、上述人员离任后买卖公司股票等情况书面报告深交所。(2) 上市公司董事、监事和高级管理人员的配偶在上市公司定期报告公告前 30 日内，业绩预告、业绩快报公告前 10 日内以及可能对本公司股票交易价格产生重大影响的重大事项发生之日或在决策过程中，至依法披露后 2 个交易日内，不得买卖公司股票。即将原规则中的限制公司内部人交易时间的规定延伸到了内部人的配偶。(3) 董事、监事和高级管理人员及其配偶在买卖本公司股票前应将其买卖计划以书面方式通知董事会秘书。(4) 上市公司应在定期报告中披露报告期内董事、监事和高级管理人员买卖本公司股票的情况，即定期报告中的披露要求更加具体。(5) 上市公司董事、监事和高级管理人员存在违反规定买卖公司股票的，上市公司董事会除了收回其所得收益外，还须公开披露该违规行为。

从以上的制度演进来看，以 2006 年为分界，2006 年之前在我国内部人交易是被制度禁止的；2006 年以后，伴随着股权分置改革的进行以及新的《公司法》《证券法》的颁布，上市公司内部人交易本公司股票获得制度的支持，市场拉开了内部人交易的序幕。但是从其后证监会和交易所颁布的一些“业务指引”来看，监管机构虽从制度上对内部人交易进行了放行和解禁，但从监管的宽度来看，却又进一步将内部人交易引入到市场和政府监管的双重监督之下，这些政策的意图是为了防止内部人交易中的信息获利及违规操纵行为。因此，内部人交易虽然制度上放行，但监管上不仅没有放松，而且还进一步进行了强化。那么在这种制度背景下，管理层在交易本公司股票时是否会进行信息获利和违规操作？如果是，那么管理层为了逃脱市场的处罚，是否会基于投资者的注意力状况进行择机交易？择机交易的手段、影响因素以及对应的经济后果是什么？这些问题的研究不仅可以丰富我国在内部人交易领域的研究，而且可以为内部人交易的监管提供有益的参考。

第三章　理论与文献基础

为了解释金融市场上的异象，一些金融学家将认知心理学的研究成果应用于对投资者行为的分析，形成了金融理论中的行为金融流派。在这个流派的发展中，投资者注意力无疑是最近兴起的引人瞩目的领域。目前，国外金融经济学家对投资者注意力与股票市场的价格、投资者行为产生了越来越浓的兴趣，因为股票价格巨大的变化似乎由注意力所单独驱动。本章是本书研究的理论和文献基础。

第一节　理论基础

一、心理学基础

Kahneman(1973)指出，注意是心理活动或意识对一定对象的指向和集中，是认知活动的重要条件。首先需要明确的是投资者认知资源是有限的，当个体接收的信息含量超过了其认知资源的渠道容量上限，人们经常会依据其认为简单和熟悉的分配原则分配其对各种信息的注意力程度。其次，认知资源有限性是相对的，不是一个固定的数量值，它与唤醒连接在一起，唤醒水平在长期内将决定人们认知资源的再生和变化数量。因此，个体对信息的处理能力在认知负载的局限下会受到分配和唤醒两个方面的共同作用。注意力的分配影响个体对信息横截面的静态处理，而注意力的唤醒却影响个体对信息的动态处理。注意力的信息加工理论主要包括知觉负载理论、注意力的分配理论和唤醒理论。

（一）知觉负载理论

早期的心理学家从知觉选择、知觉反应、注意力能量分配等角度对人类认知问题展开研究(Broadbent，1958；Deutsch 和 Deutsch，1963；Kahneman，1973，Broadbent，1958，Deutsch 和 Deutsch，1963；Kahneman，1973)。Lavie(1995)总结了前人的研究，提出了知觉负载理论，该理论认为，人类的信息处理能力是有限的,人类会有选择地处理信息。影响选择机制的主因在于所需处理的外界信息的多寡。如果所需处理的外界知觉信息量低于人类的信息处理能力,这些信息均会被进一步地处理。然而如果外界的知觉信息量超过人类的信息处理能力,选择机制则会在信息处理的早期阶段就进行筛选,只有需要的信息才会被进一步地处理。那么人类是如何选择他所处理的信息呢？现有的研究表明,人类最明确的认知机制是分类,即将信息客体按照类似的特征进行分类(Rosch 和 Lloyd,1978;Wilson 和 Keil,1999)。因此,对于人类的认知系统而言,当客观环境面临的信息量超过其自身认知系统的最大容量时,人们最常见的反应就是依据一定的简单分类原则对信息分配其注意力程度。

(二) 注意力的分配理论

根据注意力分配理论,人脑对信息处理是串行加工的,一个人同时执行两个或两个以上任务时会涉及注意力的协调和分配问题。注意力可视作对刺激信息进行识别和加工的认知资源,其容量或能量是有限的。每一项认知活动都需要占有和消耗一定的认知资源,如果刺激信息比较复杂,就需要更多的认知资源,如果需要同时完成几项复杂任务,认知资源就会很快消耗殆尽,此时新呈现的刺激信息将不会再被加工与处理,即不会被注意。这就导致了任何需要注意力的任务,在大部分情况下,只能一次完成其中一件,同时进行两种或两种以上活动的可能性要依赖于任务的难易程度、任务的相似性、个人的技能和练习情况等因素。在注意力分配上,欲加工处理任务的难度会影响注意分配的进行。一般来说,当一项难的任务与另一项相对容易的任务发生冲突的时候,相对容易的任务由于可以较少地消耗注意力,更容易进入个体注意力配置范围,因此更可能被加工或处理。

认知心理学中著名的 Stroop 任务(Stroop,1935)实验表明,人们在同时处理多个信息和完成多个任务时容易受到相关信息的干扰。在这个任务中当测试单词并不与书写他们的颜色相匹配的时候(例如蓝色这个单词用红墨水写),测试对象辨识这个单词的速度显著下降。而双重听力的测试(Cherry,1953;Moray,1959;Broadbent,1958)和选择性关注的视觉测试(Simons 和 Levin,1997)实验中被测试者被要求将其注意力关注于一个刺激上,但是同时受到其他刺激的干扰。实验发现,当人们意识到注意力的有限性后,通常会将注意力选择性地关注到一个场景或一组刺激中,但选择性的注意力会导致视觉盲区。另外当多个刺激同时发生时,任务完成的效果非常差(McLeod,1977;Treisman 和 Davies,1973)。

（三）注意力的唤醒理论

根据“注意力的唤醒理论”，唤醒水平是指机体总的生理性激活的不同状态或不同程度，是调节人们对信息能否有效利用的一个重要变量，它为注意力的保持与集中，以及意识状态提供能量（张力为和任未多，2000），会对注意过程产生动态影响（Easterbrook，1959；Bacon，1974；Nigg，2006；马启伟和张力为，1998）。情绪唤醒会消耗个体的认知资源，在低唤醒状态下，如当个体处于平静和放松的状态时，推动个体进行反思和认知调节以及注意力和自我控制的冷系统发挥主要作用，可利用的认知资源较为充分，注意力较为集中，个体能够广泛收集并加工线索，认知效率较高（Kahneman，1973；Mischel 和 Ayduk，2002）；随着唤醒水平的升高，如当机体处于焦虑和紧张的状态时，倾向于回避或者远离行为的热系统开始占据支配地位，较高的情绪唤醒会消耗部分认知资源，从而导致个体分配给其他信息的注意资源减少，注意能力下降（Eysenck 和 Calvo，1992；Runco 和 Pritzker，1999），来自外部环境的信息范围会受到限制（Bahrick，1954），而有限的注意又会使得原已较高的唤醒水平继续提高，从而导致注意力更加分散（Easterbrook，1959；Janelle，Singer 和 Williams，1999；Janelle，2002），认知效率降低。即个体的情绪唤醒水平会影响注意力的分配，进而影响认知操作效率。根据 Yerkes-Dodson 定律（1968），对于任何一项认知操作活动，均存在情绪唤醒水平的最佳点。情绪唤醒水平的最佳点随着操作活动的复杂性而变化，活动越复杂，唤醒水平的最佳点越低（Hebb，1955；Broadhurst，1957；Wolford 和 Hollingsworth，1974）。Mano（1992）和 Franken（2005）均指出欲得到最佳业绩表现的方法就是要学会如何通过控制自己的唤醒水平来使得注意力更为集中、增加可利用的认知资源，即个体要学会如何放松。

二、经济学基础

（一）注意力影响经济行为的内在逻辑

从心理学基础来看，个体的认知资源会对其信息加工和处理能力产生影响，那么这种影响是如何转换到个体的经济行为的？经济行为是人类社会最基本的活动。但是人们在社会中不管从事什么样的经济行为，解决什么样的问题，也不论是个体的经济行为，还是政府的经济行为，其实质均是一个决策问题。

决策过程是建立在对信息的加工、分析、改造和整合的基础之上的，决策者通过对给定的已知信息进行分析、处理，查找和挖掘已知信息中隐含的相关信息资源，然后进行整合、再加工，形成统一的具有正确逻辑意义的方案，并执行方案，这就是决策结果形成的过程。在决策过程中，人们在注意力上所消耗的认知资源以及投入的认知努力上的差别，会影响个体对信息加工的深度，最终影响到决策结果。

经济行为往往表现为决策的实施，而决策本身又是一个信息转换过程，决策的每一阶段都需要信息作为支持，可以说决策是由信息来驱动的。同时，信息与注意力是相向流动的，行为人想要获得信息，就必须付出注意力；同样，信息要获取价值必须捕获注意力。这样，信息—注意力—经济行为达成了环式关系(如图 3-1[1])。

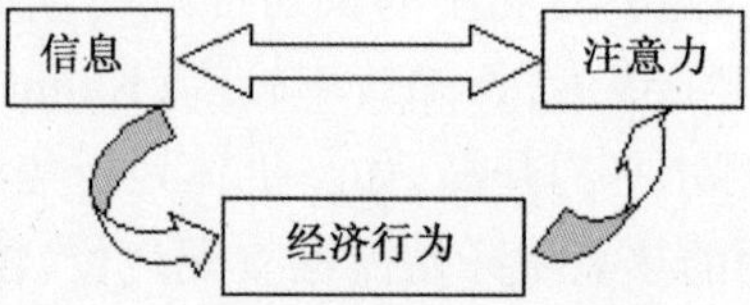

图 3-1 注意力影响经济行为的逻辑图

（二）注意力影响经济行为的传递模式

依据王宗胜(2007)的分析，注意力影响经济行为存在两种传递模式：AIDA 模式和 NALEAA 模式。

1. AIDA 模式

基于图 3-1 的逻辑分析，从注意力到经济行为是一个连续的过程。决策环境中的流动信息引起行为人的无意注意，被注意信息传递的诉求激起了行为人的兴趣，这个激活的兴趣交由需求做进一步的筛选，如果这种信息内容不是契合人的潜在需求——放松疲劳或者知识获取，那这个信息作用过程就会止于此。而契合需求的信息内容，会使行为人产生改变现状的欲望，当有现实条件使这种欲望得以满足时，就会诱导出具体的行动。因此，这个过程可表述为 AIDA 模式：

Attention→Interest→Desire→Action

注意　　兴趣　　欲望　　行动

2. NALEAA 模式

但在一般的经济活动中，人们并不一定都是被动地接受信息，往往是为了一定的经济目的而主动搜索信息，这种信息的主动搜索依赖于显现的或潜在的需求驱动。行为人通过注意力配置，消耗注意力资源后得到信息，新得到的信息与原信息积淀成的知识融合形成新的信息集。这实际上是行为人的信息学习过程。行为人需要在信息集上预期未来，这个新信息集改变了行

〔1〕 此图引用自王宗胜和李腊生(2007)的《基于注意力的经济行为》一文。

为人对原状态的估计和判断，也就是行为人基于注意力做出预期调整。很多经济活动都具有继起性，行动被诱导出来并不是过程的结束。达成的行动本身又会成为新的信息源，为下一继起行动提供信息。这是一个阶式循环。因此AIDA模式经过一定的调整，可以推广到更一般的经济行为模式中，即NALEAA模式：

Need→Attention→Learn→Expect→Action→Attention

需求　注意　学习　预期　行动　注意

这个过程始于行为人对信息的需求，行为人首先会主动有目的地搜索信息，他（她）配置注意力选择信息，消耗注意力资源后行为人得到关于环境变化的新信息，新信息与他原有信息积淀成的知识融合形成新的信息集。基于新信息集，行为人调整自己的预期，依照一定的价值体系决定将要采取的新投资行为或调整原来的投资行为。这个新投资或投资调整成为行为人的经验或作为信息为他（她）人所注意。

第二节　简单模型

注意力是指一种稀有的认知资源（Kahneman，1973）。它是认知资源上一种任务对另一种任务的替代。在涉及投资决策时，如果有大量的可得信息，有限注意不可避免，投资者不得不对信息处理作出选择。Kahneman（1973）提出注意力模型，认为注意力是一种基于对外界信息输入处理的有意识活动，总体上可能的处理能力可以由于外界的刺激而增加或是减少，同时存在决定各种意识资源分配和各个处理阶段的规则和策略。注意能力（attentional capacity）反映外界输入信息被理解或是记忆和反映选择这类感觉层次上的需求。

就投资者注意的极端情况而言，包括充分注意和有限注意（limited attention）两种状态。前者是指投资者因特定注意驱动事件而对相应股票产生偏离基本面的过度反应（Engelberg等，2013）。股票市场上获得媒体充分报道以及表现出异常交易量和异常收益的股票会引起投资者充分注意（Barber和Odean，2008）。后者是指投资者因不具备完全的处理和吸收所有可得信息能力时，所产生的对联系股票基本面的相应信息反应不足的情况（Engelberg等，2013）。在股票市场上，投资者有限注意是一种常态，因为股票市场上同时存在着成千成万种股票，这些股票在一定的时间内又会在市场上释放出难以胜数的信息，投资者由于其对信息的消化、吸收和处理在认知系统上存在着一定的局限性，因此使得投资者不可能考虑所有的股票投资，并且也约束了他们所能够分析的信息量（Aboody等，2012）。

在开始文献综述之前，本书先用一个简单的理论模型来说明投资者注意力是如何影响资本市场股票定价的。该模型表明当一些投资者处于有限注意时，股票价格并不能融入全部的相关信息。

当投资者有限注意时，他们仅使用部分公开信息来估计股票的价值。被投资者忽视的信息只有待其与股票价值的相关性凸显出来时才被股价吸收。盈余公告后漂移异象（PEAD）和应计异象是两种常见的市场异常。对于PEAD，Bernard 和 Thomas (1989a)揭示如果一些参与投资者对会计盈余公告信息注意不足，则股价的反应不足将会发生。应计异象（指利用应计策略可以获得超额的股票收益）表明投资者会高估盈余构成中的应计成分（Sloan，1996；Teoh，Welch 和 Wong，1998a，1998b；Xie，2001）。

Hirshleifer 等(2009)提供了一个模型，对这些看似矛盾的市场反应进行了调和。在资本市场中部分投资者虽然注意盈余消息，但对其存在反应不足。而在这些注意盈余消息的投资者之中，一些投资者对盈余构成中应计和现金流的持续性差异的内涵关注不足。在盈余的两个构成成分（应计和现金流）中，应计占主导地位的盈余构成状况下，未来现金流的持续性将低于现金流占主导地位的盈余构成状况，而这种持续性的差异也许是由应计比现金流更容易受到管理层主观操纵所致。Hirshleifer 等揭示以上两种市场异象存在的可能性取决于市场中充分注意和有限注意两种类型投资者的相对比例。

本章通过对 Hirshleifer 和 Teoh(2003)及 Hirshleifer 等(2009)有限注意模型的改进，提出一个简单的模型。假定投资者有：(1) 偏好符合均值一方差模型；(2) 除了注意力状态差异以外其他条件相同；(3) 基于他们的信念仅使用部分公开信息。尽管投资者有限注意经常被模型化为对信息信号的忽视，但广义上讲当投资者形成他们的决策预期时，投资者有限注意也能模型化为一种启发式思考或者简化决策的原则。有限注意的投资者的比例用 f 来表示。$1-f$ 是充分注意并且基于所有可用的信息形成完全理性预期的投资者比例。另外，所有的投资者也可以假定是相同的，f 是投资者中对某些信息信号不注意的投资者的概率。

心理学研究的证据表明，f 可以模型化为信息的显著程度、投资者为注意信息所付出的成本以及投资者处理信息容易程度的函数。投资者认知所消耗的资源取决于投资者所注意的竞争性信息的数量。

在经济中有一个单一的风险证券（股票）和现金。在时期 1，投资者获得有关股票终值的公开信息；在时期 2，股票最终收益实现。假定股票处于零净供给状态，Hlrshleifer 和 Teoh(2003)表明没有风险溢价，并且在时期 1 的均衡股价可以表示为两个投资者群体信念的加权平均值：

$$P_1 = \kappa E^I[P_2] + (1-\kappa)E^A[P_2] \tag{3-1}$$

其中,上标 I 或 A 分别表示有限注意投资者和充分注意投资者的信念,κ 是 f(有限注意投资者的比例)的递增函数。

$$\kappa = \frac{\dfrac{f}{Var^I(p_2)}}{\dfrac{f}{Var^I(p_2)} + \dfrac{1-f}{Var^A(p_2)}} \tag{3-2}$$

为简化分析,假定充分注意和有限注意的投资者对未来股票价格的波动认识一致($Var^I(p_2) = Var^A(p_2)$),但是他们也许对未来价格的期望值不同。在此假设的基础上,在时期 1,有限注意投资者对于股价的加权信念等于有限注意投资者的比例($\kappa = f$)。

用 f 取代方程(3-1)的 κ,基于信息集 Φ 预期价格变动可以写成如下形式:

$$E[P_2 - P_1 | \Phi] = f\{E^A[P_2 | \Phi] - E^1[P_2 | \Phi]\} \tag{3-3}$$

方程(3-3)意味着当有限注意的投资者对于未来股价没有完全预期时,基于公开信息的价格变化是可以预测的。比如一个简单的例子,假定充分注意的投资者在时期 2 收到了信号 θ 后,将股价从 V 提升到 $V+\theta$。然而有限注意的投资者并没有更新他们的股价信念,对股价的信念依然为 V。在这个例子下,基于信号 θ 的预期价格改变是可以预测的,伴随着有限注意的投资者比例上升,股价的可预测性上升。

$$E[P_2 - P_1 | \Phi] = f\{V + \theta - V\} = f\theta \tag{3-4}$$

例如,一个正向的盈余消息公布以后,充分注意的投资者将向上修正他们对于股价的预期,而有限注意的投资者将不更新他们对股价的预期。在这种情况下,正向未预期盈余消息公布以后未来股票异常回报预期将是正值,因充分注意投资者相比有限注意投资者对于未来股价有更高的预期。

$$E^A[P_2 | \varphi] > E_1[P_2 | \varphi] \tag{3-5}$$

另一方面,当应计利润高时,有限注意投资者比充分注意投资者对未来的股票价格持有一个更高的期望:

$$E^A[P_2 | \varphi] < E^1[P_2 | \Phi] \tag{3-6}$$

因为有限注意投资者不能有效识别应计利润和现金流的持续性差异,从而会高估应计的市场定价。这意味着高应计的股票将来会有更低的异常回报。

第三节 文献综述

基于认知心理视角,投资者注意力研究放松了现代金融和传统的行为金融学对信息是外生变量的假设，认为在认知约束下，投资者注意力的分配首先决定了其关注的信息结构，基于投资者注意力与信息之间的内生化关系，投资者注意力差异对投资者的交易行为产生了显著影响，并进一步影响了股票的定价及其动态变化。正是因为投资者注意力能够影响资产定价，现实中关心公司短期股价走势的管理层会基于投资者的注意力状况进行择机性的信息披露决策。

一、注意力的分配

虽然注意力受外部因素和信息特性的影响，但投资者主观上仍然有意识地决定他们对特定信息的注意力分配程度。那么，投资者在不同的信息结构中是如何分配其注意力的呢？

（一）基于信息横截面结构上的注意力配置

当前市场上公司披露的信息主要包含三个层次：一是市场层面的信息；二是板块层面的信息，涉及行业、地域、习惯等因素；三是公司层面的特质信息，如公司的成本、经营能力、盈利能力等。现有文献发现，投资者在解读信息时，由于存在认知局限，会首先按这三个层次的划分对信息进行简单分类并分配不同的注意力进行解读，从而形成横截面信息结构中投资者注意力的静态配置。

Peng(2005)模拟了一个存在注意力约束的代表性投资者的学习过程。在此模型中，投资者最佳分配他（她）的注意力以处理有关的经济基本因素信息，基于他（她）对于基本因素的推测决定他（她）的消费和投资组合。Peng 研究表明投资者对基本面波动更大的股票会分配更多的注意力。因此这些股票能够以更快的速度消化基本面的波动，并且对外部的公告展示更少的波动。

Peng 和 Xiong(2006)的研究同 Peng(2005)类似，在考虑投资者注意力约束的现实下，分析了有限注意的作用和过度自信对资产价格动态变化的影响。他们的模型显示由于有限注意，投资者表现出分类学习的行为，他们分配更多的注意力于市场和产业信息而忽视公司特质信息。他们的研究为股价同步性提供了一种最新的解释。股价同步性表明股票之间的回报相关性远远高于其基本面的相关程度，同一部门内股票收益之间的同步性是同股价信息的有效性负相关的，在美国，股价的同步性近年来开始出现下降。

Peng(2005)，Peng 和 Xiong(2006)的研究表明，投资者在处理特定资产的信息前首先会处理宏观市场信息。因此，在宏观经济的冲击后市场层次的不确定性增加了，因投资者聚焦于对市场信息的注意力，同期的股价同步性将上升。然而，伴随着投资者将注意力转移回股票特质信息，股价同步性会随之下降。Peng，Xiong 和 Bollerslev(2007)利用 30 年期国债期货的波动性作为宏观经济波动的代理变量，他们发现市场的整体波动和个别股票的股价同步性伴随着宏观经济的波动而增加，但在以后的交易日将会逐步下降。

Kacperczyk 等(2009)建立了一个当需要处理总体及股票特质信息时，投资经理如何分配他们的有限注意力的模型。在他们的模型中，有技能的管理人员能处理固定数量的信号，并且能选择多少信号包含在总体信息和特质信息中。当股票整体的波动性很高时，包含总体信息的信号变得更有价值，这种效应在衰退期比繁荣期更明显，因为有技能的投资者更可能利用获取的信号升级他们的信念，他们持有的投资组合在衰退期变得更为敏感，因此有技能和没有技能的投资者他们投资组合上的差异在衰退期比繁荣期更为显著。而且投资经理的风险调整收益在衰退期更高，因为被有技能的经理获取的信息在衰退期更有价值。他们利用美国激进型基金经理管理的基金和投资组合数据验证了他们模型的推测。

Corwin 和 Coughenour(2008)，Chakrabarty 和 Moulton(2013)检验了有限注意对纽约股票交易所做市商交易行为的影响。大多数资本市场投资专家都需要处理多个证券。因此，专家需要对他们负责的证券分配他们的注意力。有限注意意味着专家提供特定股票的流动性的能力是与在其投资组合中的其他股票的注意力需求负相关的。Corwin 和 Coughenour 假设一个专家对规模最大以及交易活动最活跃的股票分配更多的注意力。因为这些股票对投资专家所持股票的风险和收益有更大影响。这个结果暗示当股票交易活动增加以及投资者注意力受到约束时，专家对交易最活跃的股票会分配更多的注意力。

Chakrabarty 和 Moulton 也找到证明投资者注意力约束影响做市商交易行为的证据。当做市商持有的股票公司公布盈余公告时，他们发现其他由同一个做市商持有但没有公布盈余公告的股票的流动性变得更差了。

Gabaix 和 Laibson(2005)建立了一个消费者在选择替代消费品时如何分配注意力的模型。在他们的模型中，交易对象采用近视期权计算方法以评估认知操作收益以及什么时候停止对信息的认知，并最终决定哪些消费较好。Gabaix，Laibson，Moloche 和 Weinberg(2006)检验了 Gabaix 和 Laibson 定向认知模型的预测，发现实验中受试者的行为与定向认知模型预测的相符程度要比理性模型更好。

(二) 基于信息时间序列结构上的注意力配置

面临不同层次的信息类型，投资者注意力会展现出有差异的配置，但这种配置并不是静态不变的，因为投资者注意力的配置在时间序列上也会展现动态的变化。例如 Karlsson 等(2010)就研究认为，当身处有风险的资本市场时，投资者对信息会表现出选择性注意，而这种选择性的注意力配置的形成依赖于决策前期的宏观市场状态。作者通过建立模型预测如果前期市场状态表现好时，个体投资者将会更加积极地监督和关注信息。但当前期市场状态表现差时，投资者会通过回避额外的信息接收而将“头插入沙堆中”，作者将这一现象总结为“鸵鸟效应”。他们通过抽取调查德国和美国两个投资者的股票交易账户，证实了资本市场“鸵鸟效应”的存在性。相比市场处于下行状态，当资本市场处于上行状态时投资者会更经常地监控其持有的证券组合。Hou 等(2008)研究也发现相比下行的市场状态，在上行市场中，投资者对于证券交易信息会付出更大的注意力。

Wu 等(2010)研究了台湾地区年度盈余公告中不同时间点的市场反应。由于会计信息几乎可以不花成本地在网络上取得，他们认为投资人仍有一项有限注意力的成本。他们的研究发现，在盈余宣告时期初始，并未有显著异常股票回报的改变，随着越来越多的年报的陆续公布，投资者开始注意到众多的盈余消息，因此进场交易造成异常股票回报的增加，其注意力伴随着盈余宣告时期过后而结束。

综上可见，投资者注意力研究对于金融学理论的改造具有一定的深度，传统的金融理论是基于“信息含量”理论，认为市场中信息是外生的，信息与股价存在着机械性的反应关系，新的信息一旦进入市场就会立即被股价所充分吸收，但投资者注意力的研究借鉴认知心理学的研究成果，从信息的内生论视角出发，认为资本市场是一个“信息海洋”，而人类的知觉存在负载，认知资源并不是无限的，因此信息进入市场首先受到投资者注意力的选择性配置，这种配置包含静态和动态的配置设定，然后才会进行下一步的动作。

二、投资者注意力对投资者行为的影响

对不同横截面和时间序列结构的信息一旦设定了注意力，下一步就需要分析这些由注意力设定的信息是否会引起投资者交易行为的改变，如果会引起改变，对不同类型的投资者是否会产生差异化的影响。

（一）个体投资者行为的影响

相对机构投资者而言，个体投资者由于不具有专业知识，其信息消化、吸收和分析的能力较低，因此，当市场充斥着各种信息时，个体投资者注意力的局限性表现得更为明显，现有实证文献基本都发现了注意力对个体投资者交易行为的显著影响。

Barber 和 Odean(2008)通过考察资本市场异常收益、异常交易量以及异常媒体报道三种吸引注意力的事件消息后发现，在股票处于极端交易量、极端收益(包括积极和消极的)以及受到媒体高度报道时，个体投资者是股票的

净买者。

其他研究也观察到个别投资者受注意力驱动而购买股票的行为。Merton(1987)指出,个体投资者倾向于在投资组合中持有几种股票,由于相关信息的收集需要时间和精力,他建议投资者通过仅追随几只股票,以节约这些注意力资源。如果投资者这样做的话,他们仅会买卖和积极追随熟悉的股票,而不会仅因为股票正好引起他们的注意力,而冲动地买入那些他们并不熟悉的股票,这样,可以避免仅由于注意而购买股票所带来的损失。Lee(1992)发现上市公司在公布正面或负面的未预期盈余消息以后,小户交易者(订单金额在 10 000 美元以下)就会跟随买进。Hirshleifer,Myers,Myers 和 Teoh(2008)证明获知正负两方面的极端收益消息后的个体投资者是股票的净买家。而且相比好消息下,面临坏消息时这种注意力驱动的购买行为更明显。他们还发现个体投资者的异常交易量在面临极端负面未预期盈余消息之后比面临极端正面未预期盈余消息之后更大。Seasholes 和 Wu(2007)发现,在上海交易所,当交易股票前一天涨停,则第二天个体投资者就成为该股票的净买者。Huddart,Lang 和 Yetman(2009)发现,当股价处于最高、最低价位或者处于近一年来的历史极端价位(52 周以来的最高点和最低点),该股票其后的交易数量会显著提高,并且买者发起的订单数量会远远超过卖者发起的订单数量,尤其是在小额交易中。由于极端的未预期盈余和涨停板事件往往与媒体的报道相关并可能吸引投资者的注意力,这些结果提供了更多的证据表明个体投资者的注意力影响购买决策超过股票的售卖决策。

Engelberg,Sasseville 和 Williams(2013)对著名的 CNBC 电视台中的 Mad Money 节目进行了跟踪,发现主持人 Jim Cramer 在节目中推荐了某只股票后,节目的观看者会成为所推荐股票的净买者,如果是高端的节目观众,那么会伴随着更高的收益和交易量。概括而言,在有相关新闻或是引人注意的信息公布后,相关行业和公司的股票就会受到投资者的热烈追捧,人气急剧增加,表现为股票交易量的迅猛增加。

（二）机构投资者行为的影响

对机构投资者而言,由于他们在信息收集方面有强大的团队资源基础,并且作为专业从事金融投资的群体,在信息的消化和吸收方面也有较强的优势,这些优势使其在对市场和股票信息进行解读时较少受到注意力局限的影响,从而在实证中就没有发现投资者注意力对于其交易行为影响的统一证据。

如 Hirst 和 Hopkins(1998)证实了即使是具有专业技能的财务分析师也往往不能及时、正确地对复杂的财务披露做出反应。投资者的有限注意导致了机构投资者并不能理解信息的全部内涵,只能识别其中的一部分。在有限注意下，无论是价值投资者或是动量投资者对相关公司股票收益变动的新闻均不会或是很少做出相应的反应，表现为人气低迷、交易量低下、股价没有或者很少做出相应的变动。

但 Barber 和 Odean(2008)却发现，相比个体投资者，市场中机构投资者并没有表现出注意力驱动的购买行为。他们解释为机构投资者把更多的时间和资源用来寻找股票。由于不同的机构投资者其投资者偏好和风格定位不同，因此他们仅持有有限的投资组合，其投资行为很少受到认知局限，所以有限的注意力约束对机构投资者交易行为的影响有限。由此可见，现有文献中投资者注意力对机构投资者交易行为的影响的结论并不统一。

三、投资者注意力对股票误定价的影响

如果注意力通过在不同信息结构上进行配置影响了投资者的交易行为，那么这种影响是否反映在了股票的定价及其动态变化上？

股票市场上每天都会产生大量的新信息，由于投资者吸收和处理信息的能力有限，使得注意力成为个人分析和处理信息过程的重要因素。从投资者信息处理效率的视角分析，受限于注意力资源的约束，客观世界并不能完全转化为心理现实，也就是说，外部世界在转化为心理现实的过程会以一种经济和简约的形式出现，从而产生一定程度的扭曲或变形，扭曲导致决策可能具有更大的风险，从而会影响个体行为和决策的正确性。可见，投资者注意力可能会引起市场上股票的定价偏差。

Gabaix 等(2006)认为，有限的意识和稀缺的时间限制了决策制定的质量，产生了基本的资源配置问题：决策制定者需要持续地决定思考什么样的问题，这种注意力配置过程很大意义上具有直觉的含义。一般来说，会带来重要后果的决定比带来相对不重要后果的决定会受到更多的注意。Peng(2005)分析了投资者有限理性下的认知行为和动态价格均衡，认为标准资产定价模型是基于市场能够迅速地消化新信息，提供资产价值的最优可能估计，而现实中，这种消化和估计需要投资者密切注意和处理信息，并且把这种信息融入到决策中。Hou，Peng 和 Xiong(2008)认为注意是投资者对信息反应的重要因素，不充分的注意会使得有效信息被忽视，导致股价的反应不足。Corwin 和 Coughenour(2008)认为由于专家面临显著的处理限制，随着期间内交易活动的增加，他们会把精力配置在自己更熟悉的股票上，同时，减少对投资组合内其他股票的注意，由此会导致较慢的价格上行变动。他们的经验研究表明，注意及其在股票间配置的注意对证券市场上的流动性准备金以及在决定资产价格方面起着重要的作用。只有当投资者密切注意的时候，重要的新闻或是信息才会在价格中得到反映。

现有文献分别从未预期盈余信息、应计信息和分析师荐股信息的角度分析注意力对股票定价的影响。如 Bagnoli,Clement 和 Watts(2005)发现,在收盘期间发布的盈余公告比开盘期间发布的盈余公告更易引起强烈的价格漂移,他们认为,其中的原因在于更多的投资者对收盘期间发布的盈余信息并未加以注意所致,当投资者一旦充分注意到了这个信息之后,将会对盈余信息作出过度反应。DellaVigna 和 Pollet(2009)检验了注意力分散的周五和注意力集中的非周五(剔除周末样本)期间盈余公告对于投资者信息解读的影响,发现投资者在周五对股票市场和日常商业活动会给予更少的注意力,因此,与发生在非周五的盈余公告事件相比,在周五公布的盈余信息更容易被投资者忽视,投资者对盈余信息解读不完全,产生了对股票的定价偏差,导致股价对盈余信息的即期反应减弱,滞后反应增加。

Hirshleifer 和 Teoh(2009)指出,由于投资者的注意力局限性以及信息处理需要时间和成本,投资者的注意力会受到同一天发布的盈余公告数量的影响,如果在同一天发布盈余公告的公司数量越多,会增加投资者在信息处理时的难度,使得投资者不能对盈余信息做出及时反应,出现对股票暂时性的定价偏差。Hou,Peng 和 Xiong(2008)分别以不同的市场状态和换手率的大小来代表投资者对股票注意力程度的高低,研究了投资者注意力对于价格惯性异象和盈余公告后漂移异象的影响,他们发现,投资者对于股价信息的反应过度现象会随着注意力集中程度的增加而增强,投资者对盈余信息的反应不足现象会随着注意力分散程度的增加而增强。

Jin(2009)以分析师跟进数量、机构持股比例和是否经国际四大会计师事务所审计等衡量公司所受到的注意力程度的差异,发现投资者注意力的集中会降低应计信息定价偏差的可能性,即受到更多分析师跟进、更多为机构所持股以及经过国际四大会计师事务所审计的公司,投资者对其应计信息定价偏差程度会显著减弱。

Ali 和 Gurun(2009)检验了投资者构成类别与会计应计定价偏差的关系,他们指出,和机构投资者相比,个人投资者更容易受到有限注意的影响。他们以公司规模来衡量机构投资者持股比例的高低,发现公司规模越大,即被机构投资者持股的比例越高时,越不容易受到有限注意的影响,投资者对其盈余构成中的应计信息定价偏差程度越低。

Loh(2010)以换手率的高低作为投资者注意力程度的计量,检验了投资者注意力对于分析师荐股行为的影响,发现前期换手率低的股票,由于受到投资者注意程度较少,分析师评级报告发布时不能得到投资者充分的理解,而导致评级报告公告后的漂移程度增加。另外,由于个人投资者相比于机构投资者的有限注意程度更为突出，导致分析师评级报告公告后漂移的现象在个人持股比例更高的股票中表现得更为明显。

王宗胜(2007)检验了投资者的注意力分配与对分析师荐股信息所做出的反应之间的关系，发现市场中存在显著的周末荐股效应，周六发布的荐股信息具有更高的价值。文章的结果显示，在交易量方面，股评家何时(星期几)推荐股票的差异很大。周一到周五发布的股评中所推荐的股票在第二天绝大部分表现为交易量和交易额萎缩，但是到了周六，情况发生逆转，绝大部分周六推荐的股票在周一交易量和交易额都大幅放大，周六的股评与周一至周五的股评所产生的影响有明显的差异。文章认为造成这一现象的原因主要是由于在周一到周五期间，工作、家庭等事务要占有相当比例的注意力，同时收集信息需要时间，加上周一到周五股市连续交易连续形成信息流也需要投资者消化，因此有限注意的投资者并不会马上对股评信息做出资产配置调整。而到了周末，两天的休息使投资者在脑力与体力上得到恢复，可以集中注意力研判股评信息，最后根据自身的判断作出反应。

四、投资者注意力对管理层择机行为的影响

投资者的注意力程度如果可以影响股票的定价，那么，关心自己公司短期股价的管理者在信息披露时是否可能会基于投资者有限注意状态进行择机披露信息以“愚弄”投资者呢？一些实证文献发现了相应的证据，而这些证据主要集中于管理层基于投资者注意力状态差异进行盈余公告、盈利预测公告以及并购公告的战略择机行为上。

在一个关于盈利数字游戏的著名演说中，时任证券交易委员会主席的维特(1998)，表达了对在股票市场20世纪90年代后半期的繁荣中许多误导性的会计实践事件的关注。而其中的事件之一就是：有些公司通过有意识地选择性披露备考盈利(而不是标准通用会计制度而得出的盈利)而提高投资者的良好感知，进而使投资者获得了超过分析师预测的股价预期。Lynn Turner(2000)(时任美国证券交易委员会首席会计师)将这些事件归纳为“坏消息之前的盈余报道”。

Hirshleifer 和 Teoh(2003)建立了有限注意的投资者模型，在这一模型中，他们预测相比标准通用会计准则下的盈利预测，有限注意的投资者在预测备考盈利中尽管更准确，但他们通常会产生向上的预测偏差。实证研究支持了他们的这种推测。Bradshaw 和 Sloan(2002)找到证据表明备考盈利经常会将标准通用会计准则下要求计算的费用排除在损益之外。Doyle，Lundholm 和 Soliman(2003)发现市场对备考盈利公告做出反应，并且备考盈利超过标准通用会计准则下盈利的金额将会导致后续股票的异常回报。美

国证券交易委员会(SEC)最后颁布了G法规,这一法规要求企业在信息披露时对备考盈利和公认会计准则下盈利给予同等的重视,对这两种形式下的收益差异进行调和。

Hirshleifer等(2004)研究有限注意对信息披露的影响。在他们的模型中,知情或者有信息优势的市场参与者(例如管理层)决定是否向有限注意的市场参与者(例如投资者)披露消息。由于有限注意,投资者对已披露的消息或没有披露的暗示消息并没有付出充分的注意力。因为通常情况下,发生的事件比不发生的事件显得更加突出,披露的消息会比没有披露的信号要求更多的注意力资源。在这种情况下,Hirshleifer等(2004)研究发现知情或者有信息优势的市场参与者经常会频繁披露一些好消息而非坏消息。Hirshleifer等研究还表明要求更多信息披露的法规可能会降低投资者信念的准确性以及投资者福利。

正如DellaVigna和Pollet(2009)研究所揭示的,当投资者注意力分散的时候,管理层可能会选择性披露坏消息以最大化短期股价,因为当投资者注意力不集中或者有限的时候,负面新闻对股价的影响更小。这可以解释为什么现实中周五公布的盈余公告经常会比其余工作日公布的盈余公告包含着更多的负面消息(例如:Bagnoli等,2005;Damodaran,1989),以及为什么上市公司经常会在交易日(Patell和Wolfson,1982)或者交易数小时后(Bagnoli等,2005)就立刻公布坏消息。

与以上相对,并不是所有实证文献都发现管理层会战略性择机公布盈余公告,特别是在投资者分心的时候择机公布负面的盈余消息。例如,Doyle和Magilke(2009)最近的一篇实证文献就没有发现管理层会基于消息属性择机公布盈余公告。他们的研究样本并不是包括所有样本,而是仅包括管理层改变盈余公告时机的公司,他们的研究样本中删除了那些在每一季度同一时间段持续公布盈余公告的公司以及并没有清晰表现出盈余消息披露时间改变的公司,他们的研究样本仅选择每一年同一季度盈余消息披露时间转变的公司,进行企业内的差异检验。他们没有发现显著的证据表明管理层在闭市后或者周五这些投资者注意力分散的时间更倾向公布坏消息。当他们把研究样本按照投资者注意力的其他替代指标(如规模、分析师跟踪数、机构持股比例)进行分组时,他们同样也没有发现管理层战略择机的证据。

但当Doyle和Magilke(2010)利用同样的企业内差异检验方法分析管理层盈利预测公告的问题时,却发现管理层在市场关闭、周五以及非盈余公告日期这些投资者注意力分散的日子会倾向公布坏消息性质的盈利预测公告,表明管理层会战略择机公布盈利预测消息,但从市场反应来看,投资者对盈利预测消息的市场反应并不被管理层盈余预告公布的时机所影响，这表明了市场是有效率的，能够识破管理层盈利预测公告中的“愚弄”市场行为。

Kasznik 和 Kremer(2009)同样研究发现投资者处于有限注意状态时，管理层会更倾向于公布负面的盈利预测消息；但当在投资者注意力集中时，管理层并没有对应地更倾向于公布正面的盈利预测消息。看起来管理层战略择机公布盈利预测消息只表现在负面消息的择机行为上。并且他们认为管理层战略择机公布盈利预测消息是经过成本—收益衡量的。有强烈激励从事择机披露的公司，管理层择机公布盈利预测消息的可能性更大，例如小规模公司、低成长性以及未预期预测程度更高的公司从事择机披露的激励强度更高，而管理层被授予股票期权的公司择机披露盈利预测消息的可能性更小，因为这种公司管理层和股东的利益进行了绑定，因此管理层有激励去最大化股价而不是最大化短期股价以“愚弄”投资者。

综上实证文献发现，在管理层盈利预测公告中，实证文献的发现基本一致，都发现了管理层会基于投资者的注意力状态择机公布坏消息，但在管理层盈余公告中，却并没有发现统一的证据支持管理层会基于投资者注意力状态择机公布坏消息。Doyle 和 Magilke(2010)认为这主要是由于盈余公告和盈利预测公告的消息属性存在本质差异所致，因为盈余公告是监管部门强制要求披露的信息，管理层消息披露具有强制性，但盈利预测公告属于管理层自愿披露的消息，并不具有强制性，因此，对于管理层而言，其从事盈利预测消息择机公布的限制条件更少，择机成本更低，而择机激励强度更大，因此相对而言，管理层择机公布盈利预测消息更具有普遍性。

除了盈余公告、盈利预测公告这类小的、常规性财务事件择机以外，相关学者还发现了管理层会基于投资者注意力状态在企业股权并购公告这类大的、非常规财务事件中进行择机行为的证据。Shleifer 和 Vishny(2003)，Savor 和 Lu(2009)研究揭示管理层经常会使用价值高估的股票去支付并购。Shleifer 和 Vishny(2003)争论说目标公司的管理层即使知道并购者的股票价值是高估的也会同意并购。他们揭示并购者通过加速股票期权的执行或者授予目标公司管理层慷慨的解雇费以达到收买目标公司管理层的目的。目标公司管理层出于退休或者非流动性的股权考虑也可能会同意并购，Shleifer 和 Vishny(2003)，Savor 和 Lu(2009)还争论说一个价值高估公司的管理层即使知道并购可能会向市场发送一个负面的信号，他们也可能会从事这种并购，只要并购公告的修正程度小于价值高估的程度。在其他条件相同的情况下，如果管理层知道在周五投资者将会付出更少的注意力，那么管理层将更可能在周五公布价值高估的股权置换并购。

在价值高估假设下，股权置换的并购者的行为是同股东价值最大化相一致的。管理层知道他们的股票被高估并且股价高估迟早会被修正。正如Jensen(2004,2005)争论说，如果股票被高估，市场将最终发现这种高估现象并且修正它。因此，管理层有激励去使用他们高估的股票去完成股权置换类型的并购。在价值高估的假设下，并购者长期的市场绩效是负的并不一定是因为并购是损值行为而是因为并购首先是价值高估的行为。价值高估驱动的股权置换类型的并购企业管理层的战略择机行为和对于周五并购公告的反应不足更可能同时存在，对于周五并购公告的反应不足实际是战略择机行为的条件。

DellaVigna 和 Pollet(2009)同样发现管理层可能择机在投资者注意力分散的周五公布价值高估驱动的并购公告。并且他们还发现即使聚焦在使长期股价最大化的管理层也有激励去战略择机公布价值高估驱动的股权置换并购公告，并购公告便利性的择机能够降低并购的成本并且增加成功并购的可能性，而且它会允许并购者使用价值高估的股权作为并购的支付手段。

第四节　本章小结

本章是全文的理论和文献基础。首先概述了注意力的三种信息加工理论：知觉负载、注意力分配以及注意力唤醒理论，概括了注意力研究的心理学基础；并通过分析注意力引起经济行为的逻辑和传递模式概括了注意力研究的经济学基础。其次，本章建立了一个简单的模型来说明投资者注意力是如何影响资本市场股票定价的。该模型清晰表明了当一些投资者处于有限注意时，股票价格并不能融入全部的相关信息。最后，对于近年来出现的投资者注意力文献进行了梳理，重点针对研究主题，对近年来投资者注意力与股票定价、管理层战略择机决策行为之间关系的文献进行了梳理和评述。

从研究的范式来看，投资者注意力在两个层面影响了投资者的行为：(1) 注意力局限使投资者有可能忽略某些影响价格变化的信息，甚至是公开信息，从而使投资者的信息集小于参与定价的信息集；(2) 注意力局限有可能使投资者在分析这些信息时出现代表性的偏误，如过度自信、外推预期、锚定效应、保守性偏差、代表性偏差等。传统的行为金融研究主要是从第二个层次进行分析，而投资者注意力则着手从第一个层次进行分析，投资者注意力研究丰富和完善了现有行为金融流派的研究体系，具有很高的理论价值。

从研究的逻辑来看，由于认知的局限性，投资者首先会对市场中的超量信息产生选择性的注意力配置倾向，在注意力配置的基础上，投资者信息处理和解读的效率会受到显著影响，这进一步影响了投资者特别是个体投资者的交易或决策行为，从而对市场中股票的定价产生一定的影响。投资者充分注意的信息，其股价对信息可能会充分反应，但也可能会过度反应；而投资者对于有限注意的信息，却会产生反应不足。投资者注意力是市场中股票误定价形成的关键驱动因素和前提条件。正是由于这种股价的"注意力效应"，关心公司股价短期走势的管理层必然有激励利用投资者的注意力状态进行战略性的择机信息披露以"愚弄"市场。因此作为行为金融一个新的分支，投资者注意力在信息的内生化平台上统一了投资者和管理层的角色功能，其研究具有很高的现实价值。了解投资者注意力现象，可以有效地获利或避免一定损失，帮助其进行正确的股票定价，提供资本市场的配置效率；对于监管部门来说，了解投资者注意力现象，可以改进市场交易质量，抑制股票市场的过度波动，并为其改进和完善上市公司的披露和股票交易原则提供思路和指引方向。

第四章　投资者注意力指标

在实证研究中,测度投资者的注意力程度是很难的,因为投资者注意力涉及投资者的认知心理,很难直接测度。目前对投资者注意力的测度主要从信息特性和交易特性两个层次展开。其中信息特性方面,现有文献主要是从两个相反的方向进行:(1) 用竞争性信息的干扰程度来测度投资者有限注意的程度;(2) 用信息的显著和易处理程度来测度投资者注意程度。以交易特性来测度投资者注意力也分为两方面:(1) 间接的代理指标;(2) 直接指标。

第一节　竞争性信息的干扰程度

资本市场中,投资者通常面临的是大量的、同时披露的信息——信息的竞争性披露。根据注意力的认知负载理论和注意力的分配理论,注意力作为一种稀缺性的认知资源,当其他相关竞争性信息刺激投资者的注意力时,投资者对公开信息的关注往往很难集中注意力。当涉及竞争性信息的干扰时,投资者对于正在关注的信息只能分配有限的注意力,因此其相应的信息处理效率就会受到影响。

例如认知心理学领域非常著名的 Stroop 任务、双重听力测试以及选择性关注测试就提供了有力的实验证据。正是在这些心理学理论的基础上,近年来,财务和金融学者开始利用竞争性信息的干扰程度来测度投资者有限注意程度,竞争性信息同时公布的数量越多,干扰程度越大,则投资者的注意力程度越低,有限注意程度越大。

一、国外研究

对于竞争性信息的干扰程度,目前国外文献主要是从竞争性信息的数量和投资者有限注意时期的认定两方面来展开。

(一) 竞争性信息的数量

Hirshleifer 和 Teoh(2009)提出"注意力分散假说",并用市场中盈余公告数目来表明投资者有限注意的程度。利用实证检验，他们发现当资本市场竞争性的盈余公告数量越多时，投资者对本公司盈余公告信息的即期反应越弱，盈余公告后漂移越强，并且在同一天公布的无关行业盈余公告信息比相关行业盈余公告信息更容易分散投资者注意力。

Chi(2013)在公司层面利用特定盈余公告日期所面临的国内通用会计准则数目作为投资者有限注意的代理指标，因为当企业盈余公告时所需遵从的通用会计准则数量越多，则投资者对于来自不同国家上市企业的盈余信息进行分析的认知负担越重，而这会导致当投资者对于盈余消息进行反应时出现更大程度的分心和市场误定价。

Peng 和 Xiong(2007)发现当市场宏观冲击来临时，市场波动和个股与市场的联动性将会同时增加。但由于信息流的横截面结构会随时间改变(包括两部分:市场信息和特质信息)，因此投资者对股票内部信息的注意力会发生转移，宏观市场的一次波动将会导致投资者首先将他们的注意力转移到市场信息，以利用他们暂时性的注意力集中去认识和处理市场的宏观波动，但随后投资者将会将他们的注意力转回到特质信息方面。因此就投资者的注意力资源而言，宏观市场信息和微观特质信息之间存在着竞争效应。

(二) 投资者有限注意的时期认定

DellaVigna 和 Pollet(2009)从周历时间的注意力分配差异出发，认为星期五由于接近周末，投资者此时会受到更多非工作相关信息的影响而造成分心，因此相比周一到周四，投资者对于周五公布的盈余公告经常注意力很分散。他们发现相比其他周历的盈余公告，投资者对周五盈余公告的即期反应较低，并伴随着较高的盈余公告后漂移。同样，Francis, Pagach 和 Stephan (1992)，Bagnoli, Clement 和 Watts(2005) 发现在非交易时间内投资者盈余消息有一个更大程度的反应不足。

相比以上的研究，Doyle 和 Magilke(2009)的研究更为系统化，他们在盈余公告以及盈余预测公告两个信息类别中，分别使用以下三个时期来代理投资者低注意力和高注意力时期:(1) 市场关闭后公告(低注意力时期)VS 市场开盘前和交易时间公告(高注意力时期)；(2) 周五公告(低注意力时期)VS 周一到周四公告(高注意力时期)；(3) 在非盈余公告时期公布盈余预测公告(低注意力时期)VS 同盈余公告一起公布盈余预测公告(高注意力时期)。他们研究发现管理层会根据投资者对信息的注意力程度择机公布盈余预测公告，但却不会根据投资者的注意力程度择机性地公布盈余公告。

Wu 和 Liu(2010)研究了四月不同时间间隔内的盈余公告消息的市场反应差异，研究发现，在盈余宣告初期，并未有显著未预期盈余股票报酬的改变，随着越来越多的财务年报逐步公布，投资者开始关注众多盈余消息，而进场交易造成的未预期盈余股票报酬变动增加，因此作为年报公布集中的四月份投资者注意力程度其实具有一定的差异性，在四月初期，投资者注意力程度很低，但随着财务年报的逐步公布，投资者的注意力程度逐步提高，到四月下旬的时候达到最高的注意力状态。

当然，也有文献综合了竞争性信息的干扰程度以及有限注意时期认定这两种代理指标，例如 Kasznik 和 Kremer(2010)在研究管理层盈余预告公告的战略择机行为时，就提出两种投资者有限注意程度的代理指标：(1) 若公司管理层公布盈余预告的日期与联邦公开市场委员会会议同一天召开，则公布盈余预告的公司就处于有限注意时期。因为一旦联邦公开市场委员会召开，则市场中投资者就会极端注意这一会议的结果，特别是对委员会是否会做出改变联邦基金的利息率特别关注，因此在竞争性信息的影响下，投资者对于公司公布的盈余预告消息必定产生有限注意。(2) 以公司管理层盈余预告公布当天美国三大广播网络 ABC(美国广播公司)、CBS(哥伦比亚美国广播公司)、NBC(美国全国广播公司)播报头三条新闻所用时间数的中位数作为投资者有限注意的代理变量。这个指标选择的依据是投资者的注意力资源是有限的，因此在认知约束下，当有重大的新闻事件发生时，则投资者对于公司的特质信息(如管理层盈余预告信息)的注意必然减少。

二、国内研究

国内对于投资者注意力的研究文献非常缺乏，但从少有的几篇文献来看，基本上也是从竞争性信息的干扰程度来测度投资者的注意力程度。

谭伟强(2008)从市场的交易量反应入手，检验了我国股市盈余公告后投资者对于不同公布时机盈余信息的不同反应，发现我国盈余公告存在显著的“周历效应”和“集中公告效应”。他们对此的解释是：盈余公告的年报里包含着众多的财务信息，而这些信息的解读需要时间和相关知识，这些都是需要成本的。另外，在盈余公告日市场也会不断存在新的信息，那么，对市场信息和个股的盈余公告信息进行分析需要更多的精力和时间，因此，投资者作出反应的时间将会更多。由于人们在一周的第一个工作日必须处理大量周末堆积下来的工作，因此，将有更多的投资者忽略周一的盈余公告信息。另外，当有多种股票在同一天发布盈余公告信息时，考虑到投资者注意力有限以及信息处理需要时间和成本，更多的投资者将忽略这些或者那些盈余公告信息，由此也增加了忽略投资者的比例。由此可见，谭伟强(2008)的研究是将周一作为投资者有限注意的代理指标。

于李胜和王艳艳(2010)在借鉴 Hirshleifer 和 Teoh(2009)提出的“注意

力分散假说”的基础上，以同一天公告盈余消息的公司数量作为投资者有限注意的代理指标，分析了我国资本市场信息竞争性披露对信息传播效率的影响。研究发现，信息的竞争性披露在一定程度上能提高投资者的分类认知效率，投资者对未预期盈余的敏感性随竞争性信息数量的增加而增强，而盈余公告后的漂移程度则随竞争性信息数量的增加而降低，原因在于相关信息有利于投资者解读所持股票的信息，从而提高了市场效率。

综合以上文献来看，从注意力的知觉负载理论和注意力的分配理论出发，当前实证文献对投资者注意力的测度一个很重要的方面就是从竞争性信息的干扰程度来测度投资者有限注意的程度。这种指标基于认知局限的客观事实，将投资者受到竞争信息干扰和处于特殊有限注意的时期作为注意力程度的反面指标。该指标虽然能够在一定程度上体现投资者注意力的大小，并且能够有效规避实证研究中的内生性问题，但是指标潜在的噪音特别大。相对于投资者当前接受的信息，市场中公布的竞争性信息非常多，这些竞争性信息对投资者的注意力可能都会产生显著干扰效应，因此如何鉴别某些特定的竞争性信息或者时期一定会引起投资者的有限注意就是一个非常值得讨论的问题，并且如何控制其余竞争性信息的干扰程度本身在实证中也是一个较大的难题。

第二节　信息的显著和易处理程度

根据注意力的分配理论，人们接收和处理一些信息比其他信息容易。如果这些信息更加突出或者更加容易处理，那么这种信息对投资者的认知刺激会更强。因此，人们更可能处理显著的信息，而忽视一些非显著的信息。

心理实验证据表明，人的注意力倾向于向凸显的刺激物配置。凸显效应普遍存在，且具有稳健性(Fiske 和 Taylor，1991)。凸显效应的强度决定于刺激物的相对重要性以及在同类事物中的极端程度。根据 Nisbett 和 Ross (1980)的理论，在感觉、时空上近似的刺激信息更为突出和容易处理。

一、国外研究

在以信息效率与价格发现机制为基础的现代金融市场中，投资者利用各类信息进行资产组合决策时很大程度上受凸显效应的影响。Rosa 和 Durand (2008)利用 10 000 名学生的投资数据进行研究发现，投资者的股票组合中有超过 50%的股票变动可以被显著信息的代理指标所解释，被实验者进行投资决策时明显受到“注意力效应”的影响，也就是说被实验者对各种信息并非一视同仁，而是倾向于利用那些引起他们注意的信息，而忽略那些不显著但有价值的信息，从而导致决策的偏差。

Engelberg(2008)将盈余信息分类为硬(定量)和软(定性)两种类型的信息,并检验它们与盈余公告后漂移之间的关系。他发现,越难进行处理的软信息(用关于盈余公告的新闻报道中的负面字数作为代理指标)具有更强的收益可预测性,而且相比定量信息其可预测性可延伸到一个较长的水平。同样,Peress(2008)发现相比受到其余媒体报道,受到《华尔街日报》(报道效应更显著)报道的盈余公告信息,其市场的即期反应更强,盈余公告后漂移更小。

DellaVigna 和 Pollet(2007)研究了人口的统计资料对股票横截面收益的影响。人口统计信息预测了需求变化,并进而预测时间敏感性货物的未来利润变化。如果投资者充分注意,那么这些可预见的改变将被完全吸收进股价。DellaVigna 和 Pollet 发现,基于人口统计特征预测的长期需求增长率能够有效地预测行业异常收益,这意味着相比人口统计特征短期的变化,投资者对表现不突出以及难以处理的长期人口统计特征的变化并不十分注意。

Cohen 和 Frazzini(2008)发现市场对经济相关企业的信息反映不足,这种相关性主要体现在具有消费者—供应商上下游产业关联的企业之间。他们还报告说,收益的可预测性随着投资者注意力的程度(范围)而变化。据推测,当投资者持有供应商和客户企业的股票时,他们可以更容易地注意经济联系。Cohen 和 Frazzini 通过对共同基金数据的研究,发现当公司的部分投资者持有其经济关联公司的股票时,回报的可预测性更强。

受制于有限注意力和有限认知能力,个人投资者常常将较多的注意力配置于某些特殊的、具有凸显特征的股票,从而缩小了考虑集(consideration set),并导致注意力驱动(attention-grabbing)的股票交易行为。也许这其中最明显的证据表现在股价对显著的公开信息的反应上(Ho 和 Michaely, 1988; Hand, 1990; Klibanoff, Lamont 和 Wizman, 1998; Huberman 和 Regev,2001)。同时,人们的注意力也更可能指向容易存储和处理的信息。人们经常根据事件与现实中易发生的代表性例子的相似性来付出注意力和评估事件概率(可获得性启发,Tversky 和 Kahneman,1973)。

Barber 和 Odean(2008)首次全面地讨论了注意力驱动的股票行为。他们将异常交易量、极端收益以及新闻作为吸引投资者注意力事件(attention-grabbing event)的代理变量,实证表明这三种类型的投资者注意力吸引事件均可以导致个人投资者随后的净买入行为。

Yuan(2012)提出两个吸引投资者注意力的事件类型:(1) 道·琼斯指数事件。当道·琼斯工业指数达到历史新高,这将是一个吸引投资者注意力的大事件,因为该指数在美国创立时间最长并且被广泛使用。因此道·琼斯指数记录将会吸引更多的媒体报道和投资者注意力。作为最可见的市场指数,绝大多数新闻媒体都将道·琼斯指数作为测定市场绩效的第一指数。并且尽管其可见性比较高，但因为道·琼斯指数是具有强烈正趋势的30个股票的名义价格水平，所以指数记录并没有包含太多的经济信息。(2) 新闻事件。当股票被《纽约时报》和《洛杉矶时报》头版报道时，将会吸引投资者注意力，对于投资者而言，媒体报道是主要信息来源之一。特别是缺乏经验的散户投资者对媒体报道会更依赖，因为比起机构投资者来说，他们并没有其他更多的信息来源。

Liu，Sherman 和 Zhang(2008)在研究 IPO 企业的业绩表现时用 IPO 审核期间的媒体报道数作为投资者注意力的指标，发现媒体报道同 IPO 首日溢价率正相关，但却同 IPO 企业的长期业绩之间没有显著关系。Gaa(2008)利用事前估计的媒体对盈余消息报道的概率作为投资者注意力的指标，他发现，购买低注意力股票的投资组合战略在1984年到2005年间产生了大约70个基点的每月股票超额回报，对于这些被忽略的股票，高风险调整回报的结果看起来符合 Merton(1987)的投资者认知假设。

Graham 和 Kumar(2004)的研究显示一些投资者倾向于在股票发生过分红这样的吸引注意力的事件后才开始购买股票。Frieder 和 Subrahmanyam (2005) 研究发现个人投资者更容易持有品牌知名度较高的股票。

从实证会计和案例研究发现，财务报告的位置、分类、标签等各种外在形式都影响使用者甚至专业人士对其的理解。因此，相同内容信息不同的提交方式都会影响投资者对股票的估值和交易行为。

相比财务报表附注披露的信息，投资者对财务报表中正式披露的会计信息更为看重。并且在石油和天然气行业中，相比财务报表脚注披露的资产减值信息，投资者会更看重已实现的资产减值信息(包括在净利润的计算之中)(Aboody，1996)。在20世纪90年代要求公司报告员工退休后收入(106号财务会计准则公告)之前，Amir(1993)研究发现，投资者对以脚注形式披露的成本不太重视，直到会计政策变化使得这些成本开始引起投资者注意为止。Davis，Folami，Liu 和 Mittelstaedt(1999)发现，投资者对已采用106号财务会计准则公司的非养老基金性质的退休福利比已披露的负债更为看重。

实验研究发现会计事项的重要性根据它们所提交的形式或分类会产生感觉上的相似差异。Hopkins(1996)显示，实验对象对待相同的混合金融工具的不同取决于它是被分类为资产负债表中的债务、权益或引渡融资。Hopkins，Houston 和 Peters(2000)研究发现，对于企业合并的会计处理，相比购买法，财务报表使用者更喜欢权益集合法。因为并购溢价在未来很长时间摊销，所以购买法经常会低估收入。最后，相对会计报表附注以及股东权益变动表这些不显著的财务信息,报表使用者会更看重包含在损益表中的其他综合性收入项目(Hirst 和 Hopkins, 1998; Dietrich, Kachelmeier, Kleinmuntz 和 Linsmeier, 2001)。在最近的一项研究中, Cai, Garvey 和 Milbourn(2012)表明,股票价格直到期权实施之前都没能反映期权的成本。他们还发现,在修订后的会计准则(要求公司报告股票期权的公允价值而非以前的账面价值)实施以后,收益的可预测性降低。

二、国内研究

Seasholes 和 Wu(2007)进一步检验了上海股票交易所个人交易者受注意力驱动的股票交易行为,为 Barber 和 Odean(2008)的研究提供了样本外的证据。与之不同的是,Seasholes 和 Wu(2007)只选取了股票的涨停现象作为吸引投资者注意力的事件,实证结果表明,涨停事件引起个人投资者对该股票的超买行为,并且导致股票价格继续上涨但是随后反转。该研究进一步指出理性交易者可以利用散户的注意力驱动交易行为获利,通过在 t 期吸筹而在 t+1 期抛售,可以获得高达 1.16%的日平均收益。

饶育蕾、彭叠峰、成大超(2010)以我国股票网络新闻条数作为投资者注意力的代理指标,发现大众媒体对上市公司的关注度越高,在接下来一个月中,其股票的平均收益率越低。

饶育蕾、彭叠峰、周相宜(2010)用股票涨幅排行榜作为注意力吸引事件,实证结果表明我国股票市场存在排行榜效应。

以上的研究为证实投资者注意力对投资行为的影响提供了一定的证据,但存在的局限是特定事件(广告或者新闻)是投资者注意力的间接代表,无法直接衡量究竟有多少人注意了这个特定事件或者阅读了新闻,这且这种指标在实证中的内生性问题也很难克服。

第三节　交易特性指标

以上的实证文献对投资者注意力程度的测度是从微观的信息特性角度出发,而还有一部分研究文献是从上市公司的自身特性和其交易股票的特性角度来对投资者注意力程度进行测度的。这其中包括直接和间接指标两种分类。

一、间接指标

投资者注意力程度很难直接观测,目前多数文献均采用一些表征变量,如换手率、机构持股比例、分析师跟进数量、公司规模和公司投入广告费用的多少等,来间接地对投资者注意力进行衡量。

Jin(2010)选用分析师跟进数量、机构投资者持股比例和是否被国际四大会计师事务所审计作为投资者注意力的代理指标分析了投资者注意力与每单位应计误定价之间的关系。

还有一些文献使用交易量作为投资者注意力程度的代理变量(Hou, Peng 和 Xiong,2008)。因为当投资者对股票信息付出充分注意力时,投资者更容易监控和交易该股票,高交易量可能表明投资者对股票信息有更多的注意力。Loh(2010)探讨了投资者注意力对分析师荐股信息市场反应的影响。分析师的股票推荐往往伴随着随后的漂移,这表明对分析师荐股信息的反应不足。他用交易量作为对投资者注意力的主要代理变量,而且还使用其他投资者注意力的代理变量,如分析师跟踪数、机构投资者股权以及同一天盈余公告的数目。结果表明,分析师跟踪数越低、机构投资者股权越低以及公司盈余公告当天其他公司盈余公告的数目越大时,分析师荐股后的股价漂移会越强。

Aboody 等(2012)用规模来替代投资者注意力指标。规模越小,投资者注意力越大。Ali 和 Gurun(2009)同样选用公司规模大小作为投资者注意力指标,在此之外,他们还应用股市周期状态作为投资者注意力的另外一个指标。Barone 和 Magilke(2009)选用机构持股比例等来衡量投资者的注意力对于应计异象的影响。

Corwin 和 Coughenour(2008)认为投资者对一只股票付出的注意力伴随着一定时期内该股票的交易数量和收益上升而上升。因此作者提出三个指标测度投资者注意力程度:(1) IA1＝基于给定时期的标准交易数量;(2) IA2＝基于给定时期的标准交易回报;(3) IA3＝IA1×IA2。

同 Corwin 和 Coughenour(2008)类似,Budsaratragoon 等(2010)对目标公司进入 CalPERS(加利福尼亚州公共雇员养老基金)的“关注名单”(这些进入关注名单的企业是被 CalPERS 评价为公司治理或者财务绩效最差的公司)的事件进行了市场反应测试,发现目标公司长期受到有限关注时,一旦进入关注名单,其市场反应更为强烈。作者推测投资者关注比较少的公司,其一旦受到机构投资者的激进行为表述,则市场反应则更为强烈。他们在实证检验中提出了四个投资者注意力的代理指标:(1) IA1＝事件前(－250,－1)每日交易量的均值/事件前(－250,－1)每日交易量的标准差;(2) IA2＝事件前(－250,－1)每日收益率绝对值的均值/事件前(－250,－1)每日收益率绝对值的标准差;(3) IA3＝ IA1×IA2;(4) IA4,虚拟变量。当股票市值和股价处于样本最低的三分位组时取 1,否则为 0。

另外一些文献用广告支出来代表投资者注意力程度,检验广告支出与股票收益之间的关系。研究者发现广告能够带来销售收入的增加和公司价值的提升,但是在控制了公司收益之后,广告仍然对股票价格有显著的影响,这一影响可以归结为广告吸引了投资者的注意力,从而带来基于投资者注意力的股票购买行为。例如,Grullon, Kanatas 和 Westons(2004)用上市公司的广告费作为代理变量。Lou(2009)利用美国股票市场 1974—2006 年间上市公司广告支出作为投资者注意力的代理变量进行实证检验,结果表明广告支出的提高会增加个体投资者的股票买入行为,同时带来股票的异常回报。

除了以上的微观交易特性指标作为投资者注意力的代理指标以外,还有一些文献将股票交易与市场状态相结合,基于投资者在不同市场状态的交易心理,将股票交易所面临的宏观市场状态也作为一种投资者注意力程度的代理指标。例如 Karlsson, Loewenstein 和 Seppi(2005)研究发现投资者在上行市场比下行市场状态中会更密切地监控股市。相比市场处于下行状态,投资者在上行市场状态下的注意力程度更高。受此研究启发,Hou, Peng 和 Xiong (2008)使用交易量和市场状态作为投资者注意力的代理指标,研究了投资者注意力在市场反应不足和反应过度行为模式中的作用。他们发现低交易量和下行市场状态下投资者对股票盈余消息的反应不足更强,表明投资者注意力程度越高,则市场对盈余消息的消化和吸收能力越强,盈余公告的市场反应也越迅速。

以上的代理指标虽然在一定程度上能够体现投资者注意力程度的大小,但潜在的噪音也比较大,因为这些指标本身都是从证券市场中所提取出来的,是金融资产本身的交易特性和价格行为。而且,随着证券市场的不断发展和成熟,如机构和分析师的队伍都在不断壮大,导致不同时期的注意力程度数据不具有可比性。因此,近年来开始出现了一些测度投资者注意力的直接指标。

二、直接指标

Da, Engelberg 和 Gao(2013)基于谷歌的搜索周频率(SVI)指数直接测度投资者的注意力程度分析了投资者注意力与资产定价之间的关系,认为使用这种直接指标的原因是:(1) 网络使用者基本上使用搜索引擎去收集信息,而谷歌是最受欢迎的搜索工具,2009 年 2 月,在美国谷歌的搜索占到全部的 72.1%,更为关键的是,搜索频率是一个非常明显的注意力指标,如果投资者在谷歌中搜索一只股票,那无疑投资者对这只股票是注意的。因此在谷歌中总体的搜索频率是一个直接和确定的注意力指标。(2) SVI 可有效测度不能被新闻媒体捕获的公众注意力。尽管新闻媒体报道的数量和 SVI 是相关的,但两者也有巨大的差异。(3) SVI 指标更能有效地捕获个体投资的注意力表现。作者通过跟踪投资者交易账户发现,SVI 的改变量同个体投资者的股票买卖交易行为具有显著和直接的关系。更有趣的发现是：相比机构投资者的股票交易，同样的 SVI 增加导致了更多的个体投资者交易量的增加，这个现象表明 SVI 更能捕获个体投资者的注意力。

杨晓兰(2010)采用和讯网的个股关注度数据来测度投资者注意力程度，利用随机效应面板数据模型检验了我国股票市场的网络关注度效应。实证结果显示，当日高关注度的股票会带来当日及次日的高换手率和高成交量。然而，关注度对收益率的影响存在反转性，关注度对当日收益率有正向的影响，对次日收益率却产生了负向影响。此外，作者还检验了新股的关注度效应，发现上市首日及前日的关注度对股票收益率、市盈率和换手率都有显著的正向影响。作为中国访问量最大的财经网站之一，和讯网提供了基于网站浏览用户数据的行为分析工具——关注度指标，包括个股关注度、行业关注度和市场关注度。其中，个股关注度指标统计了每个交易日(00:00:00－23:59:59)关注某支股票的实际人数(包括访问了有关该股票行情、新闻和股吧的人数)，代表了与某只股票相关的信息被多少人注意。

相对于现有研究用广告支出、分析师跟踪数、分红、涨停、新闻等特定事件来代表注意力程度而言，网络的关注度指标是判断投资者对某个特定股票注意力的直接手段，是一个连续的时间序列，能够为投资者行为和股票价格异象研究提供进一步的证据。但是利用特定网络指数获取的投资者注意力程度只是投资者其中的一部分，因此利用直接指标也存在着严重的样本选择性偏差的问题，就如谷歌 SVI 搜索指数更侧重测度个体投资者注意力程度，而和讯网更侧重测度经常关注和讯网的投资者注意力程度。并且在做大样本研究中，这两个数据都难以应用，就 SVI 指数来说，对我国上市公司而言，从 2004 年到目前只有 100 多家公司的数据，这种数据的有效性本身也值得怀疑；而和讯网数据是从 2009 年 7 月才开始公布，数据的长度难以保证实证分析的样本区间长度以及系统性分析投资者注意力的作用机理。

第四节　本书的测度指标

从以上的指标汇总可见，在测度投资者注意力程度时，基于心理学的竞争性信息的干扰程度指标、信息的显著性以及易处理程度指标是投资者注意力的起因指标。这些信息特性指标通过投资者的认知系统，刺激了投资者的认知反应，引起了投资者对信息指向股票的注意。而交易特性指标是投资者注意力的结果指标，例如交易量、换手率等指标，这些指标从投资者注意力的结果表现入手，测度了投资者对指定股票的注意力程度，从资产本身的交易特性出发，投资者对股票的注意力程度越高，则该股票的交易规模和换手率无疑越高,这些指标是投资者注意力的结果和事后指标。本书在测度投资者注意力时,将起因指标和结果指标相结合,在实证检验中一方面能够增加研究结论的可靠性,另一方面也能有效地规避内生性的问题。而本书选择的投资者注意力测度指标如下:

(一) 媒体报道数

现实经济生活中,各种大众媒体成为投资者获取市场信息的重要渠道,其对股票的注意力程度很容易受到新闻媒体的影响。特别是在当今的“信息化时代”,互联网成为广大股民最主要的信息渠道,吸引着千万投资者的眼球。因此,本书借鉴 Fang 和 Peress(2007)、饶育蕾等(2010)的文献,利用媒体报道的数量来构建投资者注意力程度指标。该指标是投资者注意力的起因指标。

(二) 换手率

在金融市场,换手率能够有效地衡量投资者对股票的注意力程度。一方面,当投资者对股票不进行注意时他们不会积极地交易股票;另一方面,当投资者对股票进行充分注意时,过度自信等行为偏差往往会扩大投资者之间对于公司基础价值的异质信念,因此进一步加大了股票的换手率。本书在媒体报道数以外,借鉴 Loh(2010),Chemmanur 和 Yan(2013)的文献,利用事件日前的换手率作为代理指标。该指标从金融资产的交易特性方面测度了投资者对特定股票的注意力程度。换手率越高,投资者注意力程度越高。该指标是投资者注意力的结果指标。

第五节 本章小结

投资者注意力涉及投资者的认知心理,因此在实证中很难直接测度。本章通过对当前投资者注意力实证文献的梳理,发现当前对投资者注意力的测度主要从信息特性和交易特性两个层次展开。

其中信息特性方面,主要是基于心理学的基础,从两个相反的方向进行测度:(1) 从竞争性信息的干扰程度来测度投资者有限注意的程度;(2) 从信息的显著和易处理程度来测度投资者注意程度。其中竞争性信息的干扰程度指标的优点是能够有效地规避实证研究中的内生性问题,但是这种指标的缺点也非常明显。因为相对于投资者当前接受的信息,市场中公布的竞争性信息非常多,这些竞争性信息对投资者的注意力可能都会产生显著干扰效应,那么如何鉴别某些特定的竞争性信息或者特定时期一定会引起投资者的有限注意就是一个非常值得讨论的问题,并且如何控制其余竞争性信息的干扰程度本身在实证中也是一个较大的难题。而信息的显著和易处理程度指标从认知心理层面来看，是投资者注意力的起因指标，该指标简单清晰，也是目前很多国外文献常采用的指标，但是在实证中这种指标经常会受到内生性问题的困扰。

以交易特性来测度投资者注意力也分为两方面：(1) 间接的代理指标；(2) 直接指标。其中交易特性的间接指标经常作为注意力的后果指标，这种指标具有一定的噪音；而交易特性的直接指标虽然能够直接测度注意力，但实证研究使用这些指标的问题很多，例如这些指标均是从特定的网络媒体获得，数据时间跨度短，指标指向特殊(例如谷歌 SVI 搜索指数主要是测度网络用户对股票的注意力程度，而这些网络用户主要是个体投资者而非机构投资者，而且年龄层次也偏低)，因此这些指标的有效性连公布这些直接指标的网络媒体也不敢保证，所以实证研究中这些指标的有效性很值得怀疑。

综上所述，本章在对以上这些指标在实证研究中的优缺点进行详细评述的基础上，提出了本书的两个测度指标：换手率与媒体报道数。这两种指标首次结合投资者注意力的起因和后果两个方面对注意力进行测度，在实证检验中这种指标的结合一方面能够增加研究结论的可靠性，另一方面也能有效地规避内生性的问题。并且为了控制这两个指标的时间增长趋势以及异常值对研究结论的影响，本书在实证分析时还对这两个指标进行了等级化处理，这有效地保证了本书研究结论的稳健性。

第五章　投资者注意力、鸵鸟效应与市场误定价[1]

投资者注意力与近年来一些有悖于有效市场假说的市场误定价(又称"市场异象")存在着非常紧密的关系。众所周知,市场误定价是对有效市场假说(以下简称"EMH")的一个巨大挑战。EMH的创始人Fama(1998)在一篇综述中批驳了反对EMH的市场误定价,但Fama也不得不承认,盈余惯性与价格惯性是仅有的两个对EMH形成真正威胁的、持续的、稳健的市场误定价。盈余惯性是指未预期盈余较高的公司在未来一段时期内的市场回报会显著地高于那些未预期盈余较低的公司。盈余惯性的存在意味着价格并没有迅速对盈余公告做出反应,经过一段时间调整后盈余信息才逐渐融入股价,这显然有悖于EMH。而价格惯性是指股票后续期的收益率与前期具有相同的运动趋势,前期的收益率能够影响后期的收益率。前期收益率较高的股票在后续的期间内持续有较高的收益率;前期收益率较低的股票在后续期间内有较低的收益率,类似于人们常说的"强者恒强,弱者恒弱"现象。与之相对应的是价格反转现象,表现为前期收益率较高的股票,在后续期内收益率较低;前期收益率较低的股票,在后续期内收益率反而较高。对于价格异象和盈余异象这两种市场的误定价现象,当前的解释主要是基于行为金融的视角,从"过度反应"和"反应不足"两种投资者行为偏差以及非理性表现进行解释,但学者们并没有对这些非理性反应的根源进行探索。投资者的行为偏差之所以能够影响市场误定价,其前提和客观条件是投资者注意力状态的差异引起投资者对信息的反应差异。因此,本书从投资者认知特征出发,通过考察投资者对信息的注意力配置对市场误定价的影响进而分析市场中价格惯性和盈余惯性的内在形成机理。这是研究典型市场误定价分析的一个新视角。

---

〔1〕 本章研究的主体内容发表在《金融研究》2012年第3期,题目为"选择性关注、鸵鸟效应与市场异象"。

本书的主要贡献体现在：(1) 本书基于认知心理学的理论，着重分析了投资者注意力和价格异象、盈余异象之间的关系。对于这两种典型的市场异象，现有文献主要是从投资者反应过度和反应不足的行为金融理论框架内进行解释，但就其反应模式背后的关键驱动因素和运行机制目前还缺乏探索。市场中信息种类繁多，其中市场信息、板块信息以及公司特质信息构成多层次的信息结构体系，个体投资者由于时间、精力以及能力的限制不可能对所有的信息都进行充分注意，因此必然会对股票信息产生选择性的注意力配置。Peng 和 Xiong(2009)通过构建模型预测了投资者对于市场、板块和公司特质三类信息会存在选择性注意，而选择性注意的配置会造成投资者对不同信息反应模式的差异，进而影响了股票的定价。本书的研究立足于投资者在持续性的股价历史信息和间歇性的盈余公开信息之间的注意力分配问题，进而分析这种注意力配置造成的经济后果。本书选择我国资本市场 2004—2009 年的数据，实证检验了投资者对持续性的股价历史信息和间歇性的盈余公开信息的注意力配置状态对于市场误定价的影响效应。研究发现投资者对两种信息的注意力配置会显著影响股票的横截面收益，其中价格反转收益与投资者注意力呈显著的正向关系，而盈余惯性收益与投资者注意力呈显著的负向关系。(2) 通过组合分析的思维，本书还发现了在我国资本市场的不同态势(牛市和熊市)下，投资者存在着对信息非对称反应的“鸵鸟效应”。鸵鸟效应的概念是根据鸵鸟的习性而来。据说鸵鸟是一种很有趣的动物，当它遇到危险的时候，就把头埋到沙子里，以为这样别人就看不见自己了，殊不知，自己大大的屁股露在外面，更加引人注目。Galai 和 Sade(2003)将这一概念首次引入到金融市场中，他们定义的鸵鸟效应为投资者通常在差的市场状态下通过假装其不存在来避免非常明显的金融风险状况的一种认知偏差。本书将“鸵鸟效应”引入到投资者在不同市场态势下的注意力配置分析中。预期在好的市场态势下，投资者的情绪唤醒状态较低，个体处于平静和放松的状态，推动个体进行反思和认知调节以及注意力和自我控制的冷系统发挥主要作用，可利用的认知资源较为充分，注意力较为集中；而当市场态势差时，投资者情绪唤醒状态较高，机体处于焦虑和紧张的状态，倾向于回避或者远离行为的热系统开始占据支配地位，较高的情绪唤醒会消耗部分认知资源，从而导致个体分配给其他信息的注意资源减少，注意力较为分散。不同市场态势下，投资者注意力的配置差异会进一步影响投资者信息处理的效率，由此本书推测在不同的市场态势下，股票定价上的“注意力效应”会存在显著差异，“鸵鸟效应”进一步验证了投资者注意力对股票定价的动态影响。本书在投资者注意力的统一框架下，合理解释了价格和盈余异象的生成机理和影响因素，因此为现有资产定价的研究文献提供了有力的补充。(3) 在分析市场异象时，本书充分考虑了股票历史信息和盈余公开信息的交互影响，从而在实证设计上也体现了一定的创新性。

本章结构安排如下：第一节为文献基础和基本假设；第二节为实证设计，包括样本和数据来源说明、核心变量的选择、研究程序和模型设定；第三节为实证结果与分析；第四节为本章小结。

第一节　基本假设

在股票市场上，投资者注意力反映投资者心理的认知过程，它是认识资源上一种任务对另一种任务的一种替代。当涉及投资决策时，若有大量信息，有限注意不可避免，投资者不得不对信息处理作出选择(王春和徐龙炳，2009)。早期的心理学家从知觉选择、知觉反应、注意力能量分配等角度对人类认知问题展开研究(Broadbent, 1958; Deutsch 和 Deutsch, 1963; Kahneman, 1973)。Lavie(1995)提出了知觉负载理论，认为人类的信息处理能力是有限的，人类会有选择地去处理信息，影响选择机制的主因在于所需处理的外界信息的多寡。如果外界的知觉信息量超过人类的信息处理能力，选择机制则会在信息处理的早期阶段就进行筛选，只有需要的信息才会被进一步处理。由于投资者在信息处理过程中具有知觉负载，投资者对资本市场新进入的信息并不能时刻进行紧密关注，对于不同时刻进入市场的新信息投资者会表现出注意力程度上的差异，这些认知差异导致了市场股价的不同反应。

事实上，注意力的极端情况分为充分注意和有限注意两种。前者是指投资者因特定的吸引人注意力的事件而对相应股票产生偏离基本面的过度反应；后者是指投资者因不具备完全的处理和吸收所有可得信息能力时，所产生的对联系股票基本面的相应信息反应不足的情况(Engelberg 等，2013)。那么，对于资本市场种类繁多的信息投资者何时表现出有限注意？何时表现出充分注意呢？

Peng 和 Xiong(2006)模型化了投资者在学习过程中的注意力分配，研究了注意力分配对动态资产定价的影响。他们的研究也表明，注意力有限性导致投资者倾向于分类学习的行为，即相比公司特定信息，投资者倾向于处理更多的市场和板块层面的信息。Hirshleifer 和 Teoh(2009)通过对他们模型的实证检验，进一步提出了“投资者注意力分散假说”，即认为在发达资本市场上，信息竞争性披露的增加，意味着投资者在短期窗口内将注意力转移到市场和板块层面，忽视了公司层面信息，而公司层面信息又主导了股价的波动，因此可以观察到短期窗口市场反应不足。由此可见，投资者对于市场中不同的信息会产生选择性注意力配置。Peng 和 Xiong 研究了不同板块信息

(市场、行业和公司特质信息)之间的注意力配置问题。

本书将研究的视角定位在市场中持续性的股价历史信息和间歇性的盈余公开信息这两种相关信息[1]之间的注意力分配问题。Griffin 和 Tversky (1992)发现投资者可能对间歇性的、突发的信息反应不足,而对于长期记录的历史信息可能会过度反应(不论是好或者坏消息)。对于盈余公开信息,这种信息属于市场上上市公司公布的新信息,这种信息具有间歇性和公开性,其收集成本较低,并且易获得,因此投资者对其注意有限。对于这种信息,投资者是否会产生注意力忽略,很多文献已经有所证实,例如于李胜和王艳艳(2010),谭伟强(2008),Peress(2009),Hou 等(2009)的文献发现,投资者对于市场中公布的未预期盈余信息经常会产生有限注意,进而造成了较低的盈余公告即期反应和盈余公告后的滞后反应,这表明投资者有限注意是市场中盈余公告后漂移(PEAD)现象存在的重要成因。

而对于股价的历史收益信息,这种信息由于以下几方面原因会受到投资者的充分注意:(1) 我国股市目前投资者对市场“政策市”的认知预期较强,由于政策的多发性和不稳定性,投资者无法形成稳定的预期,只能根据过去的状况推断未来的走势,而股价历史信息具有持续性,并且该信息具有长期记忆性,因此投资者对于股价历史收益信息的注意力强度非常高。(2) 对于个体投资者而言,作出消费和投资决策的参考信息非常少,对于以散户为主,并且投机氛围浓厚的市场体系更是如此。很多信息从认知的心理上讲,投资者经常会依赖于使用过去的股价历史信息作为判断未来收益的参考点,甚至将其作为预测未来收益的“定点锚”。例如 Li 和 Yu(2010)就发现美国投资者在其投资决策中存在“锚定效应”,他们会以道・琼斯指数的历史股价信息作为“定点锚”,并且对道・琼斯指数的历史股价信息会产生充分注意,进而引起了股价对该信息的过度反应,道・斯指数历史股价信息负面地预测了未来的市场收益。(3) 对于历史股价信息,投资者由于需要进行相应的统计分析,经常会被投资者误解为自己的私有信息[2],因此这种信息经常会被投资者充

〔1〕 Chan 等(1996)认为股价的可预测性由盈余信息与股票历史信息等多种信息源所决定,惯性策略的超常收益可以部分解释为投资者对意外盈余信息的反应不足,但是价格惯性策略与盈余惯性策略所利用的信息集是不同的,两个信息集有交集但不能互相包含。而 Chordia 和 Shivakumar (2006)则认为,股价的可预测性主要由盈余信息所决定,盈余惯性策略可以解释价格惯性策略,价格惯性仅仅是盈余惯性的噪声代理变量(noisy proxy)。杨德明(2005)研究则认为,我国股价的可预测性不强,相对股价历史信息,盈余信息预测未来股价的能力更强,盈余惯性能够有限地解释价格惯性现象。这些研究都表明盈余信息和股票历史信息之间存在着交互影响,因此对于价格惯性策略收益和盈余惯性策略的收益要进行单独考察就需要严格控制这种交互影响。

〔2〕 Chan(2003)同样认为投资者经常会对体现在纯粹股价运动中的私有信息产生过度关注。

分注意。由于注意力资源的局限性，盈余信息由于其间歇性、公开性和易获得性，因此其对于投资者产生的认知刺激强度不大，而股价历史信息在我国投机氛围浓重的市场环境下，对投资者的认知刺激会产生显著效应，因此投资者注意力的局限引起了投资者对这两种信息的选择性注意力配置。

从上面分析可见，投资者对于以上两种信息会选择不同的注意力状态，那么投资者这种注意力配置的差异是否会显著影响市场中股票的定价呢？这个问题得到相应文献的支持。例如对于市场上间歇性的公开信息，有限的注意力影响了投资者对信息的反应和处理，因此投资者在投资决策时经常会忽略这部分信息，即使这种信息属于常规性的盈余信息。Hirshleifer 和 Teoh (2009)，Peng(2005)，Peng 和 Xiong(2006)发展了理论模型去分析这种有限注意效应，其中 Hirshleifer 和 Teoh(2009)的理论模型假定市场上只有部分投资者注意公司信息，而 Peng 和 Xiong(2006)建立的模型假定市场上投资者在不同企业之间分配注意力。这些模型都假定当市场上投资者对企业的注意力不足时，他们可能会忽略公开的盈余信息，反映在股价上会表现出对盈余信息的反应不足，进而引起盈余公告后的价格漂移。因此，投资者有限注意会引起股票的盈余惯性，并且随着投资者注意力程度的提高，市场上盈余惯性的错误定价程度会显著降低。

就投资者充分注意影响股票的定价而言，需要说明的是，投资者注意力并不是一种行为偏差，但作为投资者的认知特征，它却往往能和行为偏差交织在一起进而影响股价的反应。例如，Hou 等(2009)和 Daniel 等(1998)认为充分的投资者注意力有时会降低市场的定价效率，个体投资者的注意力程度越大，则其行为偏差对市场价格的影响也越大。外推预期和过度自信是市场上投资者典型的、具有代表性的两种行为偏差。外推预期的投资者会认为股票过去的价格变化反映了其未来变化的趋势，从而错误地对价格变化进行外推，导致反应过度。而过度自信会使得投资者过分看重私有信息，进而对这些信息产生了过度反应。这两种行为偏差都会产生投资组合的价格反转效应，特别是投资者对股价信息进行充分注意时这种效应更加明显。如果投资者对私有信息并没有进行充分注意，那么外推预期和过度自信的行为偏差也不会产生。由此可见，投资者注意是引起投资者行为偏差的驱动因素和前提条件，投资者对信息的注意力程度会显著影响股票定价。于李胜和王艳艳(2010)研究认为投资者注意力作为一种有限的资源，其分配方式会对信息披露的经济后果产生重要影响。

因此，本书预期投资者注意力状态在股价中扮演着双重角色，当投资者注意力分散时，可能忽视一定的信息，造成股价反应不足；当投资者注意力集中时，投资者充分注意状态就会和投资者的行为偏差结合起来，如外推预期和过度自信将导致股价反应过度。综合来看，投资者对于不同信息的注意力配置是其产生过度反应和反应不足背后的关键驱动因素和前提条件。投资者注意力对于股票定价具有双重作用，当投资者对市场间歇公布的盈余公开信息有限注意时，投资者会表现出对盈余信息的反应不足，因此，有限注意导致了盈余信息的反应不足，并最终形成市场中的盈余惯性收益，伴随着投资者注意力逐步上升，盈余惯性收益会逐步下降；而当投资者对于持续性的股票历史信息充分注意时，又经常和自身的行为偏差交织在一起引起了对于该信息的过度反应，进而产生价格反转收益，伴随着投资者注意力的下降，价格反转收益会逐步下降。本书的研究逻辑如图 5-1 所示。

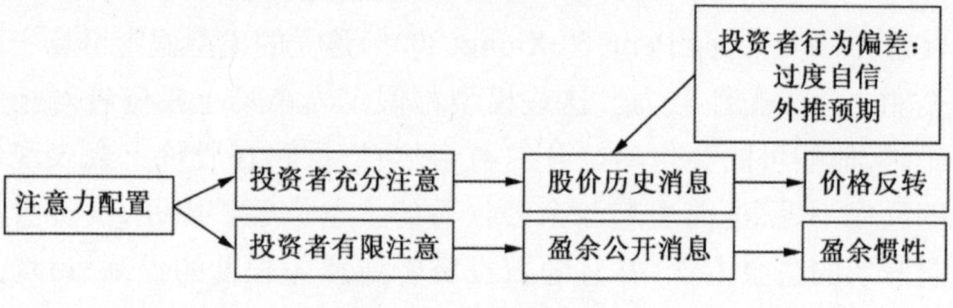

图 5-1　研究逻辑图

基于以上分析，本书提出以下假设：

H5-1：投资者对信息的注意力配置会显著影响股票的横截面收益，其中盈余惯性收益与投资者注意力程度呈负向关系，而价格反转收益与投资者注意力程度呈正向关系。

投资者分配给股票信息的注意力不仅在横截面上会产生变化，在时间序列上也会产生显著的变化。Chordia 和 Shivakumar(2000)按照经济周期对研究样本进行划分，发现总体上在经济扩张期惯性交易策略收益为正，而在经济衰退期惯性交易策略收益为负，二者之间的收益差异在统计上显著，从而表明惯性现象与经济周期有关。Qian 和 Yu(2009)发现对于小盘股来说，牛市时投资者对股票信息的注意力程度显著地高于熊市，大盘股则正好相反。Karlsson 等(2009)建立了一个投资者注意力对于信息反应的非对称模型。该模型预测当市场消息是好消息时，个体投资者应该(可能)会更积极地监督和关注其投资组合；但当市场消息是中性或者坏消息时，个体投资者却会把“头插入沙堆中”以避免额外信息的影响，这种效应被称为“鸵鸟效应”。在金融市场中，他们应用瑞典和美国投资者的交易账户数据实证检验鸵鸟效应在资本市场的存在性，他们发现相比差的市场状态，投资者在好的市场状态下会更加积极地监控其投资组合，投资者注意力会更集中。Park(2009)从检验投资者注意力的可视性假设出发，发现投资者聚焦在市场总体上的注意力会发生时序变化，在上行市场，投资者具有正面的投资情绪并且更加自信，平均的股票获得更多的投资者注意力，而在下行市场，投资者“注意力效应”则相反。

根据注意力的唤醒理论，情绪唤醒会消耗个体的认知资源，在低唤醒状态下，如当个体处于平静和放松的状态时，推动个体进行反思和认知调节以及注意力和自我控制的冷系统发挥主要作用，可利用的认知资源较为充分，注意力较为集中，个体能够广泛收集并加工线索，认知效率较高(Kahneman，1973；Mischel 和 Ayduk，2002)；随着唤醒水平的升高，如当机体处于焦虑和紧张的状态时，倾向于回避或者远离行为的热系统开始占据支配地位，较高的情绪唤醒会消耗部分认知资源，从而导致个体分配给其他信息的注意资源减少，注意能力下降(Eysenck 和 Calvo，1992；Runco 和 Pritzker，1999)，来自外部环境的信息范围会受到限制(Bahrick，1954)，而有限的注意又会使得原已较高的唤醒水平继续提高，从而导致注意力更加分散(Easterbrook，1959；Janelle，Singer 和 Williams，1999；Janelle，2002)，认知效率降低。即个体的情绪唤醒水平会影响注意力的分配，进而影响认知操作效率。在股市周期的不同阶段，投资者的心理预期存在着较大的差异。根据投资群体的“心理乘数效应理论[1]”，投资群体有一种极端心理倾向，就是行情看涨时更加乐观，行情看跌时更加悲观。当股市处于牛市时，投资者对市场前景过度乐观，投资者情绪会趋于平静和放松，推动个体进行反思和认知调节以及注意力和自我控制的冷系统发挥主要作用，可利用的认知资源较为充分，注意力较为集中；而当股市处于熊市时，投资者对市场前景会过度悲观，机体处于焦虑和紧张的状态，倾向于回避或者远离行为的热系统开始占据支配地位，较高的情绪唤醒会消耗部分认知资源，从而导致个体分配给其他信息的注意资源减少，注意能力分散。这种注意力认知系统的表现就是“鸵鸟效应”。

由以上分析可见，投资者注意力状态不仅会受到横截面信息结构的影响，同时也会受到市场态势的动态影响，因此，本书将这两个维度组合起来，形成图 5-2 的二维组合分析。结合假设 H5-1 的分析，从消息属性的维度来看，当消息是间歇性的盈余公开信息时，投资者给予有限注意，我们用符号“－”标识；当消息是具有长期记忆功能的股价历史信息时，投资者给予充分

---

〔1〕 即大众投资者的情绪是随股价的变化而变化的，当行情看涨时，投资者会很乐观，而且越乐观买入者就越多，这样也就越推动行情看涨；相反，当行情看跌时，投资者就会悲观，越悲观抛出者就越多，也就加速行情的跌落。因此，大众的投资心理有一种自我增强的叠加倾向，而这种叠加的投资心理又会对股价的波动起到加速作用。这种现象称之为投资心理的乘数效应。

注意,我们用符号"+"标识。从市场态势的维度来看,投资者表现出"鸵鸟效应"特性。当市场处于牛市时,投资者给予充分注意,我们用符号"+"标识;相反当市场处于熊市时,给予有限注意,我们用符号"—" 标识。因此从图 5-2 我们能够直观地得到不同消息属性在不同市场态势的市场表现。对于股价历史信息,相比熊市而言,在牛市中投资者的注意力程度更高(第Ⅱ象限的注意力程度高于第Ⅲ象限),在牛市中,投资者增加的注意力程度可能会引起他们对股价历史信息产生更大程度的过度反应,进而产生更大程度的过度反应推动的价格反转收益;对于盈余公开信息,相比牛市而言,在熊市中投资者有限注意的程度更高(第Ⅳ象限的有限注意力程度高于第Ⅰ象限),因此我们进一步预期,在熊市中,投资者注意力程度的降低又会加大投资者对于盈余公开信息的反应不足程度,从而进一步增强盈余惯性策略的收益。

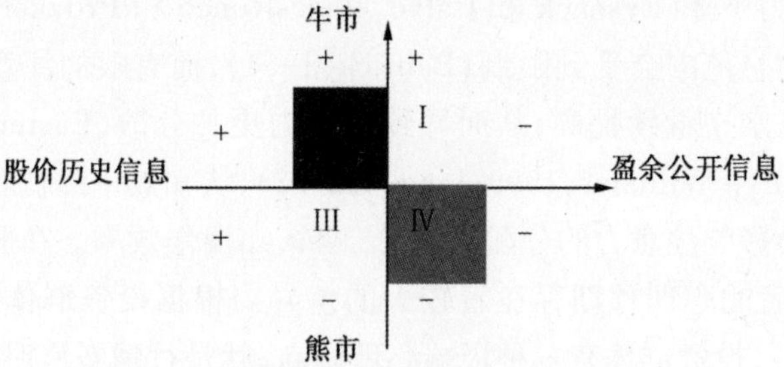

图 5-2　投资者注意力状态组合分析

基于以上分析我们进一步提出以下假设:

H5-2:基于投资者注意力程度的认知状态差异,我国资本市场存在"鸵鸟效应",即价格反转收益在牛市比熊市更强,而盈余惯性收益在熊市比牛市更强。

表 5-1　本章的研究假设及文献依据

研究内容	研究假设	假设描述	主要文献依据
投资者注意力、鸵鸟效应与市场误定价	假设 H5-1	投资者对信息的注意力配置会显著影响股票的横截面收益,其中盈余惯性收益与投资者注意力程度呈负向关系,而价格反转收益与投资者注意力程度呈正向关系	Hirshleifer 和 Teoh(2009),Peng(2005),Peng 和 Xiong(2006),Hou 等(2009)
	假设 H5-2	基于投资者注意力程度的认知状态差异,我国资本市场存在"鸵鸟效应",即价格反转收益在牛市比熊市更强,而盈余惯性收益在熊市比牛市更强	Chordia 和 Shivakumar(2000),Qian 和 Yu(2009),Park(2009)

第二节　实证设计

一、样本和数据来源

本书以 2004—2009 年在沪深 A 股市场上市的公司为初始样本，并剔除如下样本：(1) 金融行业上市公司；(2) 上市不足一年的公司；(3) 策略形成期和持有期无交易的公司。由于样本数据的特点，价格惯性策略组合的数据区间为 2004 年 1 月到 2009 年 12 月，而盈余惯性策略组合的数据区间为 2004 年 4 月到 2009 年 12 月。媒体报道数据来自于上市公司咨讯网(http://www.cnlist.com/)深度数据中“公司报道”栏下新闻报道的手工整理，其余数据来源于 WIND，CSMAR 以及 RESSET 数据库。

二、变量说明

(一) 投资者注意力

本书用两个指标测度投资者注意力程度 *IA*。

1. 换手率(*TURN*)

在金融市场上，换手率能够有效地衡量投资者对股票的注意力程度。一方面，当投资者对股票不进行注意时他们不会积极地交易股票；另一方面，当投资者对股票进行充分注意时，过度自信等行为偏差往往会扩大投资者之间对于公司基础价值的异质信念，因此进一步加大了股票的换手率。借鉴 Loh (2010)，Chemmanur 和 Yan(2013)的文献，利用事件日前 12 个月平均换手率作为代理指标。该指标从金融资产的交易特性方面测度了投资者对特定股票的注意力程度。换手率越高，投资者注意力程度越高。

2. 媒体报道数(*LnMR*)

现实经济生活中，各种大众媒体成为投资者获取市场信息的重要渠道，其对股票的注意力程度很容易受到新闻媒体的影响。特别是在当今的“信息化时代”，互联网成为广大股民最主要的信息渠道，吸引着千万投资者的眼球。因此，本书在换手率以外，借鉴 Fang 和 Peress(2007)，饶育蕾等(2010)的文献，利用媒体报道的数量来构建投资者注意力程度指标。该指标用事件日前 12 个月平均每月的媒体报道数量来测度，测度公式如下：

$$LnMR = Ln(1+MR_t) \tag{5-1}$$

其中，*MR* 是新闻媒体对股票当月报道的条数。

(二) 标准未预期盈余

参考 Bernard 和 Thomas(1989b)以及杨德明和林斌(2009)的研究，定义盈余惯性策略排序变量，标准未预期盈余(*SUE*)的计算公式如下：

$$SUE_{i,t}=\frac{UE_{i,t}}{\sigma_{i,t}}=\frac{e_{i,t}-e_{i,t-4}}{\sigma_{i,t}} \tag{5-2}$$

其中，$e_{i,t}$为最近一个季度的每股盈余；$e_{i,t-4}$为上年同季的每股盈余；$\sigma_{i,t}$表示股票在最近一季度及之前 4 个季度的未预期盈余 UE 的标准差。

三、研究程序和实证模型

（一）价格惯性策略

为了检验投资者注意力程度与价格惯性策略收益之间的关系，本书采用二维分组的方法，在每月月初：(1) 用投资者注意力作为一维分组变量，即基于过去 12 个月平均的投资者注意力指标（换手率或者媒体报道数）将样本首先分成五组；(2) 利用股票前 11 个月[1]（－12：－2）的累积收益率大小 Ret（－12：－2）对最近一季度的标准化未预期盈余 SUE 回归，回归的残差 Resid_Ret（－12：－2）[2]作为另一维分组变量；(3) 在每个投资者注意力组，再根据股票前 11 个月（－12：－2）的累积收益率残差 Resid_Ret（－12：－2）分成五组，其中等分位最高的组为赢家组，等分位最低的组为输家组；(4) 然后计算 5×5 共 25 组每组不同持有期（1、3、6、12、24、36 个月）的等权收益率；(5) 在每个投资注意力组，构造零成本套利投资组合（买入过去收益的赢家组合，卖出过去收益的输家组合），零成本套利投资组合不同持有期的收益（赢家组合收益率与输家组合的收益率之差）构成了价格惯性策略的收益。

（二）盈余惯性策略

为了检验投资者注意力程度与盈余惯性策略收益之间的关系，本书采用二维分组的方法，在每月月初：(1) 基于过去 12 个月平均的投资者注意力指标（换手率或者媒体报道数）将样本分成五组；(2) 利用股票最近一季度的标准

---

[1] 本书在计算“形成期”的累积收益率时，跳过“形成期”和“持有期”之间的 1 个月，以避免买卖价差（bid-ask spread）、价格压力和延迟反应等市场微观效应可能带来的影响，从而更好地估计收益惯性（Jegadeesh，1990；Lehmann，1990；Jegadeesh 和 Titman，1993，2001；Fama 和 French，1996）。该方法得到后来有关收益惯性研究的普遍采用。Jegadeesh 和 Titman（1993），Cooper 等（2004）都发现，采用此方法调整后所得到的惯性收益高于未经此方法调整（即形成期和持有期之间不间隔一个月）的惯性收益。例如，Jegadeesh 和 Titman（1993）发现，形成期为 12 个月、持有期为 3 个月的投资策略，经此方法调整后的惯性收益为每月 1.49%，未经此方法调整的惯性收益为每月 1.31%。

[2] 已有文献证明，股价历史信息和盈余信息作为相关信息会产生交互影响，因此用累计收益率的回归残差作为分组变量是为了控制盈余信息对股价历史信息的交互影响。下面的盈余惯性策略的程序设定机理相同。国内的文献很少将盈余惯性和价格惯性统一起来进行处理，少数将这两种典型市场异象进行统一分析的文献也没有对交互效应进行控制，例如吴世农和吴超鹏（2003），杨德明和林斌（2009）。

化未预期盈余 *SUE* 对股票前 11 个月(−12：−2)的累积收益率 *Ret*(−12：−2)回归,回归的残差 Resid_*SUE* 作为另一维分组变量;(3) 在每个投资者注意力组,再根据股票最近一季度标准化未预期盈余的残差 Resid_*SUE* 分成五组,其中等分位最高的组为好消息组,最低的组为坏消息组;(4) 然后计算 5×5 共 25 组每组不同持有期(1、3、6、12、24、36 个月)的等权收益率;(5) 在每个投资注意力组,构造零成本套利投资组合(买入过去好消息组股票,卖出过去坏消息组股票),零成本投资组合不同持有期的收益(好消息组合收益率与坏消息组合的收益率之差)构成了盈余惯性策略的收益。

(三) 风险调整的收益

为了控制风险因素对结论的影响,对价格惯性和盈余惯性策略形成的"零成本投资组合"收益分别进行 CAPM 和 Fama-French(1993)三因素模型的风险调整,分析经风险调整后的"零成本投资组合"异常收益与投资者注意力之间的关系,以考察实证结果的稳健性。经风险调整后的"零成本投资组合"异常收益的估计方法如下:

$$MomRet_{pt}-r_{ft}=\alpha_{CAPM}+\beta_p(r_{mt}-r_{ft})+\varepsilon_{p,t} \tag{5-3}$$

$$MomRet_{pt}-r_{ft}=\alpha_{FF}+\beta_{Mkt}(r_{mt}-r_{ft})+\beta_{SMB}SMB_t+\beta_{HML}HML_t+\varepsilon_{p,t} \tag{5-4}$$

其中,$MomRet_{pt}$ 为投资者注意力组 P 在 t 月的"零成本投资组合"收益率或者惯性策略收益率;α_{CAPM} 为经 CAPM 调整后"零成本投资组合"的超额收益;α_{FF} 为经 Fama-French(1993)三因素模型调整后"零成本投资组合"的超额收益;r_{mt} 是市场在 t 月的流通市值加权收益率;r_{ft} 是无风险利率;*SMB* 为小公司组合和大公司组合的收益差;*HML* 为高市值权益比(*MB*)组合和低市值权益比(*MB*)组合的收益差,*SMB* 和 *HML* 均按照 Fama 和 French(1993)的方法构造。

(四) 时间序列的回归分析

构建实证模型,对价格惯性策略收益、盈余惯性策略收益与投资者注意力之间的关系进行时间序列回归分析。根据相关研究,选取如下主要影响因素作为控制变量:规模(Jegadeesh 和 Ttitman,2001),BM(Daniel 和 Titman,1999),Price(Jegadeesh 和 Ttitman,2001)。具体检验模型如下:

$$MomRet_t=\alpha+\beta_1 IA_{t-1}+\beta_2 LnMV_{t-1}+\beta_3 BM_{t-1}+\beta_4 Price_{t-1}+\varepsilon_t \tag{5-5}$$

其中,$MomRet_t$ 指按照惯性策略所构造的投资组合在 t 年内不同持有期的平均收益,持有期分别指 1 个月、3 个月、6 个月、12 个月、24 个月和 36 个月; IA_{t-1} 指不同投资者注意力组前 1 年的平均值;$LnMV_{t-1}$ 指不同投资者注意力组组内个股前 1 年平均规模的自然对数,规模用组合形成前 1 年的流通市值来度量;BM_{t-1} 指不同投资者注意力组组内个股前 1 年的平均账面市值比，账面市值比以组合形成前 1 年每股权益与前 1 年底收盘价的比值来度量；$Price_{t-1}$ 指不同投资者注意力组内个股在组合形成日收盘价的平均值。

（五）投资者注意力与市场态势

本书采用非参数法来划分我国股市的牛市和熊市。针对我国股市的特征，借鉴 Pagan 和 Sossounov(2003)，杨阳和万迪昉(2010)的判定标准，设股票月度价格水平是当月各交易日收盘价的平均数。股票市场周期的具体判别过程如下：首先，在时刻 t，对当前月度股指水平与前后三个月的股指水平进行比较。如果该水平是最高的，则得到一个波峰；如果该水平最低，则得到一个波谷。在一个波段中可能存在不止一个波峰或者波谷。为了保证波峰和波谷在一个波段中交替出现，选出连续波峰中最高者或者连续波谷中最低者。其次，限定一个波段中的单向运行周期的持续时间为不少于 4 个月，但如果股市价格逆转前后价格的变化幅度大于 20%，则忽略最小单向运行周期 4 个月的要求。本书划分的牛、熊市如表 5-2 所示。

表 5-2 股市牛、熊市划分表

牛 市	熊 市
2003.11—2004.03	2004.03—2005.07
2005.07—2007.01	2007.10—2008.11
2008.12—2009.12	—

按月把样本期间划分为"牛市"和"熊市"两种市场态势后，进一步分析惯性策略收益在不同市场态势下的表现。第一个回归模型应用 CAPM 模型：

$$MomRet_t - r_{ft} = \alpha_i + \beta_1 Bull_t + \beta_{Mkt}(r_{m,t} - r_{ft}) + \varepsilon_t \quad (5\text{-}6)$$

其中，$MomRet_t$ 指按照惯性策略所构造的投资组合在 t 月的收益；$Bull_t$ 为虚拟变量，当 t 月为牛市时，取 1，否则取 0。其余变量同公式(5-4)。

预期在价格惯性策略收益中 β_1 为负，表明牛市比熊市的价格反转收益高；预期在盈余惯性策略收益中 β_1 同样为负，表明熊市比牛市的盈余惯性收益高。

第二个模型应用 Fama-French 三因素模型，变量的定义同公式(5-4)：

$$MomRet_t - r_{ft} = \alpha_i + \beta_1 Bull_t + \beta_{Mkt}(r_{mt} - r_{ft}) + \beta_{SMB} SMB_t + \beta_{HML} HML_t + \varepsilon_t \quad (5\text{-}7)$$

第三节　实证结果与分析

一、惯性策略的短期收益分析

表 5-3 是价格惯性策略形成的零成本投资组合当月的收益结果，其中 Panel A 是投资者注意力应用换手率指标的价格惯性策略收益结果，Panel B 是投资者注意力应用媒体报道指标的价格惯性策略收益结果。从结果可见，对于所有投资者注意力程度等分组，零成本投资组合的收益均显著为负，表明我国资本市场存在着显著的价格反转效应，价格惯性策略投资组合获得反转收益。本书的研究结论同王永宏和赵学军(2001)，肖军和徐信忠(2004)，刘博和皮天雷(2007)的研究结论一致。通过对投资者注意力的无条件的分组测试可见：投资者注意力程度较低的组合，反转收益并不显著，但随着投资者注意力程度的提高，反转收益越大而且 T 值也比较显著。即使在控制了风险因子后的 CAPM 模型和 FF 模型的超额收益也表明随着投资者注意力程度的提高，投资者对于股价的过度反应越高，价格反转收益越高，因此假设 H5-1 得到部分证实。

表 5-4 是盈余惯性策略形成的零成本投资组合当月的收益结果，其中 Panel A 是投资者注意力应用换手率指标的盈余惯性策略收益结果，Panel B 是投资者注意力应用媒体报道指标的盈余惯性策略收益结果。从结果可见，对于所有投资者注意力程度等分组，零成本投资组合的收益均为正，且基本显著，表明我国资本市场存在着显著的盈余惯性效应，盈余惯性策略投资组合获得显著的惯性收益。通过对投资者注意力的无条件的分组测试可见：随着投资者注意力程度的提高，盈余惯性收益降低，而且表现不再显著，投资者注意力程度越低，投资者对于盈余信息反应不足的程度越高，盈余惯性收益越高，这种现象在控制风险因素以后也表现显著。通过对投资者充分注意与有限注意极端组的差异分析发现，投资者充分注意组的盈余惯性收益要高于投资者有限注意组的惯性收益，而且基本显著。因此假设 H5-1 得到初步证实。

表 5-3　价格惯性策略收益结果表

	Panel A：*IA*＝*TURN*								Panel B：*IA*＝*LNMR*							
投资者注意力等级	J_1	J_2	J_3	J_4	J_5	Profit	CAPMα	FFα	J_1	J_2	J_3	J_4	J_5	Profit	CAPMα	FFα
*IA*1	2.530	2.230	2.541	2.021	1.670	−0.860	−0.873	−0.543	1.841	2.066	2.435	1.983	1.835	−0.006	−0.093	−0.040
T 值	1.681	1.456	1.710	1.416	1.154	−1.272	−1.260	−0.870	1.253	1.326	1.580	1.258	1.219	−0.016	−0.280	−0.120
*IA*2	2.704	2.749	2.285	2.419	1.030	−1.674	−1.607	−1.255	2.348	1.931	2.010	1.894	1.991	−0.357	−0.384	−0.343
T 值	1.711	1.804	1.556	1.575	0.714	−2.651	−2.480	−2.310	1.472	1.215	1.310	1.235	1.267	−0.808	−0.850	−0.770
*IA*3	3.230	2.624	2.230	1.935	1.236	−1.994	−1.861	−1.591	1.896	2.150	2.186	1.855	1.429	−0.467	−0.478	−0.487
T 值	2.018	1.692	1.506	1.264	0.865	−2.808	−2.570	−2.400	1.500	1.332	1.386	1.177	0.925	−2.601	−2.580	−2.550
*IA*4	3.206	2.608	2.281	1.763	1.142	−2.064	−2.092	−1.796	2.253	2.267	1.643	1.933	1.686	−0.567	−0.670	−0.767
T 值	2.059	1.682	1.489	1.175	0.767	−2.875	−2.840	−2.560	1.445	1.400	1.059	1.249	1.050	−1.169	−2.360	−2.580
*IA*5	3.763	2.820	2.330	1.980	1.274	−2.489	−2.342	−2.016	2.502	2.295	2.169	2.022	1.829	−0.673	−0.771	−0.777
T 值	2.283	1.851	1.573	1.289	0.891	−3.552	−3.280	−3.170	1.536	1.482	1.394	1.281	1.183	−1.655	−2.390	−3.160
*IA*1＝*IA*5 差异检验			—			−1.629	−1.469	−1.473			—			−0.667	−0.678	−0.737
T 值			—			−1.672	−12.428	−13.954			—			−2.270	−7.383	−6.730

表 5-4 盈余惯性收益结果表

	Panel A：IA=TURN								Panel B：IA=LNMR							
投资者注意力等级	J_1	J_2	J_3	J_4	J_5	Profit	CAPMα	FFα	J_1	J_2	J_3	J_4	J_5	Profit	CAPMα	FFα
IA1	1.552	2.370	2.418	3.019	3.874	2.322	2.146	2.432	1.690	2.166	2.400	3.135	3.698	2.008	1.967	2.262
T值	0.926	1.361	1.439	1.816	2.385	3.654	3.840	5.030	0.995	1.261	1.439	1.871	2.339	3.171	3.440	4.580
IA2	1.039	2.120	2.325	2.686	3.244	2.205	2.004	2.359	1.041	2.178	2.358	2.470	2.896	1.855	1.946	2.194
T值	0.641	1.311	1.417	1.735	1.798	2.834	2.960	3.940	0.637	1.331	1.475	1.604	1.942	3.298	3.400	4.460
IA3	1.175	1.111	1.721	2.529	3.188	2.013	1.998	2.212	1.018	1.390	1.712	2.307	2.807	1.789	1.940	2.141
T值	0.738	0.697	1.064	1.662	2.017	2.946	2.860	3.340	0.641	0.871	1.060	1.517	2.024	3.206	3.080	3.540
IA4	1.105	1.246	1.528	1.952	2.825	1.720	1.661	1.931	1.155	1.060	1.511	2.157	2.790	1.635	1.618	1.910
T值	0.698	0.810	0.959	1.278	1.813	2.439	2.310	2.940	0.725	0.695	0.961	1.398	1.807	2.345	2.270	2.950
IA5	0.671	1.349	1.909	2.187	2.287	1.616	1.714	2.031	0.612	1.440	2.205	1.739	2.181	1.569	1.556	1.779
T值	0.426	0.867	1.230	1.508	1.571	2.336	2.430	3.100	0.393	0.928	1.392	1.192	1.647	2.613	2.690	3.440
IA1=IA5 差异检验			—			−0.706	−0.432	−0.401			—			−0.439	−0.411	−0.483
T值			—			−0.457	−1.011	−0.844			—			−2.044	−3.934	−4.024

二、惯性策略的长期收益分析

表 5-5 是价格惯性策略在持有期更长时间（1、3、6、12、24、36 个月）的收益结果，Panel A 是投资者注意力应用换手率指标的价格惯性策略收益结果，Panel B 是投资者注意力应用媒体报道指标的价格惯性策略收益结果。从结果可见，我国股市基本不存在价格惯性收益，所有投资者注意力等级组合的反转收益非常显著，而且随着持有期的延长，每一投资者注意力等级下投资组合的价格反转收益基本呈递减趋势，表明随着时间的延长，投资者信息过度反应驱动的价格反转得到逐步更正。而且从投资者注意力极端组的差异检验（$IA1=IA5$）比较分析可见，当持有期在 6 个月以内，有限注意组（$IA1$）与充分注意组（$IA5$）的价格反转收益差异表现显著，投资者注意力越高，价格反转收益越高；注意力越低，价格反转收益越低。表明投资者注意力状况能够显著地影响价格异象。当持有期扩展到 12 个月时，有限注意组（$IA1$）与充分注意组（$IA5$）的价格反转收益基本不存在差异，表明在投资组合形成一年后，投资者注意力驱动信息过度反应形成的价格异象得到逐步更正。

表 5-6 是盈余惯性策略在持有期更长时间（1、3、6、12、24、36 个月）的收益结果，其中 Panel A 是投资者注意力应用换手率指标的盈余惯性策略收益结果，Panel B 是投资者注意力应用媒体报道指标的盈余惯性策略收益结果。从 Panel A 的结果可见，在每一投资者注意力等级，盈余惯性策略组合的收益在持有期 6 个月之内都基本为正，从 12 个月开始，投资者充分注意组首先出现盈余反转收益，其余投资者注意力等级相继开始出现盈余反转收益，到 24 个月和 36 个月时，所有投资者注意力等级开始出现盈余反转收益，而且显著。从 Panel B 的盈余惯性策略收益结果来看，结果同 Panel A 基本一致，但是 Panel B 的趋势性更加明显，持有期一个月以后，每一投资者注意力等级下盈余惯性策略收益开始显著减弱，到 12 个月以后，开始出现反转。从长期趋势来看，投资者充分注意组在持有 12 个月后首先开始反转，低投资者注意力组相继出现反转，这表明在高的投资者注意力下，盈余惯性确实会得到修正，表明投资者注意力对于盈余惯性的影响非常显著。另外从极端组的差异（$IA1=IA5$）比较分析来看，在持有期为 6 个月时，有限注意（$IA1$）和充分注意组（$IA5$）的盈余惯性收益差异最为明显，并且投资者注意力程度越高，盈余惯性的收益越低，验证了假设 H5-1 的预期。

表 5-5　价格惯性策略长期收益结果表

Panel A：*IA*＝*TURN*

持有期	1			3			6			12			24			36		
投资者注意力等级	Profit	CAPMα	FFα	Profit	CAPMα	FFα	Profit	CAPMα	FFα	Profit	CAPMα	FFα	Profit	CAPMα	FFα	Profit	CAPMα	FFα
*IA*1	−0.860	−0.873	−0.543	−0.811	−0.808	−0.679	−1.044	−1.034	−1.029	−1.155	−1.135	−1.149	−0.944	−0.899	−0.918	−0.727	−0.690	−0.683
T值	−1.272	−1.260	−0.870	−2.076	−2.020	−1.850	−4.417	−4.270	−4.380	−7.113	−6.950	−6.950	−8.548	−7.660	−7.600	−8.721	−8.570	−7.930
*IA*2	−1.674	−1.607	−1.255	−1.259	−1.209	−1.122	−1.141	−1.006	−1.063	−1.030	−1.022	−1.022	−1.165	−1.206	−1.200	−0.924	−0.941	−0.948
T值	−2.651	−2.480	−2.310	−3.682	−3.470	−3.410	−5.629	−5.370	−5.610	−6.744	−6.600	−6.600	−14.333	−14.060	−13.540	−12.723	−12.730	−11.810
*IA*3	−1.994	−1.861	−1.591	−1.502	−1.389	−1.267	−1.167	−1.177	−1.004	−0.830	−0.829	−0.829	−1.141	−1.192	−1.195	−0.678	−0.693	−0.634
T值	−2.808	−2.570	−2.400	−4.019	−3.710	−3.560	−4.308	−4.040	−4.240	−4.612	−4.530	−4.530	−11.542	−11.450	−11.130	−8.131	−8.120	−6.930
*IA*4	−2.064	−2.092	−1.796	−1.511	−1.523	−1.424	−1.341	−1.340	−1.350	−1.285	−1.299	−1.289	−1.226	−1.295	−1.296	−0.681	−0.703	−0.735
T值	−2.875	−2.840	−2.560	−4.353	−4.290	−4.110	−7.026	−6.850	−6.890	−7.265	−7.260	−7.240	−10.294	−10.380	−10.080	−7.613	−7.760	−7.380
*IA*5	−2.489	−2.342	−2.016	−2.046	−1.920	−1.784	−1.373	−1.321	−1.290	−1.419	−1.400	−1.356	−1.184	−1.232	−1.214	−0.896	−0.947	−0.875
T值	−3.552	−3.280	−3.170	−6.040	−5.730	−5.640	−6.581	−6.260	−6.210	−5.963	−5.820	−5.620	−8.991	−8.770	−8.560	−6.972	−7.520	−6.390
*IA*1＝*IA*5	−1.629	−1.469	−1.473	−1.235	−1.113	−1.105	−0.329	−0.287	−0.261	−0.264	−0.265	−0.208	−0.241	−0.332	−0.296	−0.169	−0.257	−0.192
T值	−1.672	−12.428	−13.954	−2.389	−17.592	−18.822	−2.044	−7.197	−6.701	−0.916	−7.013	−1.473	−1.400	−1.449	−1.896	−1.104	−1.160	−1.014

续表

Panel B：$IA=LNMR$

持有期	1			3			6			12			24			36		
投资者注意力等级	Profit	CAPMα	FFα	Profit	CAPMα	FFα	Profit	CAPMα	FFα	Profit	CAPMα	FFα	Profit	CAPMα	FFα	Profit	CAPMα	FFα
*IA*1	−0.006	−0.093	−0.040	0.241	0.201	0.215	0.074	0.062	0.068	−0.121	−0.116	−0.110	−0.152	−0.119	−0.113	−0.152	−0.160	−0.164
T 值	−0.016	−0.280	−0.120	1.157	0.960	1.020	0.506	0.410	0.450	−1.206	−1.140	−1.070	−1.924	−1.440	−1.330	−2.923	−3.030	−2.800
*IA*2	−0.357	−0.384	−0.343	0.166	0.138	0.148	0.172	0.145	0.129	−0.180	−0.178	−0.191	−0.246	−0.241	−0.262	−0.401	−0.407	−0.425
T 值	−0.808	−0.850	−0.770	2.578	2.470	3.510	1.018	0.850	0.750	−2.199	−2.150	−2.260	−3.814	−3.500	−3.780	−7.470	−7.480	−7.140
*IA*3	−0.467	−0.478	−0.487	−0.450	−0.425	−0.435	−0.390	−0.347	−0.407	−0.188	−0.167	−0.189	−0.584	−0.645	−0.629	−0.388	−0.386	−0.384
T 值	−2.601	−2.580	−2.550	−2.539	−2.370	−2.440	−2.511	−2.230	−2.740	−1.700	−1.550	−1.750	−7.646	−8.470	−8.240	−6.554	−6.350	−5.890
*IA*4	−0.567	−0.670	−0.767	−0.375	−0.398	−0.466	−0.082	−0.085	−0.144	0.197	0.186	0.158	−0.087	−0.092	−0.101	−0.097	−0.093	−0.125
T 值	−1.169	−2.360	−2.580	−2.444	−2.510	−2.800	−0.491	−0.500	−0.880	1.483	1.400	1.160	−1.284	−1.270	−1.350	−1.756	−1.650	−2.150
*IA*5	−0.673	−0.771	−0.777	−0.212	−0.142	−0.080	0.020	0.040	0.066	−0.034	−0.027	−0.003	−0.161	−0.175	−0.175	−0.079	−0.073	−0.050
T 值	−1.655	−2.390	−3.160	−3.659	−3.440	−4.250	0.095	0.190	0.310	−0.286	−0.220	−0.030	−2.579	−2.640	−2.560	−1.093	−0.990	−0.620
*IA*1=*IA*5	−0.667	−0.678	−0.737	−0.453	−0.343	−0.295	−0.055	−0.022	−0.002	0.086	0.089	0.107	−0.009	−0.056	−0.062	0.073	0.086	0.114
T 值	−2.270	−7.383	−6.730	−2.181	−7.167	−6.141	−2.214	−4.667	−4.045	0.554	1.233	1.987	−0.091	−1.505	−1.766	0.814	1.360	1.426

表 5-6　盈余惯性策略长期收益结果表

Panel A：*IA*＝*TURN*

持有期	1			3			6			12			24			36		
投资者注意力等级	Profit	CAPMα	FFα	Profit	CAPMα	FFα	Profit	CAPMα	FFα	Profit	CAPMα	FFα	Profit	CAPMα	FFα	Profit	CAPMα	FFα
*IA*1	2.322	2.146	2.432	1.262	1.277	1.350	0.719	0.755	0.785	0.089	0.111	0.105	−0.250	−0.170	−0.180	−0.294	−0.273	−0.319
T值	3.654	3.840	5.030	5.190	5.150	5.990	4.249	4.420	5.120	0.665	0.850	0.820	−3.150	−2.240	−2.340	−4.698	−4.630	−5.190
*IA*2	2.205	2.004	2.359	0.833	0.843	0.892	0.389	0.404	0.376	−0.009	0.001	−0.020	−0.350	−0.328	−0.363	−0.299	−0.261	−0.286
T值	2.834	2.960	3.940	3.547	3.520	4.070	1.972	2.010	1.890	−0.067	0.000	−0.140	−3.640	−3.210	−3.530	−3.125	−3.000	−3.000
*IA*3	2.013	1.998	2.212	1.551	1.532	1.593	0.759	0.746	0.734	0.191	0.175	0.166	−0.162	−0.138	−0.167	−0.107	−0.100	−0.102
T值	2.946	2.860	3.340	4.700	4.550	4.940	3.716	3.580	3.590	1.438	1.320	1.290	−2.287	−1.840	−2.370	−2.085	−1.930	−1.840
*IA*4	1.720	1.661	1.931	1.147	1.090	1.182	0.504	0.477	0.471	0.051	0.035	0.059	−0.159	−0.125	−0.148	−0.106	−0.110	−0.141
T值	2.439	2.310	2.940	3.814	3.590	4.150	2.702	2.510	2.480	0.376	0.260	0.460	−1.688	−1.260	−1.450	−1.599	−1.610	−1.920
*IA*5	1.616	1.714	2.031	0.761	0.752	0.864	0.142	0.139	0.162	−0.059	−0.068	−0.054	−0.212	−0.201	−0.227	−0.086	−0.076	−0.094
T值	2.336	2.430	3.100	2.436	2.360	2.860	0.689	0.660	0.770	−0.534	−0.610	−0.490	−2.811	−2.500	−2.790	−1.406	−1.230	−1.390
*IA*1－*IA*5	−0.706	−0.432	−0.401	−0.501	−0.525	−0.485	−0.577	−0.615	−0.623	−0.148	−0.179	−0.159	0.037	−0.032	−0.046	0.208	0.197	0.225
T值	−0.457	−1.011	−0.844	−1.264	−10.478	−10.373	−2.161	−17.850	−18.820	−0.853	−7.976	−7.247	0.341	−1.900	−2.733	2.372	13.670	14.580

续表

Panel B：*IA*=*LNMR*																		
持有期	1			3			6			12			24			36		
投资者注意力等级	Profit	CAPMα	FFα	Profit	CAPMα	FFα	Profit	CAPMα	FFα	Profit	CAPMα	FFα	Profit	CAPMα	FFα	Profit	CAPMα	FFα
Label	Profit	CAPMα	FFα	Profit	CAPMα	FFα	Profit	CAPMα	FFα	Profit	CAPMα	FFα	Profit	CAPMα	FFα	Profit	CAPMα	FFα
*IA*1	2.008	1.967	2.262	1.296	1.303	1.395	0.772	0.809	0.851	0.139	−0.117	−0.130	−0.268	0.019	−0.002	−0.343	−0.318	−0.358
T值	3.171	3.440	4.580	4.926	4.860	5.800	4.355	4.520	5.370	0.988	−1.350	−1.470	−3.349	0.210	−0.020	−4.967	−4.970	−5.320
*IA*2	1.855	1.946	2.194	0.931	0.947	1.003	0.533	0.542	0.521	0.046	−0.091	−0.113	−0.326	−0.478	−0.481	−0.260	−0.228	−0.262
T值	3.298	3.400	4.460	4.013	4.010	4.740	2.685	2.670	2.590	0.365	−0.660	−0.810	−3.654	−4.940	−4.780	−2.897	−2.730	−2.880
*IA*3	1.789	1.940	2.141	1.634	1.626	1.681	0.825	0.814	0.805	0.255	−0.126	−0.142	−0.068	−0.365	−0.381	−0.091	−0.079	−0.085
T值	3.206	3.080	3.540	5.219	5.090	5.540	4.044	3.910	3.920	2.000	−1.460	−1.610	−1.002	−4.730	−4.820	−1.647	−1.450	−1.450
*IA*4	1.635	1.618	1.910	1.008	0.952	1.044	0.353	0.328	0.330	−0.028	0.176	0.159	−0.220	−0.170	−0.176	−0.127	−0.134	−0.155
T值	2.345	2.270	2.950	3.564	3.340	3.930	1.888	1.730	1.750	−0.209	1.460	1.290	−2.458	−1.840	−1.900	−1.901	−1.970	−2.060
*IA*5	1.569	1.556	1.779	0.794	0.791	0.907	0.185	0.199	0.216	−0.055	−0.048	−0.036	−0.212	−0.197	−0.183	−0.085	−0.072	−0.103
T值	2.613	2.690	3.440	2.626	2.570	3.130	0.929	0.980	1.060	−0.565	−0.530	−0.390	−2.866	−2.970	−2.680	−1.498	−1.280	−1.710
*IA*1=*IA*5	−0.439	−0.411	−0.483	−0.502	−0.512	−0.488	−0.587	−0.611	−0.635	−0.193	0.069	0.094	0.056	−0.216	−0.181	0.258	0.246	0.255
T值	−2.044	−3.934	−4.024	−1.253	−10.097	−10.459	−2.206	−17.770	−19.420	−1.134	4.109	5.560	0.514	−1.814	−1.454	2.879	6.355	5.990

三、惯性策略收益的时间序列回归分析

表 5-7 是价格惯性策略收益的多元回归结果。结合表 5-5 的结果可知，我国股市价格反转效应明显，因此时间序列的多元回归中投资者注意力 *IA* 的回归系数若为负，则表明投资者注意力程度越高，投资组合的反转收益越高；若为正则表明投资者注意力程度越高，反转收益越低。从 Panel A 的结果可见，当投资者注意力应用换手率指标时，投资者注意力在持有期 12 个月以内都显著为负，表明投资者注意力在一年以内对价格的反转收益产生显著的正向影响，而且在持有期为 6 个月时，投资者注意力的影响系数最大(回归系数－7.980 的绝对值最大，显著性也最高)，但在 12 个月之后这种影响开始减弱，到 24 个月以后，投资者注意力的影响效应基本消失(回归系数不显著)。这再次反映了投资者注意力对于资产定价的影响在长期中会得到修正的研究预期。从 Panel B 的结果可见，当投资者注意力应用媒体报道指标时，投资者注意力在持有期 6 个月之内对资产的定价产生显著影响，这些结论同表 5-5 分组检验的结果基本一致，更加稳健地验证了假设 H5-1 的研究预期。

表 5-8 是盈余惯性策略收益的多元回归结果。结合表 5-6 的结果可知，我国股市盈余惯性效应明显，因此时间序列的多元回归中投资者注意力 *IA* 的回归系数若为负，则表明投资者注意力越高，投资组合的盈余惯性收益越低；若为正则表明投资者注意力越高，盈余惯性收益越高。从 Panel A 的结果可见，当投资者注意力应用换手率指标时，投资者注意力在持有期 12 个月以内都显著为负，表明投资者注意力在一年以内对盈余惯性收益产生显著的负向影响，投资者注意力程度越低，则投资者对于盈余信息的反应越不足，盈余惯性收益越高，但在 12 个月之后这种影响效应不再显著，这反映了随着持有期的延长，投资者有限注意引起的信息反应不足逐步得到更正，投资者注意力对于资产定价的影响在长期中会得到修正。Panel B 和 Panel A 的结果基本一致，回归分析和表 5-6 无条件分组差异分析结果的差异在于回归分析中投资者注意力的影响效应在 3 个月最为显著。这要比表 5-6分组差异检验的结果(6 个月)提前，但基本结论一致，验证了本书研究结论的稳健性。

表 5-7　价格惯性策略收益的多元回归结果

	Panel A：$IA=TURN$						Panel B：$IA=LNMR$					
持有期	1	3	6	12	24	36	1	3	6	12	24	36
常数项	12.016 (0.601)	61.857 (1.382)	210.103*** (5.344)	141.889*** (4.281)	8.638 (0.281)	−26.836 (−1.390)	17.745 (0.922)	46.494 (1.072)	200.395*** (5.214)	138.526*** (4.311)	12.123 (0.457)	−33.377 (−1.471)
IA	−0.086* (−1.698)	−7.902* (−1.796)	−7.980** (−2.733)	−7.867*** (−2.239)	−5.767 (−1.484)	0.323 (0.289)	−0.378*** (−2.678)	−10.480** (−2.173)	−4.105** (−2.131)	−4.800 (−1.525)	−4.880 (−1.362)	0.810 (0.608)
LNMV	−0.559 (−0.583)	−2.729 (−1.269)	−9.846*** (−5.195)	−6.545*** (−4.077)	−0.463 (−0.316)	1.227 (1.314)	−0.851 (−0.921)	−1.986 (−0.953)	−9.396*** (−5.070)	−6.404*** (−4.113)	−0.635 (−0.503)	1.551 (1.409)
BM	−0.020 (−0.092)	−1.404*** (−2.932)	−0.475 (−1.103)	−1.135*** (−2.740)	−0.203 (−1.011)	0.095 (0.450)	0.049 (0.235)	−1.477*** (−3.176)	−0.465 (−1.105)	−1.061** (−2.638)	−0.143 (−0.831)	−0.019 (−0.067)
Price	−0.080 (−0.741)	1.299*** (5.656)	1.341*** (7.010)	1.003*** (5.369)	0.173 (0.883)	0.079 (0.863)	−0.083 (−0.792)	1.291*** (5.735)	1.190*** (6.270)	0.865*** (4.716)	0.120 (0.704)	0.055 (0.521)
adj. R^2	0.049	0.338	0.593	0.694	0.484	0.708	0.053	0.349	0.595	0.714	0.557	0.648
F	3.90	9.69	24.64	34.50	12.04	22.17	2.95	9.71	23.79	35.89	14.84	15.73

表 5-8　盈余惯性策略收益的多元回归结果

	Panel A：$IA=TURN$						Panel B：$IA=LNMR$					
持有期	1	3	6	12	24	36	1	3	6	12	24	36
常数项	83.396 (1.561)	1.384 (0.098)	22.330* (1.953)	−5.985 (−0.712)	1.010 (0.105)	−1.481 (−0.199)	79.840 (1.492)	1.384 (0.098)	22.330* (1.953)	−5.985 (−0.712)	1.010 (0.105)	−1.481 (−0.199)
IA	−0.037 (−0.543)	−0.048*** (−2.751)	−0.027** (−2.137)	−0.015* (−1.746)	−0.010 (−1.064)	0.002*** (2.609)	−0.039 (−0.568)	−0.048*** (−2.751)	−0.027** (−2.137)	−0.015* (−1.746)	−0.010 (−1.064)	0.002** (2.309)
LNMV	−3.958 (−1.562)	−0.105 (−0.156)	−1.084* (−1.987)	0.289 (0.719)	−0.077 (−0.164)	0.052 (0.143)	−3.787 (−1.492)	−0.105 (−0.156)	−1.084* (−1.987)	0.289 (0.719)	−0.077 (−0.164)	0.052 (0.143)
BM	0.759 (1.421)	0.187 (1.330)	0.215* (1.922)	−0.065 (−0.733)	0.109 (1.230)	0.091 (0.812)	0.734 (1.372)	0.187 (1.330)	0.215* (1.922)	−0.065 (−0.733)	0.109 (1.230)	0.091 (0.812)
Price	0.181 (0.599)	0.153** (2.013)	0.097* (1.737)	0.053 (1.377)	−0.010 (−0.179)	−0.062* (−1.994)	0.181 (0.600)	0.153** (2.013)	0.097* (1.737)	0.053 (1.377)	−0.010 (−0.179)	−0.062* (−1.994)
adj. R^2	0.063	0.076	0.172	0.055	0.074	0.542	0.050	0.076	0.172	0.055	0.074	0.542
F	2.05	2.33	4.22	1.81	1.88	10.46	1.99	2.33	4.22	1.81	1.88	10.46

四、"鸵鸟效应"检验

表 5-9 是不同市场态势下惯性策略的收益结果，其中 Panel A 是全样本下惯性策略的收益结果，Panel B 是不同市场态势下惯性策略的收益分布，Panel C 是考虑市场态势下惯性策略收益的回归结果。从 Panel A 结果可见，在全样本区间，价格惯性策略当月能够获得 0.513%的反转收益，而盈余惯性策略当月能够获得 1.783%的惯性收益，两者都显著。Panel B 是将样本区间划分为牛市和熊市以后的惯性收益分布，从结果可见，价格惯性策略获得的反转收益主要是在牛市中获得(当月获得 0.403%的显著反转收益)，熊市中不能获得显著的反转收益。与之相反的是，在熊市中，盈余惯性策略的惯性收益只能在熊市中获得(当月获得 2.903%的显著惯性收益)，而牛市中虽然能获得惯性收益，但统计上并不显著。这初步证明了假设 H5-2 的预期，即结合市场态势下投资者注意力状态的分析，价格反转收益在牛市比熊市更强，而盈余惯性收益在熊市比牛市更强，我国资本市场存在"鸵鸟效应"。Panel C 是时间序列回归的稳健性检验，回归模型不管是应用 CAPM 模型还是 Fama-French 三因素模型，虚拟变量 Bull 的回归系数在价格惯性策略下显著为负，表明在牛市中，价格惯性策略的反转收益比熊市高；在盈余惯性策略下 Bull 的回归系数为负且基本显著，表明在熊市中，盈余惯性策略的惯性收益比牛市高。验证了假设 H5-2 的预期。

表 5-9 市场状态与惯性策略收益

	Panel A：全样本惯性策略收益		
	N	价格惯性策略收益	盈余惯性策略收益
	72(69)	−0.513** (−2.285)	1.783*** (3.156)
Panel B：不同市场状态下的惯性策略收益			
	N	价格惯性策略收益	盈余惯性策略收益
牛市	43(40)	−0.403* (−1.800)	0.647 (0.857)
熊市	29(29)	0.056 (0.189)	2.903*** (3.615)
牛市—熊市	−0.460** (−2.139)	−2.256** (−2.044)	

续表

Panel C：不同市场状态下的惯性策略收益回归结果			
		价格惯性策略收益	盈余惯性策略收益
CAPM 模型	CAPMα	−0.172 (−1.550)	2.920*** (3.740)
	Bull	−0.784* (−1.760)	−2.216** (−1.990)
FF 模型	FFα	−0.195** (−2.220)	2.766*** (4.160)
	Bull	−0.692*** (−2.520)	−1.243 (−1.290)

五、稳健性测试

为了验证研究结论的稳健性，本书在回归中引入更加稳健的 Fama-Macbeth 回归对表 5-7 和表 5-8 进行重新检验，检验结果见表 5-10 和表 5-11。研究发现，结果基本不变，验证了本书结论的可靠性。

表 5-10 价格惯性策略收益的 Fama-Macbeth 回归结果

	Panel A：*IA*=*TURN*						Panel B：*IA*=*LNMR*					
持有期	1	3	6	12	24	36	1	3	6	12	24	36
常数项	−64.942* (−2.03)	101.245 (0.71)	93.849 (0.99)	64.070 (0.55)	8.638 (0.281)	0.847 (1.20)	−75.874 (−1.48)	80.767 (0.59)	62.672 (0.83)	152.173 (0.86)	−127.932** (−2.31)	−6.918 (−1.36)
IA	−0.016* (−1.81)	−0.156*** (−3.16)	−0.169*** (−5.73)	−0.144*** (−3.89)	−0.121* (−2.01)	−0.053 (−1.38)	−0.591 (−0.26)	−10.842** (−3.05)	−11.510*** (−4.26)	−14.652** (−2.28)	−5.533 (−1.38)	0.763 (0.790)
LNMV	3.240* (2.09)	−4.364 (−0.63)	−3.845 (−0.83)	−2.441 (−0.43)	−1.219 (−0.578)	1.227 (1.314)	3.761 (1.52)	−3.220 (−0.48)	−2.158 (−0.59)	−6.391 (−0.75)	6.455** (2.43)	0.244 (1.00)
BM	−1.024** (−2.57)	−1.036 (−0.67)	−2.165 (−1.64)	−2.497 (−1.56)	−0.215 (−0.93)	0.024 (1.48)	−1.171* (−2.07)	−2.674 (−1.56)	−4.040*** (−3.22)	−3.611* (−2.020)	−2.709** (−2.89)	0.396* (1.96)
Price	0.103 (0.85)	1.664*** (8.02)	2.093*** (7.63)	1.708*** (7.40)	0.454* (1.90)	0.307*** (3.81)	0.096 (0.57)	1.930*** (6.37)	2.398*** (6.22)	2.507*** (4.29)	0.492 (1.21)	0.112* (1.87)
Prob>F	0.0590	0.0001	0.0000	0.0002	0.0076	0.0009	0.0000	0.0000	0.0000	0.0009	0.0002	0.0001
F	3.15	17.93	22.44	14.53	6.13	10.48	2.53	13.93	22.08	10.67	14.50	16.20

表 5-11　盈余惯性策略收益的 Fama-Macbeth 回归结果

	Panel A：*IA*=*TURN*						Panel B：*IA*=*LNMR*					
持有期	1	3	6	12	24	36	1	3	6	12	24	36
常数项	103.670 (1.51)	30.345 (0.39)	44.800 (1.37)	8.702 (0.89)	0.225 (0.65)	0.521** (2.58)	−27.407 (−0.34)	−15.719 (−0.55)	19.861 (1.44)	12.890 (1.08)	−9.105** (−2.48)	0.207 (0.38)
IA	−0.054 (−0.52)	−0.005 (−0.20)	−0.034* (−1.99)	−0.011** (−2.39)	−.017* (−1.94)	−0.023*** (−3.38)	−0.817 (−0.17)	−1.428 (−0.68)	−0.504 (−0.44)	−0.474* (−1.85)	−0.187* (2.00)	0.014 (0.309)
LNMV	−4.856 (−1.46)	−1.474 (−0.39)	−2.199 (−1.38)	−0.425 (−0.88)	−0.134 (−0.675)	0.111 (0.231)	1.481 (0.38)	0.807 (0.58)	−0.971 (−1.45)	−0.656 (−1.09)	0.406** (2.26)	−0.024 (−1.00)
BM	1.056 (0.97)	0.330 (0.49)	0.328 (0.81)	0.040 (0.24)	0.073 (1.66)	0.028 (1.48)	−0.647 (−0.66)	−0.132 (−0.48)	0.298 (1.19)	0.331 (1.14)	0.093 (1.36)	0.079* (1.98)
Price	0.195 (0.89)	−0.040 (−0.47)	−0.126* (−2.15)	−0.054 (−1.31)	0.031 (0.54)	−0.004 (−0.32)	0.022 (0.10)	−0.002 (−0.02)	−0.081 (−1.12)	−0.110 (−1.21)	−0.101*** (−3.88)	−0.064** (−2.97)
Prob>F	0.2998	0.8988	0.0742	0.4485	0.0659	0.0034	0.7070	0.5674	0.0560	0.4921	0.0006	0.0425
F	1.39	0.26	2.88	1.00	3.02	7.64	0.54	0.77	3.22	0.91	11.54	3.56

第四节　本章小结

传统的资产定价模型假定投资者对股票的所有信息都能以“超人”的姿态随时进行跟踪和关注，但在现实中，投资者注意力是一种稀缺资源，投资者对于市场中的信息经常会表现出选择性的注意力配置状态，这种注意力配置状态最终会对股票的市场定价产生显著影响。本章基于认知心理学视角，通过切入投资者对于持续性的股价历史信息和间歇性的盈余公开信息的注意力配置，发现投资者注意力对资产定价具有双重作用：一方面，有限的注意力引起投资者对盈余公开信息反应不足，进而加大了市场中盈余惯性收益；另一方面，投资者对于股价历史信息的充分注意又会和其自身的行为偏差（外推预期和过度自信）交织在一起引起对于股价历史信息的过度反应，从而放大了市场中股票的价格反转收益。因此，投资者注意力对市场误定价能够产生显著的影响，投资者要提高信息的解读和处理效率，就必须对信息付出适度和有效的注意力。

为了验证投资者注意力对股价的动态影响，本章进一步采用非参数方法将样本期间划分为牛市和熊市两种态势，根据金融市场的“鸵鸟效应”预期，在牛市时投资者将会比熊市时付出更多的注意力。本章在投资者注意力横截面分析的基础上提出了不同市场态势下投资者注意力对于信息反应的非对称假设，研究发现，基于投资者注意力的认知状态差异，我国资本市场存在“鸵鸟效应”，即价格反转收益在牛市比熊市更强，而盈余惯性收益在熊市比牛市更强。综合来看，本章的研究证实了“投资者注意力”假设，即作为心理的认知过程，投资者注意力会引起其信息反应模式的差异，进而对股票定价产生显著影响。这样的研究结论对个人和机构投资者的启示是，了解投资者注意力现象，可以有效地获利或者避免一定损失；对于监管部门来说，了解投资者注意力现象，可以改进市场交易质量，抑制股票市场的过度波动。

第六章　投资者注意力、盈余操纵与应计误定价[1]

就会计盈余的构成而言，会计盈余包括现金流和应计收入两部分。Sloan(1996)的研究首次发现应计与未来的股票收益呈负相关关系，他根据应计的大小将样本公司分为十组，买入应计最低组的股票并同时卖出应计最高组的股票能够在未来赚取10%的超额回报。学者们将应计与未来股票收益负相关关系以及利用应计获取股票超额回报的现象称为应计误定价(应计异象)。应计误定价的发现对于人们重新认识资本市场的有效性以及投资者的行为都具有重要的意义。我国资本市场建立的时间还不长，对该领域的研究不多且未形成体系，目前大多数文献主要停留在对应计误定价存在性的检验上(如刘云中，2003；李远鹏和牛建军，2007；宋云玲和李志文，2009)，而对于应计误定价的成因分析还比较欠缺。

目前对于应计误定价成因的探讨主要有两种理论：(1) 管理层"代理成本"论。认为应计误定价之所以存在是因为管理层和股东代理成本的存在会导致公司的管理层去干预信息的生成，从而产生了应计误定价。例如Kothari等(2006)认为，应计误定价主要是被高估公司的代理成本所造成的。如果上市公司的权益被高估，那么公司的管理层就有动机去操纵会计应计来扩大或维持这一高估，但是市场的高估以及会计应计的高估最终都要反转回去，从而导致了应计误定价。Xie(2001)运用Jones模型计算出的异常应计项目，发现Sloan(1996)的应计误定价主要是由于异常应计造成的，即是管理层可以操纵的应计项目造成的。Thomas等(2002)发现最容易被操纵的应计部分，例如存货产生的应计，是定价错误最严重的应计项目。(2) 投资者"功能锁定"论。认为应计误定价纯粹是投资者的功能锁定造成的，而非管理层的盈

[1] 本章内容的研究主体已经被《会计研究》录用，题目为"投资者注意力、盈余操纵与应计误定价"。

余操纵，即投资者无法识别会计盈余构成中应计与现金流量持续性的差异，从而高估了会计应计预测未来盈余的能力，相反低估了现金流预测未来盈余的能力。这种理论起源于 Sloan(1996)，他认为投资者在对盈余构成信息进行处理时会遵从机械原则，从而引起市场“功能锁定”于会计盈余，而无法识别会计应计与现金流量持续性的差异，从而高估了会计应计预测未来盈余的能力，相反低估了现金流，最终出现应计信息的定价偏差。以后的很多文献也都遵从 Sloan 的思路，从投资者对应计信息的高估价角度对应计异象的成因提出了解释，如 Fairfield 等(2003)，Richardson 等(2006)及 Zhang(2007)。以上两种理论分别单独从管理层和投资者方面分析了应计误定价的成因，本书的研究立足于投资者认知特征的新分析视角，预期从投资者对股票的注意力程度差异分析入手，将投资者和管理层在会计盈余构成信息解读中的角色作用进行统一剖析，并预期解决以下问题：(1) 投资者对股票注意力状态的差异是否显著影响了应计误定价？(2) 其中的作用机理是什么？

本书的贡献是：(1) 通过收集我国上市公司的大样本数据，利用科学的指标测度投资者的注意力程度，以投资者认知特征分析为新的切入点，深入分析了投资者注意力对于上市公司管理层主观盈余操纵行为的影响，研究发现投资者对股票的注意力程度同管理层盈余操纵之间存在着显著的负向关系，表明投资者对股票注意力状态差异确实会对上市公司管理层的盈余操纵产生显著的影响，投资者注意力在我国资本市场存在着重要的治理效应。(2) 与以往文献更大的区别是，本书通过展开投资者注意力—盈余操纵—应计误定价之间关系的分析线路，更加突出了对投资者注意力作用机制的认识。研究发现三者具有递进式的逻辑关系，表明就会计盈余构成信息的披露而言，投资者注意力通过抑制管理层盈余操纵行为，从而提高了会计信息质量并最终提升了市场对会计盈余构成信息的定价效率。

本书研究发现就应计误定价的形成而言，投资者注意力具有“治理效应”和“认知效应”。一方面，投资者注意力提高有效抑制了管理层的盈余操纵行为，降低了盈余构成中操纵性应计的构成比例，这种应计的可靠性更低；另一方面，投资者注意力的提高，投资者对于盈余构成信息的认知能力提高，对于盈余构成的信息处理效率也得到显著提高，“功能锁定”的认知局限得到一定的缓解。因此投资者注意力在“治理效应”和“认知效应”两方面作用下，通过降低操纵性应计的构成比例，以及提高市场对应计信息的解读能力，最终缓解了市场上应计的误定价程度。

本章结构安排如下：第一节为文献基础和基本假设；第二节为实证设计，包括样本和数据来源说明、核心变量的选择、研究程序和模型设定；第三节为实证结果与分析;第四节为本章小结。

第一节　基本假设

一、投资者注意力与盈余操纵

上市公司的盈余操纵行为历来受人关注。由于企业内外部信息不对称,许多上市公司出于各种目的如管理层薪酬、配股和增发新股、避免“摘牌”、抬高股价等,采取多种手段进行盈余操纵。企业管理当局进行盈余管理的主要目的在于误导投资者对公司盈利情况的客观认识,以获取私人利益。因此,广大投资者为了维护自身的利益,要求对上市公司的盈余操纵行为进行监督。但中小股东一般很难直接参与到上市公司的治理过程,无法从上市公司的内部对盈余管理行为进行有效的监督,因而希望上市公司通过提高自身的治理水平,减少盈余操纵。而 Bushee 等(2008)通过实证调查商业媒体在信息中介中的作用机制后发现,媒体的高度报道能够引起投资者对于股票基本面信息的充分注意,进而显著降低企业内外部信息不对称程度。因此随着投资者注意力程度的提升,企业的信息环境会发生改变,内外部信息不对称程度降低,管理层盈余操纵的局限条件会得到加强。

盈余操纵行为的动因主要包括:薪酬动因、资本市场动因和监管动因。而投资者注意力可以抑制公司进行盈余操纵的动机。薪酬动因指管理层为了在短期内获取高额薪酬而人为地进行业绩操纵。王克敏和王志超(2007),权小锋等(2010)研究文献都表明企业管理层会基于自身薪酬的角度对会计盈余进行操纵。Core 等(2007)研究发现管理层薪酬的负面媒体关注同管理层超额薪酬之间存在正向的关系,揭示了媒体在识别管理层薪酬操纵方面的重要作用。资本市场动因主要是指由于会计信息被投资者和财务分析师广泛用于对公司股票的估价,管理层有可能通过操控盈余来达到影响股价的目的。而监管动因主要是指管理层以规避或者迎合政府监管为目的而从事的“保配”和“保盈”盈余操纵行为。出于资本市场动因和监管动因进行的操纵是企业管理层在权衡行为收益和成本后的选择行为,而投资者注意力的集中对管理层盈余操纵行为的收益和成本都会产生显著的影响。Hirshleifer 和 Teoh(2003)建立了一个投资者有限注意条件下的贝叶斯学习模型,在该模型下,他们预测管理层可能会出于私有利益而择机进行基于投资者有限注意状态下的盈余操纵行为。投资者注意力的提高预期会从以下三方面降低管理层盈余操纵行为:(1) 降低企业内外信息不对称程度,压缩盈余操纵的行为空间;(2) 投资者注意力的提高,可以提高市场对管理层盈余操纵的识别概率;(3) 投资者注意力程度的增强会提高管理层盈余操纵行为的成本(特别是声誉成本),并且降低其行为收益。本书预期投资者注意力对会计盈余的构成成分产生显著影响,投资者注意力具有"治理效应",并提出如下假设:

H6-1:在其他条件不变的情况下,投资者对股票的注意力程度与管理层盈余操纵呈显著的负向关系,即投资者的充分注意能够显著降低会计盈余中的主观操纵成分,而投资者的有限注意会加大会计盈余中的主观操纵成分。

二、投资者注意力与应计误定价

近几年来,我国也开始对A股市场的应计误定价问题进行检验。刘云中(2003),李远鹏和牛建军(2007),宋云玲和李志文(2009)均发现中国股市确实有应计误定价。

那么投资者注意力是如何影响应计误定价的呢? Xie(2001)在Sloan(1996)的基础上,利用Jones(1991)模型将总应计分解,采用Mishkin(1983)检验法和样本组合检验法,结果发现市场高估了异常应计,而对正常应计的测试并不显著,说明市场对总应计的高估主要是由于对异常应计的高估所引起的,在控制了可操纵应计中的市场异常变动成本之后上述结论仍然成立,说明对异常应计的高估主要是由于盈余操纵行为所引起的。Richardson等(2005)对应计利润进行了细分,深入研究应计利润各组成部分的盈余相关性,发现低可靠性的应计利润项目的盈余相关性较差,市场并不能识别这种盈余相关性的区别,没有给出合理定价。Richardson等(2006)进一步研究发现,会计信息的扭曲是造成应计利润持续性较差的重要原因。

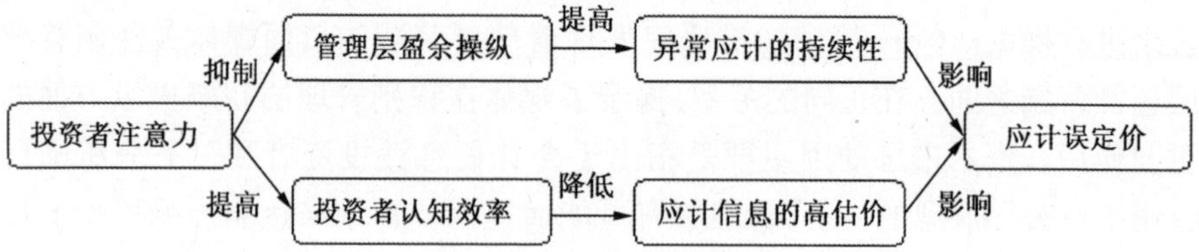

图6-1 研究的理论逻辑

综合以上文献发现,异常应计的低持续性和高估价是引起应计误定价的主要原因。结合假设H6-1预期,投资者注意力一方面具有"治理效应",投资者注意力的提高能够抑制管理层的主观操纵行为,降低异常应计的构成比例,提高异常应计的持续性。另一方面本书预期投资者注意力具有"认知效应",因为从认知特征出发,尽管市场上存在与公司相关的特定信息,但是由于人类在同时处理信息和执行任务时的能力是有限的,因而投资者行为会依据注意力程度不同而出现有差异的表现。在股票市场上,有限注意的股票具体表现为由于时间和精力的有限性,使得投资者不可能考虑所有的相关信息,对信息的分析能力会受到一定的约束(Aboody 等,2012)。投资者因不具备充分的处理和吸收所有可得信息的精力和能力,会导致对联系股票基本面的相应信息反应不足的情况(Engelherg 等,2009),而伴随着投资者注意力的提高,投资者对于盈余构成信息的消化、吸收和理解能力将会得到显著提高,因此应计信息的高估价会得到显著抑制。如研究的逻辑图 6-1 所示,在“治理效应”和“认知效应”的共同作用下,本书预期投资者注意力的提高会显著降低盈余构成中应计的定价偏差,提出如下假设:

H6-2:在其他条件不变的情况下,投资者注意力状态的差异能够显著影响其对盈余构成信息的处理效率,投资者对股票的注意力程度与应计误定价呈显著的负向关系。

表 6-1 本章的研究假设及文献依据

研究内容	研究假设	假设描述	主要文献依据
投资者注意力、盈余操纵与应计误定价	假设 H6-1	在其他条件不变的情况下,投资者对股票的注意力程度与管理层盈余操纵呈显著的负向关系,即投资者的充分注意能够显著降低会计盈余中的主观操纵成分,而投资者的有限注意会加大会计盈余中的主观操纵成分	Hirshleifer 和 Teoh (2003), Core 等 (2007), Bushee 等 (2008)
	假设 H6-2	在其他条件不变的情况下,投资者注意力状态的差异能够显著影响其对盈余构成信息的处理效率,投资者对股票的注意力程度与应计误定价呈显著的负向关系	Aboody 等(2012), Engelherg 等(2009)

第二节 实证设计

一、样本选择和数据来源

由于 A、B 股市场的监管环境并不相同,报告盈余也存在差异(姜国华等,2006),所以,本书的研究限定在只发行 A 股的公司。样本的期间选择为 2004—2008 年连续 5 年公布年报的样本公司,并且按照如下原则选择样本:(1) 在未来一年有完整的收益率[1];(2) 删除当年 IPO 的公司[2];(3) 删除

[1] 在进行投资者注意力与应计误定价之间的关系分析时,由于需要用到下一会计年度的股票回报率数据,因此样本选择必须满足这一要求。

[2] 排除 IPO 公司是因为我国 IPO 的定价制度导致其上市当年的市场表现和其他公司有很大差异。

金融行业公司；(4) 删除每股净资产为负的样本[1]；(5) 删除其他财务变量和治理变量数据缺失的样本。另外为消除异常值的影响，本书对除投资者注意力、盈余以及盈余构成以外的所有连续变量在 0～1%和 99%～100%之间进行了 winsorize 处理。最终得到 5 473 个样本观测值。其中财务数据来自于 CSMAR 和 WIND 数据库，换手率、公司治理数据来自于 CSMAR 数据库，媒体报道数据来自于上市公司咨讯网(http://www.cnlist.com/)深度数据中"公司报道"栏下新闻报道的手工整理[2]。

二、主要变量说明

(一) 投资者注意力

本书用两个指标测度投资者对股票的注意力程度 *RIA*：

1. 换手率(*TURN*)

在金融市场，换手率能够有效地衡量投资者对股票的注意力程度。一方面，当投资者对股票不进行注意时他们不会积极地交易股票；另一方面，当投资者对股票进行充分注意时，过度自信等行为偏差往往会扩大投资者之间对于公司基础价值的异质信念，因此进一步加大了股票的换手率。借鉴 Loh (2010)，Chemmanur 和 Yan(2013)的文献，以样本年度内股票的月平均换手率 *TURN* 作为投资者注意力程度的代理指标。该指标从金融资产的交易特性方面测度了投资者对特定股票的注意力程度。换手率越高，投资者注意力程度越高。为了消除异常值以及考虑时间趋势的影响，本书利用样本年度内平均月换手率的十分位数作为第一个投资者注意力指标 *RTURN*。

2. 媒体报道数(*MR*)

现实经济生活中，各种大众媒体成为投资者获取市场信息的重要渠道，其对股票的注意力程度很容易受到新闻媒体的影响。特别是在当今的"信息化时代"，互联网成为广大股民最主要的信息渠道，吸引着千万投资者的眼球。因此，本书在换手率以外，借鉴 Peress(2008)，饶育蕾等(2010)的文献，利用样本年度内新闻媒体对股票的报道数 *MR* 作为投资者注意力的代理指标。同样为了消除异常值以及考虑时间趋势的影响，本书利用样本年度内媒体报

[1] 之所以要删除每股净资产为负的样本是因为本书分析中要计算股权市值(流通股×年末股价+非流通股×每股净资产)。若每股净资产为负可能造成股权市值为负，成为极端数值。

[2] 上市公司资讯网从 2001 年以来开始收集上市公司每年的新闻报道，其中媒体包括报纸媒体以及网络媒体，报纸媒体包括《中国证券报》《上海证券报》《证券日报》《证券时报》四大权威财经报以及《中国经营报》《经济观察报》《21 世纪经济报道》等发行量和市场受众面处于龙头的财经报纸；网络媒体包括全景网、新浪财经、央视网、和讯网等权威网站。为了消除资讯网早期收集数据的异常，我们选择 2004 年以后的新闻报道条数进行指标处理，另外对于报纸媒体和网络媒体报道内容的重合问题进行了合并处理。

道的十分位数作为第二个投资者注意力指标 RMR。

（二）盈余操纵

本书采用两种方法来测定上市公司的盈余操纵行为：应计利润分离法与盈利分布检测法。应计利润分离法的基本原理是用回归模型将应计利润分离为可操控应计利润和非可操控应计利润，并用可操控应计利润来衡量盈余管理的大小和程度。盈利分布检测法通过检查报告盈余在特定水平周围的不连续分布来计量盈余管理。这两种方法在检验盈利操纵行为时各有优缺点，将两者结合起来检验使得研究结论具有稳健性。

1. 应计利润分离法

① 考虑管理当局相机抉择动机的盈余管理计量模型。本书选用考虑业绩影响的修正 Jones 模型[1]。其中，盈余操纵指标 $EM1$ 为考虑业绩影响的修正 Jones 模型估算的操纵性应计的绝对值。计量模型的设定如下：

$$TA_t = \alpha_0 + \alpha_1 \frac{1}{A_{t-1}} + \alpha_2 \frac{\Delta REV_t}{A_{t-1}} + \alpha_3 \frac{PPE_t}{A_{t-1}} + \alpha_4 OROA_t + \varepsilon_t$$

$$NDA_t = \hat{\alpha}_0 + \hat{\alpha}_1 \frac{1}{A_{t-1}} + \hat{\alpha}_2 \frac{\Delta REV_t - \Delta AR_t}{A_{t-1}} + \hat{\alpha}_3 \frac{PPE_t}{A_{t-1}} + \hat{\alpha}_4 OROA_t$$

其中，TA_t 为上期总资产调整后的当期总应计利润；NDA_t 为上期总资产调整后的当期非操纵性应计利润，TA_t 与 NDA_t 的差额即当期操纵性应计 DA_t；A_{t-1} 为上期期末总资产；ΔREV_t 为本期主营业务收入的变动额；PPE_t 为本期厂场、财产和设备等固定资产的价值；$OROA_t$ 为本期总资产利润率。

② 考虑经济基础动机的盈余管理计量模型。本书选用 Ball 和 Shivakumar(2006)(以下简称 BS)模型[2]。其中盈余操纵指标 $EM2$ 为 BS 模型估算的操纵性应计的绝对值。计量模型的设定如下：

$$TA_t = \alpha_0 + \alpha_1 DCFO_t + \alpha_2 \frac{CFO_t}{A_{t-1}} + \alpha_3 DCFO_t \times \frac{CFO_t}{A_{t-1}} + \varepsilon_t$$

$$NDA_t = \hat{\alpha}_0 + \hat{\alpha}_1 DCFO_t + \hat{\alpha}_2 \frac{CFO_t}{A_{t-1}} + \hat{\alpha}_3 DCFO_t \times \frac{CFO_t}{A_{t-1}}$$

其中，CFO_t 为本期经营活动净现金流量；$DCFO_t$ 为虚拟变量，当 $CFO_t < 0$ 时赋值 1，否则为 0。

---

〔1〕 黄梅和夏新平(2009) 运用统计模拟方法，通过测试各模型产生第一类错误和第二类错误的频率，认为在中国证券市场上，分年度分行业回归的截面修正琼斯模型在模型的设定和盈余管理的检验能力方面表现更佳，建议未来的盈余管理实证研究以该方法为主。刘文达和张宏伟(2010)利用中国 A 股市场数据，比较分析了十类盈余管理计量模型揭示盈余管理的能力。通过随机游走检验和犯第Ⅰ、Ⅱ类错误检验，发现盈余管理计量模型控制业绩影响非常重要。

〔2〕 BS 模型在估算操纵性应计时以现金流为基础，同时这种模型还考虑到估算模型的非线性关系设定。

2. 盈利分布检测法

本书通过 *ROE* 的分布来检测上市公司管理层的盈余操纵行为，其中操纵行为分析基于两种动机形成两个指标。

(1) 基于配股动机的操纵。国内很多文献发现上市公司存在着强烈的配股扩张的利益驱动，但又受制于证监会的配股资格要求。因此，最直接的市场反应行为就是对 *ROE* 进行操纵，保住企业再筹资的资格（陈小悦等，2000；杨旭东和莫小鹏，2006；张昕，2008）。由于本书样本期处于证监会第五次和第六次配股政策之间[1]，本书盈余操纵指标 *EM*3 设置定义为：当上市公司 2004 年和 2005 年 *ROE* 处于边际区域[6%，7%]，而 2006 年及以后年份处于边际区域[0，1%][2]时，其数值取 1，其他取 0。

(2) 基于保牌动机的操纵。由于我国特殊的 ST、PT 制度，企业连续年度亏损就会有被监管部门摘牌的危机，因此亏损公司为了保牌也具有盈余操纵的动机。借鉴张昕和杨再惠（2007）的研究，本书将盈余操纵指标 *EM*4 定义如下：上市公司上一年 *ROE* 低于－20%而本年实现盈利的取 1，其他取 0。

3. 股票市场收益(*Ret*)

本书用以下两个指标测度：

(1) 规模调整的超额收益 *SAR*。规模调整的超额收益 *SAR* 是将所有公司在某一年最后一个交易日按照公司规模（股权市值）大小划分为十组，然后计算各组的平均持有期收益（计算期间从会计年度 5 月到下年 4 月）；最后用

---

[1] 自 1990 年 9 月延中实业实施中国证券市场的第一次配股以来，证监会颁布的配股政策大体经历了六次变更：1993 年 12 月 17 日证监会发布《关于上市公司送配股的暂行规定》，规定了上市公司配股条件，要求连续两年盈利，无上市公司会计收益率要求；1994 年 9 月 28 日证监会发布《关于执行〈公司法〉规定上市配股的通知》，提高了配股条件，要求连续三年盈利、净资产收益率平均 10%，能源、原材料、基础设施等行业可以略低于 10%；1996 年 1 月 24 日发布的《关于 1996 年上市公司配股工作的通知》对上市公司配股资格的认定进行了修改和补充，规定公司在最近三年内净资产收益率每年都要达到 10%以上，属于能源、原材料、基础设施类的公司仍然可以略低，但不低于 9%；1999 年 3 月 17 日发布的《关于上市公司配股工作有关问题的通知》对配股条件进一步放宽，规定农业、能源、原材料、基础设施、高科技等国家重点支持的行业净资产收益率平均可以低于 9%，但任何一年不能低于 6%；2001 年 2 月 25 日发布的《上市公司新股发行管理办法》配股条件对净资产收益率的要求改为可以有 1 或 2 个年度内净资产收益率低于 6%，只要三年内的净资产收益率平均不低于 6%即可；2006 年 5 月 7 日发布的《上市公司证券发行管理办法》要求拟配股公司最近三个会计年度连续盈利，扣除非经常性损益后的净利润与扣除前的净利润相比，以低者作为计算依据。

[2] 黄明峰等（2009）利用频率分布图法对我国 1994—2007 年一般上市公司的 *ROE* 的频数的分布经过检验发现，对于处于第五次配股政策期间的 2004 年和 2005 年，我国上市公司的 *ROE* 呈现异常的[6%，7%]单峰分布；而在第六次配股政策区间的 2006 年和 2007 年，*ROE* 呈现异常的[0，1%]单峰分布。这支持了本书 *EM*3 指标设置的合理性。

个别股票原始持有期收益率(计算期同上)减去对应组的平均持有期收益计算得出。

(2) 市场调整的超额收益 *MAR*。市场调整的超额收益 *MAR* 是用个别股票原始持有期收益率(计算期间为会计年度 5 月到下年 4 月)减去综合市场的持有期收益计算得出。

三、回归模型分析

(一) 检验 H6-1 的回归模型设计

$$EM_{it} = \alpha_0 + \alpha_1 RIA_{it} + \alpha_2 EPS_{it} + \alpha_3 GROWTH_{it} + \alpha_4 LEVEL_{it} + \alpha_5 LNSIZE_{it} + \alpha_6 TOP1_{it} + \alpha_7 TOP31_{it} + \alpha_8 CEO\_SHARE_{it} + \alpha_9 DUAL_{it} + \alpha_{10} BIG4_{it} + \sum IND + \sum YEARIA + \varepsilon_{it} \tag{6-1}$$

若假设 H6-1 成立,则预期 α_1 显著为负。其中:

EM 为盈余操纵指标,用 *EM*1、*EM*2、*EM*3、*EM*4 测度。*RIA* 为投资者注意力指标。

EPS、*GROWTH*、*LEVEL*、*LNSIZE* 为公司财务控制变量。*EPS* 表示公司业绩,用每股盈余测度;*GROWTH* 表示公司成长性,用主营业务收入增长率测度;*LEVEL* 表示财务杠杆,用资产负债率测度;*LNSIZE* 表示公司规模,用总资产的自然对数测度。

*TOP*1、*TOP*31、*CEO_SHARE*、*DUAL*、*BIG*4 为公司治理控制变量。*TOP*1 表示股权集中度,用第一大股东持股比例测度;*TOP*31 表示股权制衡度,用(前三大股东持股比例－第一大股东持股比例)/第一大股东持股比例测度;*CEO_SHARE* 表示管理层持股,当管理层持股时,取 1,否则取 0;*DUAL* 表示两职合一,若董事长和总经理两职合一,则取 1,否则取 0;*BIG*4 表示审计质量,当会计报表被四大会计师事务所审计时取 1,否则取 0;*IND* 和 *YEAR* 表示控制行业和年份固定效应。

(二) 检验 H6-2 的回归模型设计

$$Ret_{i,t+1} = \alpha_0 + \alpha_1 IA\_high_{it} + \alpha_2 RDA_{it} + \alpha_3 IA\_high_{it} \times RDA_{it} + \alpha_4 BETA_{it} + \alpha_5 LNSIZE_{it} + \alpha_6 BM_{it} + \alpha_7 SOPH_{it} + \alpha_8 FOLNUM_{it} + \alpha_9 AGE_{it} + \alpha_{10} SOPH_{it} \times RDA_{it} + \alpha_{11} FOLNUM_{it} \times {}^{R}DA_{it} + \alpha_{12} AGE_{it} \times RDA_{it} + \varepsilon_{it} \tag{6-2}$$

上式中,α_2 用来分析应计误定价的存在性,当其显著为负时,表明存在应计误定价(应计异象);α_3 用来分析投资者注意力对应计误定价的影响,当其显著为正时,表明假设 H6-2 成立。其中:

$Ret_{i,t+1}$表示下一年度的股票市场收益，用下一年度规模调整的超额收益$SAR_{i,t+1}$和市场调整的超额收益$MAR_{i,t+1}$测度。

IA_DUM 表示投资者注意力的哑变量，当上市公司当年投资者注意力指标高于样本中位数时取 1，否则为 0，其中 *TURN_DUM* 表示换手率哑变量；*MR_DUM* 表示媒体报道数哑变量。*RDA* 表示每年按照考虑业绩的修正 Jones 模型[1]计算的操纵性应计的十分数。*BETA*、*LNSIZE*、*BM* 表示风险因子控制变量。*BETA* 表示系统性风险，是利用 CAPM 模型估计所得；*LNSIZE* 表示规模，用总资产的自然对数测度；*BM* 表示股东权益的账面市值比，用每股净资产/每股市价测度。

SOPH、*FOLNUM*、*AGE* 表示其他控制变量。*SOPH* 表示投资者认知，借鉴 Collins 等(2003)的文献，当上市公司的年度机构持股大于样本中位数，且持股比例大于 5%时，数值取 1，否则为 0；*FOLNUM* 表示年度分析师跟踪数，用每年跟踪企业进行盈利评级的分析师数量测度；*AGE* 表示上市公司所处生命周期，借鉴 Chen 等(2002)的文献，用上市公司成立年限测度。投资者认知、分析师跟踪以及企业所处生命周期三个因素(Chen 等，2002；Myers 等，2003；Drake 等，2008)被发现对应计误定价会产生显著影响，因此本书将其进行控制。

四、描述性统计

表 6-2 是对以上模型设定所涉及的变量进行的描述性统计结果。由表 6-2 可知，单个公司平均每年被媒体报道的数量 *MR* 为 14.516 次，其中最大值为 298 次，而最小值为 1。上市公司的盈余操纵指标 *EM*3 的均值为 0.063，表明样本期间，平均有 6.3%的样本公司处于配股的边际区域，*EM*4 的均值为 0.024，表明样本期间，平均有 2.4%的样本公司处于保牌的边际区域。其余变量说明不再赘述。

表 6-2　变量的描述性统计结果

变量	观测值数	均值	标准差	最小值	最大值
SAR	4 724	0.004	0.625	−1.596	2.994
MAR	4 724	−0.082	0.642	−1.814	2.827
*EM*1	5 473	0.110	0.136	0.001	0.837

[1] 应计误定价回归模型中操纵性应计本书还应用 BS 模型进行估算，实证结果不变(结果表未报告)，因此本书只报告考虑业绩影响的修正 jones 模型估算的操纵性应计的误定价结果。

续表

变量	观测值数	均值	标准差	最小值	最大值
*EM*2	5 473	0.097	0.334	0.001	3.055
*EM*3	5 473	0.063	0.242	0	1
*EM*4	5 473	0.024	0.154	0	1
TURN	5 473	49.426	31.249	0.056	200.270
MR	5 473	14.516	16.091	1	298
EPS	5 473	0.273	0.388	−0.919	1.712
GROWTH	5 473	0.249	0.500	−0.615	3.315
LEVEL	5 473	0.494	0.176	0.078	0.860
LNSIZE	5 473	21.513	1.039	19.440	24.779
BETA	4 724	1.016	0.198	0.444	1.438
BM	4 724	0.482	0.274	0.066	1.275
*TOP*1	5 473	38.535	15.686	9.96	74.65
*TOP*31	5 473	0.436	0.430	0.005	1.717
CEO_SHARE	5 473	0.217	0.412	0	1
DUAL	5 473	0.101	0.302	0	1
*BIG*4	5 473	0.072	0.259	0	1
SOPH	4 724	0.326	0.469	0	1
FOLNUM	4 724	5.993	11.184	0	63
AGE	4 719	10.747	4.036	4	23

第三节　实证结果与分析

一、投资者注意力与盈余操纵

表 6-3 是投资者注意力与盈余操纵的回归结果表。因变量是分别应用应计利润分离法和盈利分布法测度的四种盈余操纵指标，其中当因变量是应计利润法测度的盈余操纵指标时，回归模型应用 OLS 回归；当因变量是盈利分布法测度的盈余操纵指标时，回归模型应用 Logit 回归。从结果可见，当投资者注意力指标用换手率 *RTURN* 测度时，回归系数全部显著为负；当投资者注意力指标用媒体报道数 *RMR* 测度时，回归系数也基本显著为负，从而验证了投资者注意力的“治理效应”。这表明随着投资者注意力的提高，上市公司管理

表 6-3　盈余操纵与投资者注意力回归结果

因变量	*OLS* 回归		*LOGIT* 回归		*OLS* 回归		*LOGIT* 回归	
	*EM*1	*EM*2	*EM*3	*EM*4	*EM*1	*EM*2	*EM*3	*EM*4
常数项	−3.507*** (−14.223)	−4.576*** (−4.078)	−1.200 (−0.686)	10.305*** (3.930)	−3.465*** (−14.178)	−4.560*** (−4.101)	−4.116 (−1.470)	0.552 (0.117)
RTURN	−0.013** (−2.331)	−0.013*** (−3.217)	−0.179* (−1.794)	−0.390** (−2.154)				
RMR					−0.018 (−1.340)	−0.111* (−1.720)	−2.982* (−1.787)	−7.277** (−2.296)
EPS	0.043*** (4.510)	0.115*** (2.620)	−0.940*** (−5.668)	0.264 (1.155)	0.042*** (4.361)	0.109** (2.489)	−0.864*** (−4.956)	0.426* (1.853)
GROWTH	−0.000 (−0.445)	−0.001*** (−3.665)	−0.103 (−0.971)	−0.001 (−0.299)	−0.000 (−0.397)	−0.001*** (−3.604)	−0.097 (−0.945)	−0.001 (−0.278)
LEVEL	−0.081** (−2.002)	−0.214 (−1.167)	−1.541*** (−3.883)	7.105*** (10.503)	−0.079** (−1.961)	−0.217 (−1.185)	−1.506*** (−3.836)	6.938*** (10.204)
LNSIZE	0.164*** (15.680)	0.240*** (5.032)	0.009 (0.113)	−0.768*** (−6.542)	0.162*** (15.545)	0.236*** (4.964)	0.233 (1.301)	−0.119 (−0.398)
*TOP*1	0.005*** (9.074)	−0.006** (−2.382)	−0.010* (−1.665)	−0.023*** (−2.586)	0.005*** (9.027)	−0.006** (−2.358)	−0.007 (−1.254)	−0.018* (−1.888)
*TOP*31	0.053** (2.527)	−0.204** (−2.151)	−0.189 (−0.971)	−0.937*** (−2.974)	0.052** (2.480)	−0.203** (−2.148)	−0.115 (−0.572)	−0.708** (−2.177)

续表

因变量	OLS 回归		LOGIT 回归		OLS 回归		LOGIT 回归	
	EM1	EM2	EM3	EM4	EM1	EM2	EM3	EM4
CEOSHARE	0.022* (1.692)	−0.085 (−0.329)	0.086 (0.580)	0.147 (0.667)	0.022* (1.787)	−0.085 (−1.549)	0.060 (0.401)	0.085 (0.383)
DUAL	0.009 (0.619)	−0.002 (−0.030)	−0.053 (−0.262)	0.320 (1.187)	0.009 (0.587)	−0.003 (−0.046)	−0.039 (−0.191)	0.385 (1.426)
BIG4	−0.050* (−1.819)	−0.126 (−1.018)	−0.272 (−0.913)	−0.561 (−0.761)	−0.050* (−1.834)	−0.128 (−1.030)	−0.285 (−0.955)	−0.574 (−0.778)
行业	控制	控制	控制	控制	控制	控制	控制	控制
年份	控制	控制	控制	控制	控制	控制	控制	控制
N	5 470	5 470	5 470	5 470	5 470	5 470	5 470	5 470
adj. R^2	0.179 2	0.027 1	—	—	0.179 3	0.027 8	—	—
Log likelihood	—	—	−1 214.187	−508.306	—	—	−1 213.392	−506.305
Prob>chi2	—	—	0.000	0.000	—	—	0.000	0.000

注：括号内为 t 值，*、** 和 *** 分别表示相关系数在 1%、5%和 10%水平下显著(双尾)，下同。

层的盈余操纵行为会得到有效抑制，盈余构成中操纵性盈余的构成会显著降低，盈余构成信息的持续性提高，会计信息的质量会得到显著的提升。就会计信息披露质量而言，投资者注意力具有显著的治理效应。假设 H6-1 得到验证。

二、投资者注意力与应计误定价

为了检验投资者注意力是否影响会计盈余不同构成部分的定价效率，本书借鉴 Xie(2001)的思路，使用三个方法进行了检验：一是理性预期的 Mishkin(1983)检验；二是套利组合超额回报的单变量检验；三是股票误定价的多元回归检验。多种方法的联合检验使得本书的研究结论具有一定的稳健性。

（一）Mishkin 检验

Xie(2001)利用了 Mishkin(1983)的理性预期检验的模型对投资者是否能识别盈余不同成分的差异进行了检验，其中盈余分成现金流、操纵性应计和非操纵性应计三个部分。他发现投资者无法识别盈余不同成分持续性的差异。他使用如下方程进行了检验：

$$EARN_{t+1}=r_0+r_1 CFO_t+r_2 DA_t+r_3 NDA_t+\varepsilon_t \tag{6-3}$$

$$SAR_{t+1}=\beta(EARN_{t+1}-r_0-r_1^* CFO_t-r_2^* DA_t-r_3^* NDA_t)+\xi_t \tag{6-4}$$

其中，$EARN_{t+1}$表示 $t+1$ 年的会计盈余，$EARN$=（净利润+财务费用）/期初总资产；SAR_{t+1}表示 $t+1$ 年股票的超额回报，是对单个股票市场回报进行规模调整计算出来的超额收益；CFO_t表示 t 年的现金流量，CFO=经营性现金流量净额/期初总资产；DA_t表示 t 年的操纵性应计，DA_t是利用考虑业绩影响的修正 jones 模型估计的残差值；NDA_t表示 t 年的非操纵性应计，NDA 是利用考虑业绩影响的修正 jones 模型估计的预测值。同时为了控制异常值对研究结果的影响，本书对模型(6-3)和(6-4)中所涉及的变量按照每年从小到大排列的十分位数取值。

表 6-4 Mishkin Test 结果表

Panel A：全样本市场定价效率检验(N=5 434)							
方程(1)：预测方程			方程(2)：价值方程			差异检验 $r=r^*$	
参数	估计值	渐进标准误差	参数	估计值	渐进标准误差	差异值	LR 统计值
$r1$	0.578	0.015	$r1^*$	0.474	0.072	−0.104	2.014
$r2$	0.497	0.018	$r2^*$	0.658	0.09	0.161*	3.097
$r3$	0.308	0.017	$r3^*$	0.396	0.082	0.088	1.090

联合检验名称	原假设	LR 统计值	P 值
应计误定价检验	$r2=r2^*$ 且 $r3=r3^*$	16.83***	0.000
市场效率检验	$r1=r1^*$ 且 $r2=r2^*$ 且 $r3=r3^*$	11.469***	0.009

续表

Panel B:低媒体报道组样本市场定价效率检验(N=2 728)							
方程(1):预测方程			方程(2):价值方程			差异检验 $r=r^*$	
参数	估计值	渐进标准误差	参数	估计值	渐进标准误差	差异值	LR 统计值
$r1$	0.577	0.022	$r1^*$	0.473	0.104	−0.104	0.953
$r2$	0.465	0.027	$r2^*$	0.696	0.13	0.231*	3.026
$r3$	0.310	0.024	$r3^*$	0.458	0.115	0.148	1.573
联合检验名称	原假设		LR 统计值	P 值			
应计误定价检验	$r2=r2^*$ 且 $r3=r3^*$		15.450***	0.000			
市场效率检验	$r1=r1^*$ 且 $r2=r2^*$ 且 $r3=r3^*$		9.038**	0.029			
Panel C:高媒体报道组样本市场定价效率检验(N=2 706)							
方程(1):预测方程			方程(2):价值方程			差异检验 $r=r^*$	
参数	估计值	渐进标准误差	参数	估计值	渐进标准误差	差异值	LR 统计值
$r1$	0.545	0.02	$r1^*$	0.433	0.097	−0.112	1.269
$r2$	0.485	0.025	$r2^*$	0.56	0.121	0.075	0.374
$r3$	0.29	0.024	$r3^*$	0.313	0.113	0.023	0.042
联合检验名称	原假设		LR 统计值	P 值			
应计误定价检验	$r2=r2^*$ 且 $r3=r3^*$		4.100	0.129			
市场效率检验	$r1=r1^*$ 且 $r2=r2^*$ 且 $r3=r3^*$		3.469	0.325			
Panel D:低换手率组样本市场定价效率检验(N=2 801)							
方程(1):预测方程			方程(2):价值方程			差异检验 $r=r^*$	
参数	估计值	渐进标准误差	参数	估计值	渐进标准误差	差异值	LR 统计值
$r1$	0.572	0.022	$r1^*$	0.469	0.106	−0.103	0.913
$r2$	0.457	0.027	$r2^*$	0.643	0.133	0.186**	4.731
$r3$	0.309	0.024	$r3^*$	0.384	0.118	0.075	0.381
联合检验名称	原假设		LR 统计值	P 值			
应计误定价检验	$r2=r2^*$ 且 $r3=r3^*$		13.463***	0.001			
市场效率检验	$r1=r1^*$ 且 $r2=r2^*$ 且 $r3=r3^*$		26.699***	0.000			
Panel E:高换手率组样本市场定价效率检验(N=2 633)							
方程(1):预测方程			方程(2):价值方程			差异检验 $r=r^*$	
参数	估计值	渐进标准误差	参数	估计值	渐进标准误差	差异值	LR 统计值
$r1$	0.549	0.02	$r1^*$	0.629	0.112	0.080	2.506
$r2$	0.490	0.025	$r2^*$	0.828	0.141	0.338	1.244
$r3$	0.289	0.023	$r3^*$	0.332	0.131	0.043	1.012
联合检验名称	原假设		LR 统计值	P 值			
应计误定价检验	$r2=r2^*$ 且 $r3=r3^*$		0.029	0.863			
市场效率检验	$r1=r1^*$ 且 $r2=r2^*$ 且 $r3=r3^*$		5.654	0.130			

模型(6-3)是预测方程，用来估计盈余构成成分(*CFO*、*DA* 和 *NDA*)在下期的持续性系数，模型(6-4)是价值方程，用来估计市场对盈余构成成分的定价系数。Mishkin 检验采用了迭代广义非线性最小二乘法联合估计这两个方程。理性预期意味着会计应计的持续能力和第二年的超额回报是一致的，而应计误定价则意味着投资者高估了会计应计的持续能力。回归结果见表6-4。其中 Panel A 是全样本下的市场定价效率检验结果，Panel B 是依据中位数划分的低媒体报道组样本的市场定价效率结果，Panel C 是高媒体报道组样本的市场定价效率结果，Panel D 是依据中位数划分的低换手率组样本的市场定价效率结果，Panel E 是高换手率组样本的市场定价效率结果。

从 Panel A 的全样本结果可见，*CFO* 的持续性系数为 0.578，市场定价系数为 0.474，表明市场低估了现金流 *CFO* 的持续性。而操纵性应计 *DA* 和非操纵应计 *NDA* 的定价系数都高于其持续性系数(0.658＞0.497，0.396＞0.308)，其中操纵性应计 *DA* 的高估程度相对比较高。另外从应计误定价(应计异象)的联合检验 $r2=r2^*$ 和 $r3=r3^*$ 来看，LR 统计量为 16.83 并且显著，表明全样本下，资本市场存在应计误定价。另外通过将总应计分解为操纵性应计和非操纵性应计来看，应计误定价主要是由于操纵性应计误定价引起的，因为操纵性应计的定价系数和持续性系数的差异为 0.161，而且统计显著。而非操纵性应计虽然也被市场高估，定价系数和持续性系数的差异为 0.088，但其统计上并不显著。最后从市场整体效率的联合检验 $r1=r1^*$ 且 $r2=r2^*$ 且 $r3=r3^*$ 来看，对于盈余不同成分，市场整体表现出显著的误定价现象。这些结论表明我国资本市场整体存在着应计误定价，而这种应计误定价主要的成因是由于操纵性应计引起的。Panel B 和 Panel C 是以媒体报道数测度的投资者不同注意力状态下市场的应计误定价结果。从预测方程和价值方程的系数差异比较来看，Panel B 低媒体报道样本和 Panel C 高媒体报道样本，对应的市场估值偏差方向一致，都是低估了现金流 *CFO*，而高估了操纵性应计 *DA* 和非操纵性应计 *NDA*。但从定价效率的联合检验来看，在低媒体报道样本 Panel B 中，应计误定价存在(LR 统计量为 15.450，而且显著)，市场整体错误定价(LR 统计量为 9.038，在 5%水平上显著)。但在高媒体报道样本，我们发现应计误定价消失(LR 统计量为 4.100，统计上并不显著)，市场整体定价有效(LR 统计量 3.469，统计上并不显著)。通过对盈余构成成分的详细分析可见，对于现金流 *CFO* 和非操纵性应计 *NDA* 在媒体关注的不同状态下，市场定价效率状况一致，但对于操纵性应计 DA，在低媒体报道状况下的持续性和定价系数的差异显著为 0.231，在统计上显著，而在高媒体报道组的持续性和定价系数的差异显著为 0.075，在统计上不显著，表明相对低媒体报道,在高媒体报道组应计误定价消失和市场效率提升的主要原因是伴随着媒体报道的提高,操纵性应计的市场定价效率提高所致。Panel D 和 Panel E 是投资者注意力指标换成换手率时的应计误定价测定结果。研究结论同 Panel B 和 Panel C 的结果基本一致,相对低换手率组,在高换手率组应计误定价消失和市场效率提升。表明伴随着换手率升高,投资者注意力程度提升,投资者对于盈余构成信息的消化、吸收和理解能力将会得到显著提高,此时操纵性应计成分的高估价会得到显著抑制。验证了投资者注意力具有“认知效应”,假设 H6-2 得到初步证实。

表 6-5　套利组合超额收益

投资组合	Panel A:规模调整的超额收益 SAR_{t+1}				Panel B:市场调整的超额收益 MAR_{t+1}			
	全样本	媒体高关注组	媒体低关注组	差异值(低一高)	全样本	媒体高关注组	媒体低关注组	差异值(低一高)
最低	0.028	0.006	0.048	0.041	−0.063	−0.106	−0.021	0.085*
2	0.057	−0.030	0.133	0.163***	−0.026	−0.148	0.080	0.228***
3	0.022	−0.050	0.076	0.126**	−0.060	−0.160	0.017	0.177***
4	−0.001	0.039	−0.035	−0.075	−0.060	−0.068	−0.061	0.007
5	0.014	0.000	0.026	0.026**	−0.064	−0.120	−0.013	0.106*
6	−0.022	−0.028	−0.017	0.011	−0.061	−0.136	−0.071	0.065
7	0.045	0.004	0.087	0.083**	−0.034	−0.097	0.033	0.130*
8	−0.014	−0.005	−0.023	−0.019	−0.086	−0.098	−0.074	0.024
9	−0.068	−0.110	−0.008	0.102**	−0.170	−0.231	−0.084	0.148**
最高	−0.033	−0.028	−0.042	−0.014	−0.133	−0.154	−0.097	0.057*
套利	0.061*	0.034	0.090**	0.056***	0.070*	0.048	0.076**	0.028***
T 统计量	1.736	0.582	2.037	3.758	1.654	1.204	2.135	2.986

投资组合	PanelC:规模调整的超额收益 SAR_{t+1}				Panel D:市场调整的超额收益 MAR_{t+1}			
	全样本	换手率高值组	换手率低值组	差异值(低一高)	全样本	换手率高值组	换手率低值组	差异值(低一高)
最低	0.028	−0.011	0.001	0.012	−0.063	−0.121	0.001	0.122**
2	0.057	0.029	0.104	0.075	−0.026	−0.028	−0.008	0.021
3	0.022	−0.002	0.052	−0.054	−0.060	−0.008	−0.105	−0.097
4	−0.001	0.073	−0.032	−0.105*	−0.060	0.026	−0.130	−0.156**
5	0.014	−0.000	0.068	0.068	−0.064	−0.044	−0.045	−0.001
6	−0.022	−0.063	0.007	0.070	−0.061	−0.115	−0.102	0.013
7	0.045	0.002	0.136	0.134*	−0.034	−0.049	0.013	0.062
8	−0.014	−0.021	0.027	0.048	0.000	0.000	0.075	0.007

续表

投资组合	PanelC：规模调整的超额收益 SAR_{t+1}				Panel D：市场调整的超额收益 MAR_{t+1}			
	全样本	换手率高值组	换手率低值组	差异值（低一高）	全样本	换手率高值组	换手率低值组	差异值（低一高）
9	−0.068	−0.028	−0.094	−0.066	−0.170	−0.096	−0.234	−0.138**
最高	−0.033	−0.029	−0.087	−0.058	−0.133	−0.149	−0.109	0.040
套利	0.061*	0.018	0.088***	0.070***	0.070*	0.028	0.110***	0.082***
T统计量	1.736	1.361	4.251	2.923	1.654	0.653	3.441	3.182

（二）套利组合超额回报的单变量检验

Mishkin(1983)检验的结果表明我国资本市场存在着显著的应计误定价，而且应计误定价存在的主要成因是由于操纵性应计引起的。因此本书借鉴 Xie(2001)的方法，分别按操纵性应计排序，按从小到大的顺序划分为 10 组(每年的样本分为 10 组，然后混合在一起)。然后，买入操纵性应计最小组中的股票，卖空最大组中的股票，观察未来一年内投资策略的超额回报。同时为了观察投资者注意力对应计误定价的影响，将样本按照中位数分为投资者高注意力组和投资者低注意力组，观察不同的投资组合中应计误定价在投资者注意力不同程度下是否存在显著差异。研究结果见表 6-5。其中 Panel A 和 Panel B 是投资者注意力指标选用媒体报道数时的分组测试结果，Panel C 和 Panel D 是投资者注意力指标选用换手率时的分组测试结果，Panel A 表示下一年套利组合的超额收益是用规模调整的超额收益 SAR_{t+1} 测度，Panel B 表示下一年套利组合的超额收益是用市场调整的超额收益 MAR_{t+1} 测度。从表中结果可见，在全样本下，按照操纵性应计构造的投资组合预期能够获得 6.1%的规模调整的超额收益(在 10%水平上显著)和 7%的市场调整的超额收益(在 10%水平上显著)，另外通过对套利组合收益按照媒体注意力程度分组后发现，媒体高报道组和低报道组的套利组合收益存在着显著的差异。媒体高报道组在 Panel A 和 Panel B 中套利组合的收益都不显著，而媒体低报道组的套利组合的收益都显著。而在 Panel C 和 Panel D 中，低换手率组套利组合的规模调整超额收益高达 8.8%，市场调整超额收益高达 11%，并且低换手率组的套利组合超额收益都比较显著。但在高换手率组，超额收益显著下降，其中规模调整超额收益只有 1.8%，市场调整超额收益 2.8%，并且高换手率组样本的套利组合超额收益统计上并不显著。因此从套利组合超额回报的单变量检验结果来看，投资者注意力确实会影响上市公司应计的误定价，投资者注意力越高，则应计误定价越低，两者呈负向关系。

（三）多元回归分析

套利组合分析方法是一元分析，仅仅控制了规模或者市场回报的影响。借鉴 Drake 等（2008）的文献，本书同时附加控制风险三因子（系统性风险、规模、账面市值比）和其他控制变量（投资者认知、分析师跟踪、上市公司生命周期），以进行股票误定价和投资者注意力之间的多元回归分析，模型的设定见模型（6-2），回归结果见表 6-6。由结果可见，操纵性应计的十分位数 ***RDA*** 的回归系数全部为负且显著，操纵性应计和股票的超额收益存在显著的负向关系，表明我国资本市场存在显著的应计误定价。而换手率哑变量与操纵性应计的交乘项 ***TURN_DUM*** × ***RDA***、媒体报道数与操纵性应计的交乘项 ***MR_DUM*** × ***RDA*** 的回归系数全部为正，且统计上显著，表明随着投资者注意力的提高，上司公司应计误定价的程度会得到显著的抑制。投资者注意力和应计误定价之间存在负向关系。

沿袭投资者注意力—盈余操纵—应计误定价的递进分析思路，本书通过多种实证方法验证了投资者注意力具有与应计误定价之间显著的负向关系。其中的机理表明投资者注意力一方面具有“治理效应”，投资者注意力的提高能够抑制管理层的主观操纵行为，降低异常应计的构成比例，提高盈余构成信息的可靠性；另一方面投资者注意力具有“认知效应”，随着投资者注意力的提升，投资者对盈余构成信息的解读能力得到显著提高，因此应计成分的高估价程度得到显著抑制，最终导致了市场对其应计构成成分定价效率的提升。

表 6-6 多元回归结果

解释变量	因变量：规模调整的超额收益 SAR_{t+1}		因变量：市场调整的超额收益 MAR_{t+1}	
	栏目 1	栏目 2	栏目 3	栏目 4
常数项	−0.151 (−0.595)	−0.158 (−0.614)	0.659** (2.532)	0.605** (2.305)
TURN_DUM	−0.051 (−1.088)		−0.054 (−1.140)	
MR_DUM		−0.067 (−1.440)		−0.087* (−1.821)
RDA	−0.007*** (−2.911)	−0.018* (−1.703)	−0.008** (−2.447)	−0.017** (−2.230)

续表

解释变量	因变量：规模调整的超额收益 SAR_{t+1}		因变量：市场调整的超额收益 MAR_{t+1}	
	栏目1	栏目2	栏目3	栏目4
TURN_DUM×RDA	0.011*** (2.836)		0.009** (2.265)	
MR_DUM×RDA		0.008** (2.034)		0.007* (1.840)
BETA	0.096* (1.788)	0.086* (1.677)	0.135** (2.467)	0.132** (2.522)
LNSIZE	−0.001 (−0.118)	0.002 (0.204)	−0.042*** (−3.651)	−0.036*** (−3.010)
BM	0.226*** (5.770)	0.224*** (5.733)	0.145*** (3.617)	0.133*** (3.347)
SOPH	0.030 (0.565)	0.025 (0.475)	0.007 (0.134)	0.002 (0.034)
FOLNUM	0.001 (0.505)	0.001 (0.618)	−0.001 (−0.373)	−0.000 (−0.198)
AGE	−0.001 (−0.221)	−0.002 (−0.307)	−0.001 (−0.182)	−0.002 (−0.287)
SOPH×**RDA**	−0.004 (−0.435)	−0.002 (−0.290)	−0.004 (−0.536)	−0.003 (−0.388)
FOLNUM×**RDA**	−0.000 (−0.456)	−0.000 (−0.526)	−0.000 (−0.445)	−0.000 (−0.542)
AGE×**RDA**	0.001 (0.787)	0.001 (0.936)	0.001 (0.740)	0.001 (0.867)
N	4 719	4 719	4 719	4 719
adj. R^2	0.031 9	0.032 2	0.045 7	0.040 2

三、稳健性测试

（一）对假设 H6-1 内生性的检验

从表 6-3 的结果可见，投资者注意力与管理层盈余操纵之间呈现负向的关系，但这种负向关系的方向在实证中也经常受到怀疑，即投资者注意力的提高可能会抑制管理层盈余操纵，也有可能受到管理层盈余操纵的公司更容易受到投资者的注意。变量之间互为因果是实证研究中的难点问题，为此本

书采用联立方程的方法对以媒体报道数为投资者注意力指标的回归模型进行了处理,见模型(6-5)和模型(6-6):

$$EM_{it} = \alpha_0 + \alpha_1 RIA_{it} + \alpha_2 EPS_{it} + \alpha_3 GROWTH_{it} + \alpha_4 LEVEL_{it} + \alpha_5 LNSIZE_{it} + \alpha_6 TOP1_{it} + \alpha_7 TOP31_{it} + \alpha_8 CEO\_SHARE_{it} + \alpha_9 DUAL_{it} + \alpha_{10} BIG4_{it} + \sum IND + \sum YEARIA + \varepsilon_{it} \tag{6-5}$$

$$RMR_{it} = \alpha_0 + \alpha_1 EM_{it} + \alpha_2 NSHARE + \alpha_3 LISTYEAR + \alpha_4 EPS_{it} + \alpha_5 GROWTH_{it} + \alpha_6 LEVEL_{it} + \alpha_7 LNSIZE_{it} + \alpha_8 TOP1_{it} + \alpha_9 TOP31_{it} + \alpha_{10} BIG4_{it} + \sum IND + \sum YEAR + \varepsilon_{it} \tag{6-6}$$

表 6-7　投资者注意力对盈余操纵的影响(联立方程内生性处理结果)

因变量	*EM*	*RMR*
	栏目 1	栏目 2
常数项	0.312*** (5.20)	−24.056*** (−5.83)
RMR	−0.009*** (−2.787)	
EM		−43.684 (−1.057)
NSHARE		0.036** (2.091)
ILLEGAL		1.454** (2.288)
EPS	0.004 (0.872)	0.458 (1.314)
GROWTH	0.011*** (4.294)	−0.295 (−0.904)
LEVEL	0.024*** (3.142)	−0.602 (−0.777)
LNSIZE	−0.015*** (−4.268)	1.263*** (8.478)
TOP1	0.000*** (3.857)	−0.022*** (3.173)

续表

因变量	*EM*	*RMR*
	栏目 1	栏目 2
*TOP*31	0.006 (1.493)	−0.068 (−0.314)
CEO_SHARE	0.005** (2.573)	
DUAL	0.005 (1.357)	
*BIG*4	−0.004 (−0.855)	0.357 (1.476)
行业、年份	控制	控制
N	5 470	5 470
adj. R^2	0.128 7	0.212 7

为了保证联立方程能够识别，我们在以媒体报道数作为因变量的(6-6)式中加入了工具变量 *NSHARE* 和 *ILLEGAL*，这两个工具变量的选择本书是借鉴了 Dyck(2008)[1]和 Miller(2006)[2]的研究文献，同时去除了变量 *CEO_SHARE* 和 *DUAL*（我们认为两者对于媒体报道没有显著影响）。联立方程组采用三阶段回归的方法进行拟合。

从表 6-7 的结果可见，媒体报道数对盈余操纵具有显著的负向作用，而盈余操纵对媒体报道数虽有负向作用，但统计并不显著。我们还考虑了换手率指标与盈余操纵之间的内生性问题，研究结论基本一致，从而验证了投资者注意力对盈余操纵确实具有显著的治理作用。研究结论基本稳健。

---

〔1〕 Dyck(2008)发现媒体报道偏好具有特定股权结构的公司，在其文献中发现外国投资者所持的股权能够显著影响媒体报道的数量。本书借鉴这一思路，结合中国制度背景再加之本书样本期间正好处于股权分置改革期间，因此选择非流通股比例 *NSHARE* 作为媒体报道的第一个工具变量。

〔2〕 Miller(2006)发现媒体报道具有“看门狗”的作用，它能够监督有效市场中进行会计违规行为的公司。因此本书选择是否受到监管机构处罚的违规虚拟变量 *ILLEGAL* 作为本书的第二个工具变量。本书的两个工具变量通过 Ward 检验和 Sargan 检验，符合计量的标准。

表 6-8 投资者注意力对应计误定价的影响(Fama-macbeth 回归)

解释变量	因变量:规模调整的超额收益 SAR_{t+1}		因变量:市场调整的超额收益 MAR_{t+1}	
	栏目 1	栏目 2	栏目 3	栏目 4
常数项	−0.203 (−0.219)	−0.137 (−0.152)	0.856 (1.082)	0.905 (1.212)
TURN_DUM	−0.069 (−1.653)		−0.054 (−1.140)	
MR_DUM		−0.075 (−0.798)		−0.083 (−0.910)
RDA	−0.010* (−2.254)	−0.021* (−2.494)	−0.010* (−2.443)	−0.020* (−2.532)
TURN_DUM×RDA	0.007 (1.623)		0.006* (2.228)	
MR_DUM×RDA		0.011 (0.897)		0.012 (0.988)
BETA	0.003 (0.070)	0.024 (0.408)	0.010 (0.183)	0.044 (0.576)
LNSIZE	0.003 (0.091)	0.004 (0.103)	−0.051 (−1.703)	−0.050 (−1.690)
BM	0.260 (1.621)	0.246 (1.654)	0.325* (2.148)	0.301* (2.152)
SOPH	0.022 (0.588)	0.020 (0.548)	0.011 (0.270)	0.009 (0.215)
FOLNUM	0.000 (0.016)	0.001 (0.150)	−0.001 (−0.134)	0.000 (0.009)
AGE	−0.000 (−0.025)	−0.002 (−0.229)	−0.001 (−0.069)	−0.003 (−0.272)
SOPH×***RDA***	−0.004 (−0.586)	−0.004 (−0.503)	−0.006 (−0.873)	−0.005 (−0.793)
FOLNUM×***RDA***	−0.000 (−0.189)	−0.000 (−0.332)	−0.000 (−0.189)	−0.000 (−0.395)
AGE×***RDA***	0.001* (2.376)	0.001 (2.122)	0.001* (2.420)	0.001 (2.030)
N	4 719	4 719	4 719	4 719
adj R^2	0.011 0	0.040 6	0.081 0	0.079 5

（二）应用 Fama-Macbeth 回归方法重新测试 H6-2

本书对于表 6-6 的回归分析采用了比较保守的 Fama-macbeth(1973)的方法[1]重新进行了检验，回归结果见表 6-8。研究发现同表 6-6 的结论基本一致，但表 6-8 中换手率哑变量与操纵性应计的交乘项 ***TURN_DUM×RDA***、媒体报道数与操纵性应计的交乘项 ***MR_ DUM×RDA*** 的回归系数虽然符号同预期相同，但并不显著。笔者推测这主要是由于本书的研究只有 5 年数据，影响 Fama-macbeth 回归的应用效用所致。

第四节　本章小结

本章以换手率和媒体报道作为投资者注意力的代理指标，首次以投资者认知特征为切入点考察了投资者对股票的注意力程度对上市公司盈余操纵行为以及市场中应计误定价的影响。研究发现：

(1) 投资者注意力与上市公司盈余操纵呈显著的负向关系，表明从会计信息的披露来看，投资者注意力对于抑制上市公司管理层的盈余操纵行为具有重要的治理效应，投资者注意力程度的提高能够改善上市企业的盈余信息质量。

(2) 通过 mishkin 检验，发现我国 A 股市场整体上存在着应计误定价的现象，并且这种应计误定价主要是由于操纵性应计的误定价所引起的。表明管理层的盈余操纵行为是应计误定价的重要成因。

(3) 通过投资者注意力与应计误定价之间关系的多种方法联合检验，发现投资者注意力和应计误定价之间存在着显著的负向关系，表明投资者注意力的提高能够有效地提高市场对于会计盈余构成信息的定价效率，降低应计的误定价。因此，综合来看，投资者注意力在会计信息的披露方面具有显著的治理效应和认知效应，其中的机理表明投资者注意力一方面具有“治理效应”，投资者注意力的提高能够抑制管理层的主观操纵行为，降低异常应计的构成比例，提高盈余构成信息的持续性；另一方面投资者注意力具有“认知效应”，随着投资者注意力的提升，投资者对盈余构成信息的解读能力得到显著提高，因此应计成分的高估价程度得到显著抑制，最终导致了市场对其应计构成成分定价效率的提升。

本章的研究结论表明，在中国法律体制不健全、市场处于转轨经济的环境下，投资者注意力从会计盈余构成信息的披露方面对市场参与者行为及其

[1] 宋云玲和李志文(2009)认为在考察定价和套利的时候，Fama-Macbeth(1973)回归能够得到更加稳健的研究结果。

股票定价都产生了显著的影响。

表 6-9 本章实证结果汇总

研究内容	研究假设	假设描述	实证结果
投资者注意力、盈余操纵与应计误定价	假设 H6-1	在其他条件不变的情况下，投资者对股票的注意力程度与管理层盈余操纵呈显著的负向关系	支持
	假设 H6-2	在其他条件不变的情况下，投资者对股票的注意力程度与应计误定价呈显著的负向关系	支持

第七章 投资者注意力、盈余公告效应与管理层公告择机[1]

在股票市场上，投资者注意力反映投资者心理的认知过程，它是认识资源上一种任务对另一种任务的一种替代。当涉及投资决策时，若有大量信息，有限注意不可避免，投资者不得不对信息处理作出选择（王春和徐龙炳，2009）。Kahneman（1973）提出注意力模型，认为注意力是一种基于对外界信息输入处理的有意识活动，总体上可能的处理能力会由于外界的刺激而增加或是减少，同时存在决定各种意识资源分配和各个处理阶段的规则和策略。传统的资本资产定价模型假定信息一旦进入市场就能立即反映在股价中，这种假设要求投资者能够持续地注意投资资产信息。但在现实中，投资者注意力是一种稀缺资源（Kahneman，1973），他们对于资产信息往往具有有限的注意力。这种有限注意具体表现为由于时间和精力的有限性，使得投资者不可能考虑所有的股票投资，并且也约束了他们所能够分析的信息量（Aboody等，2012）。近年来的研究表明投资者注意力在决定资产价格中发挥着重要的作用，重要的或被投资者充分注意的信息能够引起股价的过度反应。如2010年4月17日，国务院发出《关于坚决遏制部分城市房价过快上涨的通知》，此楼市调控新政出台一周以后，受“创伤”最大的是房地产股，单周地产指数下跌11.21％。在房地产股大规模跳水的带动下，大盘单周随之创下年内4.69％的最大周跌幅。而被投资者有限注意的信息并不能有效地反映在股价中，引起股价的反应不足。如2008年1月以来，在市场非理性大跌的背景下，投资者受信息处理能力的限制，无法估计所有上市公司的合理股价，因而，即使有绩优上市公司公布了业绩增长，也未能避免股价的大幅下跌。而

[1] 本章研究的主体内容已经发表在《金融研究》2010年第11期，题目为“投资者关注、盈余公告效应与管理层公告择机”。

被投资者充分注意的信息却能引起股价的过度反应。

就会计信息而言,盈余公告无疑是当前投资者做投资决策时参考的最重要和最常规的信息来源。盈余公告是对上市企业会计期间运营收益总体状况的基本描述,而且由于受到法规的相应规范,使得盈余公告的信息质量得到有效的保证。因此,盈余公告在概括企业过去会计业绩的同时,也是投资者对企业未来收益进行预测的重要依据。但是从市场反应的相关文献来看,不论是国内还是国外,研究者发现投资者对盈余公告这样的公开信息却总是很难做出准确和及时的反应(Ball 和 Brown,1968;Bernard 和 Thomas,1990;Sadka,2006;吴世农和吴超鹏,2005;于李胜和王艳艳,2006;谭伟强,2008)。对于未预期盈余所蕴含的信息,市场明显表现出短期反应不足,盈余公告后股价长期、持续和方向一致的漂移(以下简称"PEAD")特征,即存在盈余公告效应。对于盈余公告效应的成因,近年来学者进行了激烈的争辩,总结来看主要包括两方面的观点:(1) 传统金融理论的"风险补偿观"。认为盈余公告效应不是一种市场异象,而是对于交易风险(Mendenhall,2004)、信息风险(于李胜和王艳艳,2006)以及流动性风险的补偿(Sadka,2006;Sadka 和 Sadka,2005;Chordia 等,2006)。但这种观点在实证检验中受到强力挑战,如 Fama(1998)指出,盈余公告后市场反应表现出的价格漂移是所有"反应不足"事件研究的前身,由 Ball 和 Brown 发现的 PEAD 现象已经经受了大量实证的检验,并且盈余公告效应在实证检验中并不能完全由风险因素解释。我国学者吴世农和吴超鹏(2005)采用"日历月排序法"对中国上市企业盈余公告 PEAD 现象进行研究,发现经过 Fama-French(1993)三因素模型进行风险调整之后基于标准化未预期盈余的套利策略仍然存在异常收益,这表明 Fama-French(1993)模型并不能完全解释盈余公告效应。(2) 行为金融理论的"投资者心理偏差观"认为盈余公告效应是一种市场异象,它是由于投资者的心理偏差引起的。例如,Daniel 等(1998)认为,漂移是由于投资者对私人信息的过度反应以及伴随着自我归因偏差引起的。由于过度自信,这些投资者过度相信私人信息,对诸如年报之类的公众信息相信不足。Gans(2001)研究了保守主义对 PEAD 的意义,保守主义通常会导致投资者反应不足,从而增大了漂移的程度。基于行为金融学理论,从投资者心理偏差解释盈余公告效应虽然取得部分实证上的支持,但其结论不具有稳定性,例如当把盈余公告信息细分为好消息和坏消息时,对于不同种类信息的市场反应,行为金融学者经常应用多种投资者心理偏差进行组合分析,因此难以形成统一的研究结论。

综合来看,"风险补偿观"和"投资者心理偏差观"在解释盈余公告效应时虽然都取得了部分成功,但也都存在着一些问题。其中一个关键性问题就是忽略了对投资者认知过程的分析及其对注意力局限的考虑。Kahneman (1973)发现有限注意是在一个具有大量信息环境下的必然结果，这是由于人们的信息处理能力有限，同时信息的筛选需要付出努力。当上市公司发布盈余公告时，投资者需要花费时间和精力对盈余公告信息(未预期盈余)进行分析处理。在不同投资者注意力状态下公布的盈余信息，投资者对信息的分析和反应程度将不同，这是盈余信息市场反应的客观条件，而以往的观点都忽视了这个条件。因此，本书借鉴认知心理学相关文献，基于投资者认知特征，首先从市场超额回报和交易量两个维度分析投资者注意力是否诱发了盈余公告效应，或者说投资者注意力状态是否影响了市场关于盈余公告信息的即期反应和滞后反应。其次从管理层盈余公告的时机来看，管理层盈余公告的发布是否具有依据投资者认知状态进行择机公布以降低市场短期惩罚的特征，即管理层是否会在投资者注意力分散的情况下更倾向于及时公布坏消息，而在投资者注意力集中的情况下更倾向于及时公布好消息？如果是，这种择机披露行为偏好的影响因素有哪些？

本书研究的主要贡献为：(1) 对于任何公告信息，要想引起市场的反应，其首先就要引起投资者的注意，这是市场反应的前提和客观条件。对于盈余公告效应成因的理论解释，以往研究都忽视了投资者注意力状态在盈余公告效应形成中的重要作用。本书选取 2005—2008 年沪深 A 股市场四年连续公布季度盈余公告的上市公司为研究样本，发现投资者注意力与盈余公告效应程度间存在显著的负相关关系，投资者有限注意表现得越明显，市场对盈余信息的即期反应越不足，盈余公告后价格漂移越大。投资者注意力状态确实影响了上市公司盈余信息的市场反应。(2) 我国资本市场财务报告集中披露现象由来已久，平均业绩“前高后低”，亏损年报集中在 4 月下旬，“前松后紧”(李筱强，2003)、“好消息提前披露，坏消息推迟披露”(唐跃军和薛红志，2005)现象非常明显。这些现象表明我国上市企业管理层盈余公告信息的披露具有择机行为，但这种择机行为的动因和手段是什么，现有的研究还非常缺乏。本书在投资者注意力与盈余公告市场反应关系探讨的启示下，进一步从投资者认知过程角度分析管理层盈余信息择机公布的直接动因和手段。研究发现，资本市场上具有信息优势的管理层在公布盈余公告时会择机进行，为了减轻市场对于坏消息的“惩罚”力度和提高好消息的市场“奖励”力度，管理层会倾向于在投资者注意力比较低的状态下公布坏消息，而在投资者注意力比较高的状态下公布好消息，其中好消息盈余信息更倾向于提前公布。而且基于投资者注意力状态的盈余公告择机倾向还受到上市企业会计信息透明度以及管理层权力强度的影响。综合来看，本书研究结论基本验证了“投资者注意力假说”，并从季度盈余公告信息的切入点发现了投资者注意力对资本市场股价表现、交易量以及管理层信息披露行为的重要作用。

本章结构安排如下：第一节为文献基础和基本假设；第二节为实证设计，包括样本和数据来源说明、核心变量的选择、研究程序和模型设定；第三节为实证结果与分析；第四节为本章小结。

第一节　基本假设

一、投资者注意力与盈余公告效应

（一）市场回报反应

早期的心理学家从知觉选择、知觉反应、注意力能量分配等角度对人类认知问题展开研究（Broadbent，1958；Deutsch 和 Deutsch，1963；Kahneman，1973）。Lavie(1995)提出了知觉负载理论，认为人类的信息处理能力是有限的，人类会有选择地去处理信息，影响选择机制的主因在于所需处理的外界信息的多寡。如果外界的知觉信息量超过人类的信息处理能力，选择机制则会在信息处理的早期阶段就进行筛选，只有需要的信息才会被进一步处理。由于投资者在信息处理过程中具有知觉负载，投资者对资本市场新进入的信息并不能时刻进行紧密关注，不同时刻进入市场的新信息投资者会表现出注意力上的差异，这些认知差异影响了市场的股价反应。

基于投资者认知角度，投资者对市场信息具有充分注意和有限注意两种极端情况。

(1) 就投资者充分注意极端面来看，投资者充分注意会减轻市场对相关信息短期反应不足、长期滞后反应的程度。其中的机理有两种代表性观点：①“股票的供需观”。Barber 和 Odean(2008)认为，个体投资者具有有限的信息处理能力和资源，他们需要从一大堆股票中搜索出自己的股票，所以他们只会选择关注度比较高的股票，投资者注意力能够影响股票的购买，但它并不影响股票的卖出，因为卖出是对自己持有的有限只股票进行决策，并不受信息处理能力限制的约束。因此伴随着投资者注意力增加，股票购买需求增加，而股票售卖欲望并不增加，最终股价上升。但在长期，随着投资者注意力状态的下降，这种趋势会逐步减弱。②“投资者异质信念观”。Chemmanur 和 Yan(2013)基于 Miller(1977)的“投资者认知假说”提出了一种新的观点，认为更多的投资者注意力可能增加了投资者关于股票价值信念的异质性，进而导致了投资者更多的关于股票价值的意见分歧。而意见分歧又进一步加大股票的售卖约束，因为此时悲观投资者将会具有非常低的购买欲望，而只有乐观的投资者才会购买股票。这样股价更多地体现出乐观投资者的信念，最终股价会被高估。但在长期，随着投资者注意力状态的下降，这种趋势会逐步减弱。

(2) 就投资者有限注意极端面来看，投资者有限注意会加重市场对相关信息短期反应不足、长期滞后反应的程度。如 Dellavigna 和 Pollet(2009)建立一个投资者有限注意模型，研究预测投资者对于财务消息的反应程度伴随着投资者分心而下降。Kasznik 和 Kremer(2009)通过对管理层盈余预测的信息分析，以周五公告作为投资者有限注意的代理指标，发现在投资者有限注意状态下，市场对于管理层盈余预测消息会表现出短期反应不足，但随着时间延长，投资者注意力逐步提升和盈余预测消息逐步进入市场，盈余漂移的现象表现得非常明显。Loh(2010)以分析师荐股公告前三个月的平均换手率作为投资者注意力的代理指标，也同样发现了投资者有限注意加重了市场对荐股信息短期反应不足以及长期反应滞后的现象。

相邻年份的季度盈余序列存在着正相关关系(Bernard 和 Thomas，1990)，即本期盈余相对上年同期有一个意外增长(降低)的话，下一期盈余也很可能同比增长(降低)。因此，理性的投资者应当能够根据当期未预期盈余的高低，对下一期盈余的大小做出合理的估计和判断，在盈余公告发布的即时，未预期盈余中所蕴含的信息应该能够在短时间内体现到价格中去。然而，经验证据却表明，投资者无法意识到盈余序列之间的相关性，不能根据当期接收到的信息充分地修正对下一期盈余的预期，而是随着随后几期盈余的发布，才实现对信息的逐步理解，盈余公告中的信息含量才得以逐渐体现。Wu 等(2010)研究了中国台湾地区年度盈余公告中不同时间点的市场反应。虽然会计信息几乎在网络上可以不花成本地取得，但他们认为投资人仍有一项有限注意力的成本。他们的研究发现，在盈余宣告时期初始，并没有显著异常股票回报的改变，随着越来越多的年报陆续公布，投资者开始注意到众多的盈余消息，因此进场交易造成异常股票回报的增加，其注意力伴随着盈余宣告时期过后而结束。因此，本书预期投资者有限注意可能是盈余公告效应的重要成因，特提出以下假设：

H7-1：投资者注意力程度与盈余公告效应呈显著的负向关系，即盈余公告日的超额回报对盈余信息的敏感性伴随着投资者注意力程度增加而增加；盈余公告后的漂移伴随着投资者注意力程度增加而减少。

（二）交易量反应

盈余信息的市场反应通常包括市场回报和交易量两个维度。本书在对盈余公告信息市场回报进行分析的同时，补充分析市场交易量的维度。交易量是市场股价进行调整的重要基础，因此，交易量预期同市场回报一样对于不同投资者注意力状态下未预期盈余会表现出相同的趋势。Loh(2010)以分析师荐股公告前三个月的平均换手率作为投资者注意力的代理指标，研究发现当分析师公布荐股公告时，所有股票的换手率都有所增加，但相比高注意力组股票，低注意力组的增加幅度相对较低，但在荐股公告后三个月内，低注意力组的换手率增加幅度却表现出相反趋势，增加的幅度远远超出高注意力组股票的增加幅度。Peress(2009)基于样本内配对的方法，采用媒体是否报道作为投资者注意力的代理指标，发现当公布盈余公告时有媒体报道的股票会产生较强的价格和交易量效应。我国学者谭伟强(2008)预期在其他情况相同的情况下，异常交易量越小，则市场对盈余公告信息的即期反应越小。根据Dellavigna和Pollet(2009)的观点，市场中异常交易量的形成是基于“投资者认知效应”和“投资者异质信念效应”两种效应的，其中投资者认知效应表明市场中投资者对于股票的注意力程度越高，则投资者对该股票的关注人群越多，此时投资者中间的异质信念越高，进而引起该股票交易量增大，因此投资者注意力程度与市场异常交易量呈正向关系。综合以上文献，本书提出如下假设：

H7-2：在其他条件相同条件下，盈余公告日的市场交易量反应同市场投资者的注意力程度呈显著的正相关关系。即上市公司盈余公告日的异常交易量伴随着投资者注意力的增加而增加，减少而减少。

二、投资者注意力与管理层公告择机

（一）管理层盈余公告的时机偏好

如果投资者注意力状态确实会影响盈余信息的市场反应，那么下一个层次的问题必然出现：上市公司的管理层作为优势信息的拥有者，其在决定盈余披露的时机上，是否会基于对投资者注意力状态的认识而有选择性地公布盈余公告，即为了减轻市场对坏消息性质的盈余公告的“惩罚”而倾向于在投资者注意力比较低的情况下公布坏消息，而在投资者注意力比较高的情况下倾向于公布好消息以加强市场对于好消息的“奖励”呢？

最近的实证文献发现，管理层在披露企业财务信息时，确实会基于投资者认知状态而择机公布财务公告。Louis和Sun(2009)通过对美国股权并购事件的研究，发现管理层股权并购的公告具有战略择机特性，即通常会倾向于利用周五投资者分心的时候公布价值高估驱动的股权并购公告，这直接造成了并购公告日短期回报和公告后长期回报的显著负面价值效应。对于盈余预测公告，Kasznik和Kremer(2009)发现管理层更倾向于在竞争性新闻消息集中公布、投资者注意力受到限制时公布坏消息性质的盈余预测消息。而Doyle和Magilke(2009)通过样本内配对的方法，也发现了管理层具有择机公布盈余预测信息的特性。他们发现管理层更倾向于在市场关闭以后、周五以及盈余公告日公布坏消息，而在市场交易时、周一到周四及非盈余公告时倾向于公布好消息，而前者的时间区段处于投资者有限注意的时期，后者的时间区段处于投资者注意力比较高的时期。

我国资本市场盈余公告集中披露现象由来已久，平均业绩“前高后低”。李筱强(2003)通过对上市公司年报公告进行分析，发现我国亏损上市公司的年报集中在 4 月下旬，“前松后紧”非常明显。谭伟强(2008)通过对 2000—2006 年我国上市公司年报和半年报公告时机进行分析，发现我国上市公司在选择盈余信息披露时机时，更倾向于在周六公布坏消息。周六投资者分心较大，公告的盈余往往在下周一才会接受市场反应，而在此时由于还有相应的周一公告信息集中公布，因此，周六公告的信息必然受到投资者有限注意的限制。综合来看，以上这些现象都表明我国上市企业管理层盈余公告信息的披露可能存在择机偏好。因此，本书提出如下假设：

H7-3：基于投资者注意力特征，管理层盈余信息公告行为具有时机偏好，即管理层倾向于在投资者注意力比较低的时候公布坏消息，而在投资者注意力比较高的时候公布好消息。

（二）管理层盈余公告的时间偏好

管理层行为与信息披露时间选择之间的关系相当复杂，管理者并不总是如实地汇报其所拥有的信息，有可能提前披露好消息而延迟披露坏消息。例如 Feltham 和 Xie(1992)在探讨影响管理者自愿披露其私有信息的因素时发现，管理层倾向于对信息进行不同部分的披露，这是因为管理层希望能将好消息传递给资本市场而掩盖坏消息，同时希望在产品市场将坏消息传递给竞争者而保留好消息。Haw 等(2003)基于中国股票市场的实证研究，发现审计意见和未预期盈利之间存在显著的相互作用：未预期盈利为正而被出具非标准审计意见的上市公司年报披露明显晚于未预期盈利为负而被出具标准审计意见的公司。李维安等(2005)研究发现未预期盈利为正、本年度和上一年度未被出具非标准审计意见以及企业业绩好的上市公司年报披露较及时。

唐跃军和薛红志(2005)通过考察企业业绩组合、业绩差异与季报披露的时间选择之间的关系，发现上市公司管理层在信息披露的过程中可能存在组合动机与信息操作行为，一季度季报披露的时间选择可能关键取决于上年年报和一季度季报披露的“好消息”或“坏消息”带来的积极影响或消极影响的组合与权衡。

借鉴唐跃军和薛红志(2005)的组合分析思路，利用二维决策思想分析管理层盈余信息披露的时间偏好。(1) 就管理层盈余信息的时间选择来看，

Chambers 和 Penman(1984),Wen 等(2004)发现市场对提早的信息披露存在积极反应,而对迟滞的信息披露存在消极反应;(2) 就管理层盈余信息的时机选择来看,借鉴假设 7-3 的分析思路,当管理层在投资者注意力比较低的时候公布坏消息,而在投资者注意力比较高的时候公布好消息预期能够提高市场反应。因此结合图 7-1 的二维决策思维分析可见,当盈余消息是好消息时,提前公布消息能够获得市场积极反应,用"+"号表示,当在投资者注意力比较高的时候公布好消息也能够获得市场的积极反应,用"+"号表示,因此对于带有好消息性质的盈余信息公布,理性的管理层决策重点应该定位在第Ⅰ象限,其余象限的市场反应相互抵消。同理,当盈余消息是坏消息时,结合图7-2的二维决策分析思维,理性的管理层决策重点应该定位在第Ⅱ象限。综合以上分析,本书提出如下假设:

H7-4:基于投资者注意力特征,管理层盈余信息公告行为具有时间偏好,即管理层在投资者注意力比较低的时候更倾向于提前公布坏消息,而在投资者注意力比较高的时候更倾向于提前公布好消息。

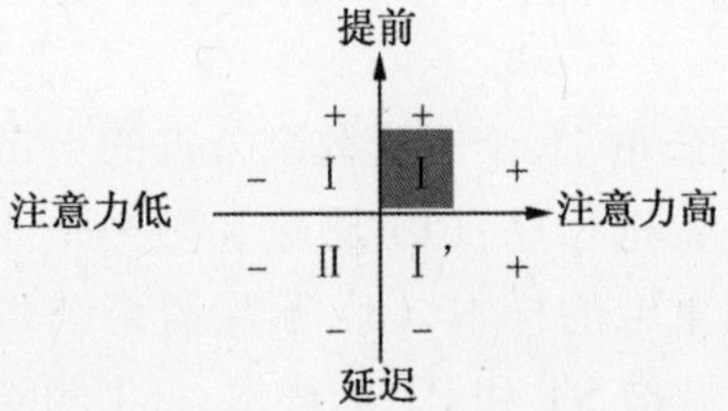

图 7-1　好消息市场反应

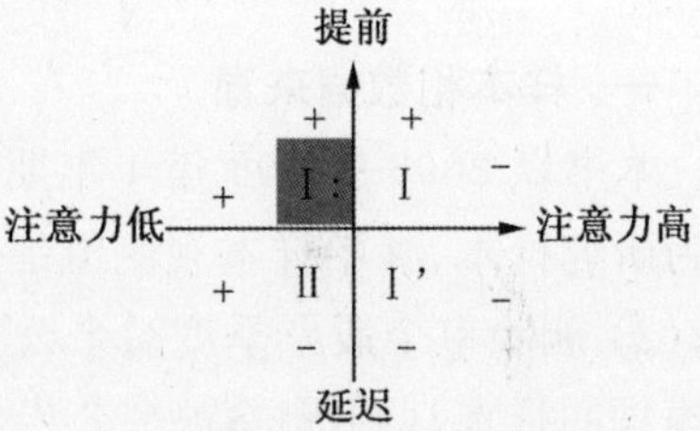

图 7-2　坏消息市场反应

表 7-1　本章的研究假设及文献依据

研究内容	研究假设	假设描述	主要文献依据
投资者注意力、盈余公告效应与管理层公告择机	假设 H7-1	投资者注意力程度与盈余公告效应呈显著的负向关系,即盈余公告日的超额回报对盈余信息的敏感性伴随着投资者注意力程度增加而增加;盈余公告后的漂移伴随着投资者注意力程度增加而减少	Dellavigna 和 Pollet(2009),Barber 和 Odean(2008),Kasznik 和 Kremer(2009),Wu 等(2010)
	假设 H7-2	在其他条件相同条件下,盈余公告日的市场交易量反应同市场投资者的注意力程度呈显著的正相关关系,即上市公司盈余公告日的异常交易量伴随着投资者注意力的增加而增加,减少而减少	Loh(2010),Peress(2009),Dellavigna 和 Pollet(2009)

续表

研究内容	研究假设	假设描述	主要文献依据
投资者注意力、盈余公告效应与管理层公告择机	假设 H7-3	基于投资者注意力特征，管理层盈余信息公告行为具有时机偏好，即管理层倾向于在投资者注意力比较低的时候公布坏消息，而在投资者注意力比较高的时候公布好消息	Louis 和 Sun(2009)，Kasznik 和 Kremer(2009)，Doyle 和 Magilke(2009)
	假设 H7-4	基于投资者注意力特征，管理层盈余信息公告行为具有时间偏好，即管理层在投资者注意力比较低的时候更倾向于提前公布坏消息，而在投资者注意力比较高的时候更倾向于提前公布好消息	Feltham 和 Xie(1992)，Haw 等(2003)，唐跃军和薛红志(2005)，Wen 等(2004)

第二节　实证设计

一、样本和数据来源

本书以 2005—2008 年 4 年期间连续公布 16 个季度盈余公告的上市公司为研究样本，其中样本观测值经过以下筛选程序：(1) 删除金融类企业样本；(2) 删除单个股票季度盈余公告日期重合的样本；(3) 删除盈余公告日期模糊的样本；(4) 删除盈余公告年份股票被 ST 和 PT 的样本；(5) 删除缺乏相应财务变量数据的观测值。最终得到的有效样本为 13 101 个观测值。并且在研究盈余公告择机时，由于引入管理层权力数据，通过进一步删除管理层权力数据缺失的样本观测值，最终研究的有效样本确定为11 596个观测值，样本具体分布见表 7-2。连续的季度盈余公告相关数据来源于 CSMAR 数据库，盈余公告预约披露时间来自港澳资讯数据库，财务数据来源于 WIND 数据库，管理层权力数据来源于新浪财经和企业年报手工收集。

表 7-2　样本分布表

Panel A：盈余公告年度样本分布：

	2005	2006	2007	2008	合计
公告数	3 532	3 290	3 526	2 753	13 101
百分比(%)	26.96	25.11	26.91	21.01	100

续表

Panel B：盈余公告季度样本分布：

	1季度	2季度	3季度	4季度	合计
公告数	3 093	3 858	3 836	2 314	13 101
百分比(%)	23.61	29.45	29.28	17.66	100

Panel C：盈余公告周历样本分布：

	周一	周二	周三	周四	周五	周六	合计
公告数	1 260	2 806	2 122	1 953	2 422	2 538	13 101
百分比(%)	9.62	21.42	16.20	14.91	18.49	19.37	100

二、研究变量

(一) 累计超额收益

关于累计超额收益本书应用市场均值调整法进行计算。

在市场调整法下，累计超常收益等于某只股票在某个时期的实际收益率R_{it}减去相应时期的市场组合的实际报酬率R_{mt}。该模型假定公司间的事前预期收益是相等的，计算公式为：

$$AR_{it}=R_{it}-R_{mt} \tag{7-1}$$

其中，R_{mt}表示市场组合在t日的收益率。股票i在时间$[T1,T2]$的累计超常收益可表示为：

$$CAR_{i,[T1,T2]}=\sum_{t=T1}^{T2}AR_{i,t} \tag{7-2}$$

(二) 异常的交易量

$$ABVOLUME_{i,[T1,T2]}=\sum_{t=T1}^{T2}\log(V_{i,t})/(T2-T1+1)-\sum_{t=-20}^{-11}\log(V_{i,t})/10 \tag{7-3}$$

其中，$ABVOLUME_{i,[T1,T2]}$表示股票i窗口期$[T1,T2]$的异常交易量，用窗口期相对于基准期[－20,－11]平均交易量的增长率表示；$\log(V_{i,t})$表示股票i在交易日t的日交易金额的自然对数。

(三) 未预期盈余

本书采用随机游走模型来估计未预期盈余，根据随机游走模型，本期预计每股收益$E(EPS_{i,t})$等于上期的每股收益$(EPS_{i,t-1})$。因此未预期盈余SUE可以表示为：

$$SUE_{i,t}=(EPS_{i,t}-EPS_{i,t-1})/P_{-1} \tag{7-4}$$

其中，P_{-1}是盈余公告前一天该股票的收盘价。

（四）投资者注意力

本书用两个指标测度投资者注意力程度 *RIA*。

1. 换手率（*TURN*）

在金融市场，换手率能够有效地衡量投资者注意力程度。一方面，当投资者对股票不进行注意时他们不会积极地交易股票；另一方面，当投资者对股票进行充分注意时，过度自信等行为偏差往往会扩大投资者之间对于公司基础价值的异质信念，因此进一步加大了股票的换手率。借鉴 Loh(2010)，Chemmanur 和 Yan(2013)的文献，利用事件日前 63 个交易日的平均换手率作为代理指标。该指标从金融资产的交易特性方面测度了投资者注意力程度。换手率越高，投资者注意力程度越高。为了消除异常值以及考虑时间趋势的影响，本书利用同一季度换手率的十分位数作为第一个投资者注意力指标 *RTURN*。

2. 媒体报道数（*MR*）

现实经济生活中，各种大众媒体成为投资者获取市场信息的重要渠道，其对股票的注意力程度很容易受到新闻媒体的影响，特别是在当今的“信息化时代”，互联网成为广大股民最主要的信息渠道，吸引着千万投资者的眼球。因此，本书在换手率以外，借鉴 Peress (2008)，饶育蕾等(2010)的文献，利用管理层交易日前 63 个交易日的媒体报道数量 *MR* 来构建投资者注意力程度指标。同样为了消除异常值以及考虑时间趋势的影响，本书利用同一季度媒体报道的十分位数作为第二个投资者注意力指标 *RMR*。

三、模型设定

(1) 为检验假说 H7-1，我们设定如下市场回报模型。

$$CAR_{it} / BHAR_{it} = a_0 + a_1 RSUE_{it} + a_2 RIA_{it} + a_3 (RSUE_{it} \times RIA_{it}) + \sum_{i=1}^{n} b_{it} CV_{it} + \varepsilon_{it} \quad (7\text{-}5)$$

其中，*CAR/BHAR*：累计超常收益。本书计算了 2 天窗口的（*CAR*[0,1]/*BHAR*[0,1]）以及公告后 30 天（*CAR*[2,30]/*BHAR*[2,30]）窗口的累计超常收益，以分别衡量盈余公告的即期反应和公告后的滞后市场反应，即盈余后价格漂移程度。研究预期在 *CAR*[0,1]/*BHAR*[0,1]下，a_3 预期显著为正，而在 *CAR*[2,30]/*BHAR*[2,30]模型下，a_3 预期显著为负。

RSUE：未预期盈余。为消除极端值的影响，我们对标准化后的未预期盈余进行排序并分成十等份。未预期盈余的等级属越高，表明消息的属性越好，其中 *RSUE*10 代表未预期盈余的第十分位组，表明极端的好消息组；*RSUE*1 代表未预期盈余的第一分位组，表明极端的坏消息组。

RIA:投资者注意力十分位数。我们按投资者注意力 *IA* 的大小进行排序并分成十等份。投资者注意力的等级属越高,表明投资者注意力程度越高,其中 *RIA*10 代表投资者注意力的第十分位组,表明极端的投资者充分注意组;*RIA*1 代表投资者注意力的第一分位组,表明极端的投资者有限注意组。

CV:其他控制变量。借鉴 You 和 Zhang(2009),于李胜和王艳艳等(2010)的文献,具体包括如下变量:*LOSS*:企业收益状况,虚拟变量,采用前一年上市企业是否处于财务亏损状态衡量;*LNSIZE*:企业的规模,采用前一年年末总资产的自然对数衡量;*IO*:机构投资者持股比例,采用前一年年末机构持股比例衡量;*BM*: 账面市值比,按上市公司上年末的所有者权益账面价值与总市值的比值计算得到;*DIFF*:盈余公告日期与会计日期截止日的间隔天数;*RDA*:会计信息的不透明度,按修正的 *Jones* 模型估算的操纵性盈余的十分位数得到;行业、年份和季度的虚拟变量。

(2) 为检验假说 H7-2,我们设定如下市场交易量回归模型:

$$ABVOLUME_{it} = a_0 + a_1 RIA_{it} + a_2 RSUE_{it} + \sum_{i=1}^{n} b_{it} CV_{it} + \varepsilon_{it} \quad (7\text{-}6)$$

其中,*ABVOLUME*:异常交易量,本书计算了 2 天窗口的异常交易量(*ABVOLUME*[0,1])以及 3 天窗口的异常交易量(*ABVOLUME*[−1,1]),以衡量盈余公告的即期反应在交易量上的表现。

RIA:投资者注意力的十分位数。

RSUE:未预期盈余的十分位数。

CV:其他控制变量,同模型(7-5)的控制变量一致。

a_1 预期显著为正。

(3) 为检验假说 H7-3,我们设定如下 logit 模型:

$$NEWS_{it} = a_0 + a_1 RIA_{it} + \sum_{i=1}^{n} b_{it} CV_{it} + \sum_{i=1}^{n} c_{it} (RIA_{it} \times CV_{it}) + \varepsilon_{it} \quad (7\text{-}7)$$

其中,*NEWS*:盈余消息属性。当未预期盈余为正时,表明盈余消息是好消息,用 *goodnews* 虚拟变量表示;当未预期盈余符号为负时,表明盈余消息是坏消息,用 *badnews* 虚拟变量表示。

RIA:投资者注意力十分位数。

CV:其他控制变量,而交乘项 *RIA*×*CV* 主要考察管理层盈余公告择机偏好的影响因素。其中 *CV* 控制变量参考 Kasznik 和 Kremer(2009),权小锋等(2010)的研究,在模型(7-5)控制变量基础上添加两个管理层权力变量:

① *DUAL*,*CEO* 两职合一虚拟变量;② 金字塔控制链条深度 *DEPTH*。研究预期管理层权力越大,管理层盈余公告信息择机披露的主观能力越强,因此,管理层盈余公告择机披露的倾向也越强。

(4) 为检验假说 H7-4,我们设定如下模型:

$$TIMING_{it} = a_0 + a_1 RIA_{it} + a_2 CAR[-30,-1]_{it} + a_3 RIA_{it} \times CAR[-30,-1]_{it} + \sum_{i=1}^{n} b_{it} CV_{it} + \sum_{i=1}^{n} c_{it}(RIA_{it} \times CV_{it}) + \varepsilon_{it} \tag{7-8}$$

其中,*TIMING*:盈余信息披露的时间特征,用 *TIMING*1 和 *TIMING*2 表示,其中 *TIMING*1 表示本季度盈余公告日期与上年同期季度公告日期的间隔天数;*TIMING*2 表示本季度盈余公告预约披露日期与上年同期季度公告日期的间隔天数。这两个指标的数值越大,表明本季度盈余公告信息披露越滞后;数值越小,表明本季度盈余公告信息披露越提前。

RIA:投资者注意力十分位数。

根据杨德明和林斌(2009)的文献,盈余公告信息的提前泄露程度会显著影响市场中盈余惯性程度,那么信息提前泄露程度是否会影响投资者注意力进而影响管理层公告的时间选择呢?这一传导机制是否成立?本书对信息泄露程度的影响进行控制,借鉴其文献,用公告前 30 天的市场反应 *CAR*[−30,−1]测度信息的泄露程度,如果控制信息泄露程度以后,投资者注意力 *RIA* 的回归系数 a_1 仍然显著,则表明投资者注意力确实会对管理层公告时间选择产生显著影响。另外本书用交乘项 *RIA*×*CAR*[−30,−1]来检验信息泄露程度是否通过影响投资者注意力的间接机制进而影响公告的时间选择,该交乘项系数 a_6 实证检验显著,则表明市场中盈余信息的提前泄露确实会通过影响投资者注意力状态,进而影响管理层盈余公告的时间选择,如不显著,则表明这一传导机制并不成立。

CV:其他控制变量,而交乘项 *RIA*×*CV* 主要考察管理层盈余公告披露时间偏好的影响因素。

第三节 实证结果与分析

一、单变量分析

(一) 市场回报反应

图 7-3 到图 7-6 提供了市场对盈余公告信息反应的直观证据。图 7-3 和图 7-5 是分别应用换手率和媒体报道数测度的投资者注意力指标下市场对盈余消息的即期反应 *CAR*[0,1],图 7-4 和图 7-6 是分别应用换手率和媒体报道数测度的投资者注意力指标下市场对盈余消息的延期反应 *CAR*[2,30],未预

期盈余的十分位刻度越高，表明盈余信息的属性越好。依据投资者注意力十分位排列，投资者充分注意组是取极端的第十分位组。投资者有限注意组是取极端的第一分位组。由图中结果直观可见，在盈余信息属性越好的情况下(未预期盈余等级越高)，市场投资者充分注意组的市场即期反应显著高于投资者有限注意组，但投资者充分注意组的市场延期反应显著低于投资者有限注意组。这初步验证了假设 H7-1。

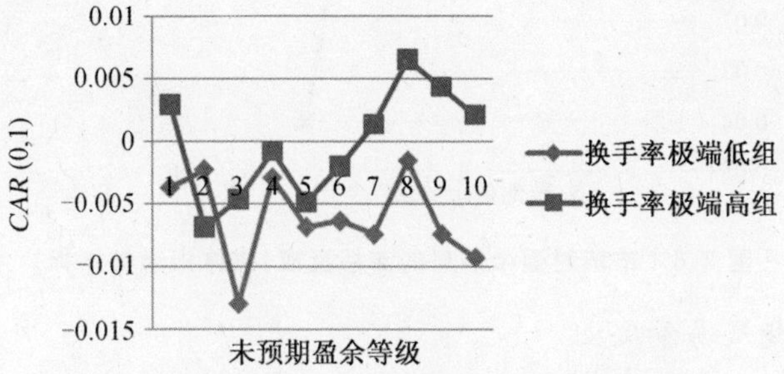

图 7-3　市场对盈余消息的即期反应(换手率指标)

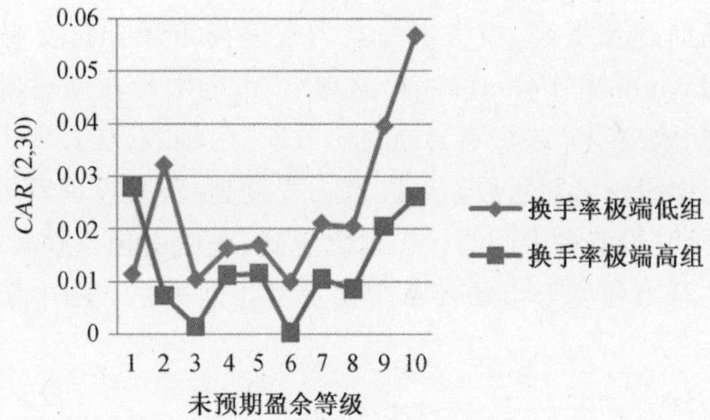

图 7-4　市场对盈余消息的滞后反应(换手率指标)

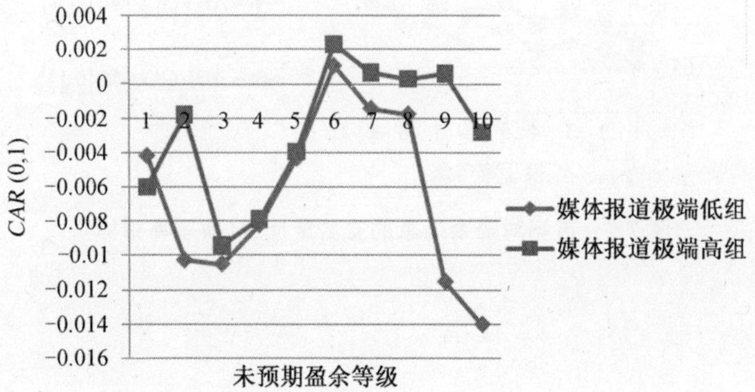

图 7-5　市场对盈余消息的即期反应(媒体报道数指标)

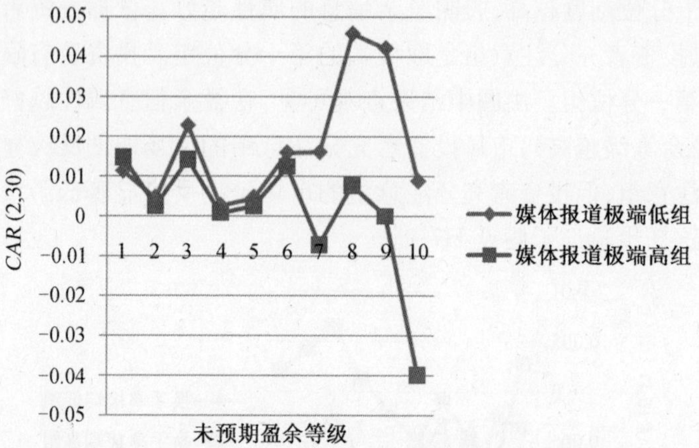

图 7-6　市场对盈余消息的滞后反应(媒体报道数指标)

(二) 市场交易量反应

图 7-7 和图 7-8 直观刻画了市场对于盈余信息的交易量反应。研究发现,随着投资者注意力的提高,盈余公告日平均市场异常交易量随着投资者注意力的提高而逐步提高,投资者注意力程度与市场异常交易量呈正向关系。根据 Dellavigna 和 Pollet(2009)的观点,市场中异常交易量的形成是基于“投资者认知效应”和“投资者异质信念效应”两种效应的,其中投资者认知效应表明市场中投资者对于股票的注意力程度越高,则投资者中对该股票的关注者越多,此时投资者中间的异质信念越高,进而引起该股票交易量增大,因此投资者注意力程度与市场异常交易量呈正向关系。图中结果初步验证了假设 H7-2。

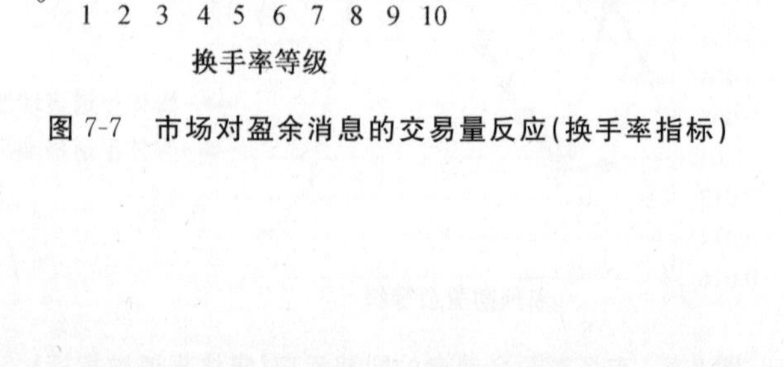

图 7-7　市场对盈余消息的交易量反应(换手率指标)

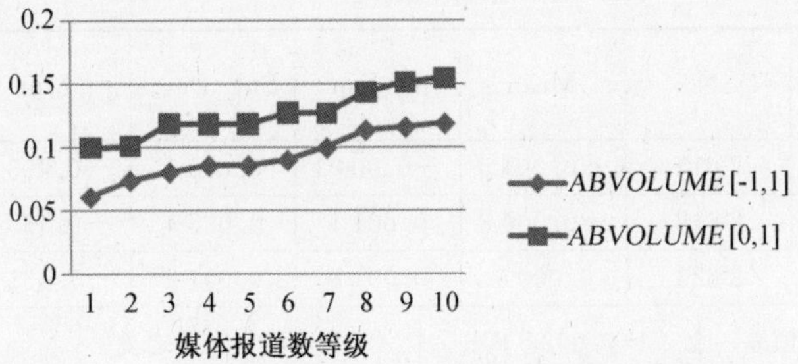

图 7-8　市场对盈余消息的交易量反应(媒体报道数指标)

（三）管理层择机特征分析

以上分析表明我国投资者在其注意力状态较低的情况下确实会对一定的盈余公告信息(特别是坏消息)有所忽略，那么，我国上市公司管理层在决定盈余公告披露的时机上，是否会考虑到这些因素呢？表 7-3 是依据投资者注意力指标的五分位组划分所得来的不同投资者注意力组别的未预期盈余的描述性统计。由结果可见，随着投资者注意力程度的提高，未预期盈余的均值和中位数逐步变大，而且极端组的均值差通过了参数检验，而中位数之差也通过了非参数检验。表明随着投资者注意力的提高，管理层会公布更高程度的好消息，随着投资者注意力程度的降低，管理层会公布更高程度的坏消息，管理层盈余公告具有择机特性。初步验证了假设 H7-3。

表 7-3　不同注意力程度下未预期盈余 *SUE* 的描述统计

换手率五分组	N	Mean	median	Std. Dev.	Min	Max
1	2 621	－0.004 3	0.000 2	0.033 6	－0.435 8	0.521 0
2	2 620	－0.002 9	0.000 5	0.050 1	－1.131 1	1.044 1
3	2 620	－0.001 1	0.000 9	0.042 1	－0.751 7	0.473 5
4	2 620	0.001 0	0.001 0	0.036 0	－0.746 0	0.687 4
5	2 620	0.001 5	0.000 9	0.023 2	－0.335 5	0.427 2
(1)－(5)均值差 P 值	－0.005 8*** (0.000)		(1)－(5)中位数之差 P 值		－0.000 7*** (0.000)	
媒体报道数五分组	N	Mean	median	Std. Dev.	Min	Max
1	2 627	－0.001 5	－0.000 7	0.026 9	－0.180 6	0.687 4
2	2 618	－0.003 0	－0.000 4	0.037 9	－0.751 7	0.521 0

续表

媒体报道数五分组	N	Mean	median	Std. Dev.	Min	Max
3	2 615	−0.001 5	−0.000 1	0.035 1	−0.495 2	0.473 5
4	2 618	−0.000 8	0.001 1	0.035 4	−0.435 8	0.322 4
5	2 623	0.000 9	0.001 8	0.051 2	−1.131 1	1.044 1
(1)−(5)均值差 P值	−0.002 5*** (0.000)		(1)−(5)中位数之差 P值		−0.002 5*** (0.000)	

注：***、** 和 * 分别表示 0.01、0.05 和 0.10 的显著性水平。

二、多元回归分析

（一）投资者注意力与市场回报反应

表 7-4 是盈余公告信息的市场回报的多元化回归分析结果。其中栏目 1 和栏目 2 的因变量是市场对于盈余公告信息的即期反应 *CAR*[0,1]，栏目 3 和栏目 4 的因变量是盈余公告之后 30 天的市场反应 *CAR*[2,30]。从回归结果可见，在盈余公告日 2 天的窗口内，市场均值模型估算的超额回报 *CAR*[0,1]对于未预期盈余 *RSUE* 的回归系数显著为正，而盈余公告后 30 天的窗口内，市场滞后反应 *CAR*[2,30]对未预期盈余 *RSUE* 的回归系数也显著为正，表明我国资本市场存在盈余公告效应。而投资者注意力指标不论是应用换手率指标还是应用媒体报道数指标，市场即期反应 *CAR*[0,1]对于未预期盈余与投资者注意力交乘项 *RSUE*×*RIA* 的回归系数都显著为正，表明盈余公告日超额回报对于未预期盈余之间的敏感性随着投资者注意力的提高而提高；市场滞后反应 *CAR*[2,30]对于未预期盈余与投资者注意力交乘项 *RSUE*×*RIA* 的回归系数都显著为负，表明盈余公告后价格漂移对于未预期盈余之间的敏感性随着投资者注意力的提高而减少。综合回归结果来看，投资者注意力确实负向影响了市场中的盈余公告效应。实证结果支持了假设 H7-1。

表 7-4　盈余公告的市场回报回归结果

因变量	*CAR*[0,1]	*CAR*[0,1]	*CAR*[2,30]	*CAR*[2,30]
	栏目 1	栏目 2	栏目 3	栏目 4
常数项	−0.030 3** (−2.430)	−0.037 4*** (−3.201)	0.029 6 (0.792)	0.021 2 (0.605)
RSUE	**0.001 5***** **(4.453)**	**0.001 3***** **(3.658)**	**0.000 2*** **(1.872)**	**0.000 3*** **(1.783)**

续表

因变量	CAR[0,1]	CAR[0,1]	CAR[2,30]	CAR[2,30]
	栏目 1	栏目 2	栏目 3	栏目 4
RTURN	0.000 3 (0.965)		0.001 9* (1.797)	
RMR		0.000 3 (0.739)		−0.000 5 (−0.512)
RSUE × RTURN	**0.000 1**** **(1.981)**		**−0.000 3*** **(−1.696)**	
RSUE × RMR		**0.000 1**** **(2.149)**		**−0.000 2**** **(−2.002)**
LOSS	−0.000 1 (−0.041)	−0.000 1 (−0.055)	0.018 6*** (3.337)	0.019 6*** (3.508)
LNSIZE	0.000 9* (1.713)	0.001 3** (2.346)	0.000 3 (0.158)	0.001 4 (0.842)
BM	−0.000 9 (−0.412)	−0.001 2 (−0.554)	0.015 5** (2.377)	0.012 6* (1.927)
IO	0.004 3 (0.735)	0.006 6 (1.152)	−0.056 5*** (−3.182)	−0.056 6*** (−3.287)
RDA	−0.000 1 (−0.506)	−0.000 1 (−0.461)	−0.000 5 (−1.063)	−0.000 5 (−0.940)
DIFF	−0.000 1*** (−2.773)	−0.000 1*** (−2.707)	−0.000 0 (−0.673)	−0.000 0 (−0.669)
行业,年份,季度	控制	控制	控制	控制
N	13 101	13 101	13 101	13 101
adj. R^2	0.054 5	0.054 5	0.065 4	0.055 1

注：***、**和*分别表示 0.01、0.05 和 0.10 的显著性水平,括号内数字为 t 值(下同)。

(二) 投资者注意力与市场交易量反应

表 7-5 是盈余公告日市场交易量反应的回归分析结果。表 7-4 是市场股价对盈余消息的反应,而表 7-5 是市场交易量对盈余消息的反应,从结果可见,不管是换手率指标 *RTURN* 还是媒体报道数指标 *RMR* 的回归系数都显著为正,表明市场中异常交易量与投资者注意力呈显著的正向关系,投资者注意力程度越高,则市场中投资者的异质信念越高,因此异常交易量越高。

结合表 7-4 的结果，从价量两方面证实了投资者注意力状态确实会显著影响投资者的市场反应。假设 H7-2 得证。

表 7-5 盈余公告的异常交易量回归结果

因变量	*ABVOLUME*[0,1]		*ABVOLUME*[−1,1]	
	栏目 1	栏目 2	栏目 3	栏目 4
常数项	0.509 2*** (2.952)	0.218 6 (1.352)	0.443 1*** (2.729)	0.228 5 (1.502)
RTURN	**0.009 2*** (3.609)**		**0.007 0*** (2.910)**	
RMR		**0.002 6** (2.100)**		**0.001 6*** (2.706)**
RSUE	0.014 5*** (6.459)	0.014 9*** (6.631)	0.013 9*** (6.595)	0.014 2*** (6.715)
LOSS	−0.039 7 (−1.526)	−0.041 0 (−1.574)	−0.023 8 (−0.975)	−0.025 1 (−1.024)
LNSIZE	−0.008 0 (−1.063)	0.003 0 (0.402)	−0.005 2 (−0.732)	0.002 8 (0.393)
BM	0.066 1** (2.182)	0.061 7** (2.019)	0.062 4** (2.186)	0.059 7** (2.075)
IO	0.399 0*** (4.819)	0.478 8*** (5.959)	0.341 3*** (4.379)	0.401 0*** (5.304)
RDA	0.000 3 (0.135)	0.000 2 (0.068)	0.000 5 (0.250)	0.000 4 (0.193)
DIFF	0.000 4 (1.257)	0.000 4 (1.220)	0.000 5 (1.577)	0.000 5 (1.552)
行业，年份，季度	控制	控制	控制	控制
N	13 101	13 101	13 101	13 101
adj. R^2	0.182 8	0.176 6	0.183 9	0.179 7

（三）投资者注意力与管理层盈余公告时机偏好

表 7-6 是管理层盈余公告时机偏好的 logit 回归结果。其中栏目 1、栏目 2 的回归因变量是以负向未预期盈余代表的坏消息虚拟变量 *badnews*，而栏目 3 和栏目 4 的回归因变量是以正向未预期盈余代表的好消息虚拟变量 *goodnews*。从结果可见，当因变量是坏消息时，投资者注意力指标 *RTURN*

和*RMR*的回归系数显著为负，而当因变量是好消息时，*RTURN*和*RMR*的回归系数显著为正，表明管理层盈余信息公告行为具有时机偏好，即管理层倾向在投资者注意力比较低的时候公布坏消息，而在投资者注意力比较高的时候公布好消息，假设H7-3得到证实。而投资者注意力与会计信息的不透明性*RDA*、管理层权力指标*DUAL*和*DEPTH*的交乘项回归系数在栏目1和栏目2的回归结果中基本为负且显著，而在栏目3和栏目4的回归结果基本为正且显著，表明企业会计信息的不透明度、管理层权力确实会对管理层盈余公告择机倾向产生显著影响。当企业会计信息的不透明度较高，管理层盈余公告择机的客观条件越便利时，管理层盈余公告择机倾向越强；当管理层权力越大，管理层盈余公告择机主观能力越大时，管理层盈余公告择机倾向越强。

表7-6　管理层盈余公告时机偏好的logit回归结果

因变量	因变量：*badnews*		因变量：*goodnews*	
	栏目1	栏目2	栏目3	栏目4
常数项	1.061** (2.438)	0.573 (1.340)	−1.880*** (−4.321)	−1.336*** (−3.124)
RTURN	**−0.061*** (−8.792)**		**0.069*** (9.919)**	
RMR		**−0.191*** (−3.776)**		**0.326*** (6.580)**
LOSS	0.205*** (2.592)	0.203*** (2.580)	−0.120 (−1.531)	−0.124 (−1.582)
IO	−1.305*** (−5.213)	−1.298*** (−5.191)	1.497*** (5.978)	1.425*** (5.710)
LNSIZE	−0.065*** (−3.230)	−0.059*** (−2.945)	0.097*** (4.853)	0.091*** (4.543)
BM	0.228*** (3.089)	0.222*** (3.014)	−0.263*** (−3.578)	−0.254*** (−3.453)
DIFF	−0.003*** (−3.714)	−0.003*** (−3.791)	0.002*** (2.996)	0.002*** (3.049)
RDA	0.075*** (10.938)	0.074*** (10.921)	−0.072*** (−10.606)	−0.072*** (−10.603)
DUAL	0.040 (0.640)	0.040 (0.648)	−0.030 (−0.462)	[illegible] (−0.477)

续表

因变量	因变量：*badnews*		因变量：*goodnews*	
	栏目 1	栏目 2	栏目 3	栏目 4
DEPTH	−0.002 (−0.077)	−0.003 (−0.123)	0.005 (0.221)	0.004 (0.185)
RTURN×RDA	**−0.003**** **(−2.145)**		**0.002** **(1.052)**	
RMR×RDA		**−0.001**** **(−2.212)**		**0.004**** **(2.637)**
RTURN×DUAL	**−0.009** **(−1.424)**		**0.003**** **(2.164)**	
RMR×DUAL		**−0.013***** **(−3.124)**		**0.003***** **(2.964)**
RTURN×DEPTH	**−0.009** **(−1.156)**		**0.012*** **(1.732)**	
RMR×DEPTH		**−0.004*** **(−1.756)**		**0.009**** **(2.257)**
行业,年份,季度	控制	控制	控制	控制
N	11 596	11 596	11 596	11 596
Wald *chi2*	270.34	250.86	301.60	280.74
Pseudo *R2*	0.017 7	0.016 3	0.019 7	0.018 2

（四）投资者注意力与管理层盈余公告时间偏好

表 7-7 是管理层盈余公告信息披露时间偏好的回归结果。由表中结果可见,在全样本中,投资者注意力指标的回归系数显著为负,表明投资者注意力程度越高,则管理层盈余公告的时间越及时,而投资者对股票的注意力越低,则管理层盈余公告越滞后。而经过分组测试以后发现,这种效应主要在好消息组中存在,而在坏消息组则不存在。因此综合来看,管理层仅对好消息性质的盈余信息披露具有时间偏好,更倾向于在投资者注意力比较高的时候提前公布好消息,而对于坏消息性质的盈余信息披露并不具有时间偏好。交乘项 *RIA*×*CAR*[−30,−1]的回归系数并不显著,表明市场中信息的提前泄露程度并没有通过影响投资者注意力状态的间接机制影响管理层公告的时间偏好。从其余交乘项系数来看,会计信息的不透明度、管理层权力与投资者注意力的交乘项 *RIA*×*RDA*,*RIA*×*DUAL* 的回归系数均不显著,表明这些因素并没有影响上市企业管理层盈余信息披露的时间偏好。

表 7-7　管理层盈余公告披露时间偏好的回归结果

解释变量	因变量：*TIMING*1					
	全样本	好消息	坏消息	全样本	好消息	坏消息
	栏目 1	栏目 2	栏目 3	栏目 4	栏目 5	栏目 6
常数项	−20.611*** (−6.361)	−23.313*** (−5.059)	−16.186*** (−3.546)	−23.465*** (−7.741)	−24.996*** (−5.882)	−18.563*** (−4.331)
RTURN	**−0.187**** **(−2.271)**	**−0.049**** **(2.239)**	**0.403** **(1.092)**			
RMR				**−0.035**** **(−2.237)**	**−0.171*** **(−1.843)**	**0.266** **(1.275)**
CAR[−30,−1]	−4.165** (−2.462)	−3.836* (−1.676)	−1.644 (−0.654)	−2.323 (−1.402)	−3.124 (−1.327)	−0.096 (−0.041)
***RTURN×CAR*[−30,−1]**	**0.042** **(0.166)**	**−0.161** **(−0.463)**	**0.181** **(0.484)**			
***RMR×CAR*[−30,−1]**				**−0.261** **(−1.042)**	**−0.245** **(−0.714)**	**−0.102** **(−0.274)**
RTURN×RDA	**0.004** **(0.268)**	**0.007** **(0.381)**	**−0.007** **(−0.368)**			
RMR×RDA				**−0.013** **(−0.949)**	**−0.000** **(−0.007)**	**−0.035*** **(−1.766)**
RTURN×DUAL	**0.069** **(0.539)**	**0.020** **(0.109)**	**0.119** **(0.671)**			
RMR×DUAL				**−0.167** **(−1.305)**	**−0.309** **(−1.213)**	**0.056** **(0.311)**
RTURN×DEPTH	**0.056** **(1.170)**	**−0.045** **(−0.668)**	**0.169** **(1.457)**			
RMR×DEPTH				**0.002** **(0.037)**	**0.036** **(0.542)**	**0.003** **(0.039)**
行业，年份，季度	控制	控制	控制	控制	控制	控制
N	11 570	6 566	4 766	11 570	6 566	4 766
adj. R^2	0.213 4	0.221 6	0.188 2	0.212 2	0.235 4	0.170 2

注：为节省篇幅，其余控制变量的回归结果并没有进行报告。

三、稳健性测试

（一）改变累计超额回报的计算方法

为验证本书的结果是否会受到超额收益计算方法的影响，本书同时应用了买卖持有期收益模型来计算累计超额收益。

$$BHAR_{i,[T1,T2]}=\left[\prod_{t=T1}^{t=T2}(1+R_{it})\right]-1-\hat{\beta}\left[\prod_{t=T1}^{t=T2}(1+R_{mt})-1\right] \quad (7\text{-}6)$$

其中，$\hat{\beta}$是由上一季度的市场模型估计得来。

BHAR 表示股票 i 在持有期的买卖超额收益。回归结果见表 7-8。从回归结果可见，回归结果基本不变，验证了假设 H7-1 的稳健性。

表 7-8　盈余公告的市场回报回归结果

因变量	*BHAR*[0,1]	*BHAR*[0,1]	*BHAR*[2,30]	*BHAR*[2,30]
	栏目 1	栏目 2	栏目 3	栏目 4
常数项	−0.024 5* (−1.921)	−0.030 3** (−2.528)	0.083 5* (1.814)	0.088 4** (2.046)
RSUE	**0.001 4***** **(4.040)**	**0.001 2***** **(3.275)**	**0.000 0**** **(2.003)**	**0.000 9** **(1.649)**
RTURN	0.000 3 (0.836)		0.001 1 (0.849)	
RMR		0.000 4 (1.055)		0.001 6 (1.253)
RSUE* × *RTURN	**0.000 1*** **(1.867)**		**−0.000 3*** **(−1.893)**	
RSUE* × *RMR		**0.000 1** **(1.087)**		**−0.000 1**** **(−2.051)**
LOSS	0.000 7 (0.352)	0.000 6 (0.295)	0.030 9*** (4.503)	0.030 3*** (4.404)
LNSIZE	0.000 7 (1.257)	0.000 9* (1.674)	−0.000 8 (−0.417)	−0.001 2 (−0.624)
BM	−0.001 6 (−0.716)	−0.001 7 (−0.755)	0.015 1* (1.879)	0.016 1** (1.995)
IO	0.004 2 (0.703)	0.006 4 (1.088)	−0.053 9** (−2.461)	−0.051 8** (−2.442)
RDA	−0.000 1 (−0.489)	−0.000 1 (−0.462)	−0.000 8 (−1.277)	−0.000 8 (−1.268)
DIFF	−0.000 1** (−2.330)	−0.000 1** (−2.250)	0.000 0 (0.249)	0.000 0 (0.341)
行业，年份，季度	控制	控制	控制	控制
N	13 101	13 101	13 101	13 101
adj. R^2	0.044 5	0.044 8	0.062 7	0.064 2

（二）替换投资者注意力测度指标

本书的核心指标是投资者注意力指标，为了验证研究结论的可靠性，本书借鉴 Kasznik 和 Kremer(2009)及谭伟强(2008)的方法，将盈余公告在周六 *SARTURDAY* 作为投资者有限注意的代理指标。因为在周六公告的信息，由于以下原因，更不会受到投资者注意：① 周六股市处于闭盘阶段，投资者自然注意力较低；② 周六处于周末假期，会造成投资者分心；③ 周六的盈余公告信息又由于同周一盈余信息的竞争性公布而引起投资者注意力的限制(于李胜和王艳艳，2010)。因此本书重新应用周六公告虚拟变量作为投资者有限注意的代理变量，对表 7-4 到表 7-7 的结果重新进行了检验。其中市场回报反应的检验结果见表 7-9，在盈余公告的 3 天窗口内，市场即时回报 *CAR*[−1,1]和 *BHAR*[−1,1]，对投资者有限注意与未预期盈余的交乘项 *RSUE*×*SARTURDAY* 的回归系数显著为负，表明投资者有限注意加重了市场的即期反应不足；在盈余公告后的 30 天窗口内，市场滞后回报 *CAR*[2,30]和 *BHAR*[2,30]，对投资者有限注意与未预期盈余的交乘项 *RSUE*×*SARTURDAY* 的回归系数显著为正，表明投资者有限注意加重了盈余公告后价格的飘移程度。这再次证实了假设 H7-1 的结论。而利用周六作为投资者有限注意的代理指标，在对管理层公告时机偏好的假设 H7-3 重新检验中(为节省篇幅，结果省略)，也发现管理层倾向于在投资者注意比较低的时候公布坏消息，而在投资者注意比较高的时候公布好消息的择机偏好特征。其他假设的检验中，研究结论也基本不变。

表 7-9 基于周历投资者注意力指标的盈余公告市场反应回归结果

因变量	*CAR*[−1,1]	*BHAR*[−1,1]	*CAR*[2,30]	*BHAR*[2,30]
	栏目 1	栏目 2	栏目 3	栏目 4
常数项	−0.057 2*** (−4.508)	−0.030 9*** (−2.762)	0.048 5 (1.458)	0.079 4** (1.962)
RSUE	0.002 4*** (11.718)	0.000 9*** (5.071)	0.001 4*** (2.754)	0.001 6** (2.475)
SARTURDAY	0.007 7*** (2.813)	0.005 3** (2.214)	−0.001 8 (−0.248)	−0.000 9 (−0.093)
RSUE*×*SARTURDAY	**−0.001 0** (−2.198)**	**−0.000 3*** (−2.777)**	**0.000 2** (2.147)**	**0.000 3** (2.183)**
LOSS	0.000 6 (0.293)	0.000 4 (0.229)	0.018 8*** (3.192)	0.030 9*** (4.009)

续表

因变量	CAR[−1,1]	BHAR[−1,1]	CAR[2,30]	BHAR[2,30]
	栏目 1	栏目 2	栏目 3	栏目 4
LNSIZE	0.002 0*** (3.433)	0.001 0* (1.958)	−0.000 1 (−0.048)	−0.000 4 (−0.207)
BM	0.000 7 (0.302)	−0.002 0 (−0.958)	0.015 2** (2.161)	0.014 7 (1.573)
IO	0.012 4* (1.836)	0.007 1 (1.239)	−0.059 4*** (−3.426)	−0.049 9** (−2.486)
RDA	−0.000 0 (−0.242)	−0.000 1 (−0.452)	−0.000 5 (−0.967)	−0.000 7 (−1.205)
DIFF	−0.000 1** (−2.553)	−0.000 1** (−2.024)	−0.000 0 (−0.536)	0.000 0 (0.265)
行业，年份，季度	控制	控制	控制	控制
N	13 101	13 101	13 101	13 101
adj. R^2	0.018	0.009	0.016	0.022

（三）内生性问题考虑

中国资本市场内幕信息和内幕交易非常普遍，管理层盈余公告信息可能提前泄露，进而影响本书所说的“投资者注意力”，而不是“投资者注意力”影响管理层盈余公告的时间选择。这意味着，其间可能存在严重的内生性问题。为了检验这一内生性问题的影响，本书借鉴杨德明和林斌(2009)的文献，选择公告日前 30 天窗口期的市场反应 *CAR*[−30，−1]和 *BHAR*[−30，−1]作为信息泄露程度的代理变量，通过投资者注意力对信息泄露程度的回归，回归结果见表 7-10，*CAR*[−30，−1]和 *BHAR*[−30，−1]的回归系数并不显著，表明信息泄漏的程度对投资者注意力并没有显著影响。另外结合表 7-7管理层盈余公告时间偏好的实证结果发现，即使控制了信息的泄露程度 *CAR*[−30，−1]，*RIA* 的回归系数仍然显著，表明投资者注意力对管理层盈余公告时间选择的影响确实存在。另外交乘项 *RIA*×*CAR*[−30，−1]的回归系数并不显著，表明市场中信息的提前泄露程度并没有通过影响投资者注意力状态的间接机制影响管理层公告的时间选择。综合以上检验结果来看：① 信息泄露程度不会直接影响投资者的注意力程度；② 在控制信息泄露程度以后，投资者注意力程度仍然对管理层的盈余公告时间选择产生显著影响；③ 信息的提前泄露也不会通过投资者注意力的中介机制影响到管理层的公告时间选择，因此本书的内生性问题得到控制。

表 7-10 信息泄露对于投资者注意力的影响分析

变量	因变量：*RTURN*		因变量：*RMR*	
	栏目 1	栏目 2	栏目 3	栏目 4
常数项	12.584***	12.620***	20.858***	−13.449***
	(16.856)	(26.900)	(19.358)	(−14.987)
***CAR*[−30,−1]**	**3.618**		**−0.086**	
	(0.980)		**(−0.877)**	
***BHAR*[−30,−1]**		**3.530**		**0.385**
		(1.179)		**(0.829)**
LOSS	0.076***	0.088***	0.105	0.913***
	(32.510)	(25.650)	(1.464)	(22.640)
LNSIZE	−0.367***	−0.355***	−0.642***	−1.408***
	(−10.965)	(−17.098)	(−13.535)	(−10.066)
BM	−0.248**	−0.404***	0.134	1.524***
	(−2.224)	(−4.712)	(1.182)	(4.165)
IO	−4.762***	−6.439***	−0.803***	0.002
	(−16.365)	(−26.297)	(−2.767)	(0.260)
RDA	0.118	0.304	0.005	−0.002
	(0.694)	(1.531)	(0.871)	(−1.598)
DIFF	−0.001	−0.001	0.001	−0.002
	(−1.264)	(−1.582)	(1.113)	(−1.598)
行业，年份	控制	控制	控制	控制
N	13 101	13 101	13 101	13 101
adj. R^2	0.470 7	0.472 0	0.308 4	0.393 6

（四）盈余公告预约披露制度的影响

考虑到证交所自 2002 年开始实施预约披露制度，这为研究盈余公告披露的时间选择（*TIMING*）提供了很好的参照，因此除了比较本季度盈余公告日期和上年同期季度公告日期之外，我们还比较了本季度盈余公告预约披露日期和上年同期季度公告日期，并利用两者之间的日期间隔天数作为表 7-7 的因变量对假设 H7-4 进行了检验。检验结果见表 7-11。研究结果基本保持不变。

表 7-11 管理层盈余公告披露时间偏好的回归结果(稳健性测试)

解释变量	因变量：*TIMING2*					
	全样本	好消息	坏消息	全样本	好消息	坏消息
	栏目 1	栏目 2	栏目 3	栏目 4	栏目 5	栏目 6
常数项	−20.315*** (−6.254)	−22.948*** (−4.983)	−15.988*** (−3.496)	−23.065*** (−7.591)	−24.492*** (−5.760)	−18.235*** (−4.247)
RTURN	**−0.170**** **(−2.152)**	**−0.080**** **(−2.386)**	**0.398** **(1.162)**			
RMR				**−0.030**** **(−2.207)**	**−0.164*** **(−1.807)**	**0.244** **(1.167)**
CAR[−30,−1]	−4.005** (−2.361)	−3.583 (−1.561)	−1.644 (−0.653)	−2.184 (−1.314)	−3.064 (−1.298)	0.128 (0.055)
***RTURN×CAR*[−30,−1]**	**0.049** **(0.192)**	**−0.178** **(−0.511)**	**0.224** **(0.597)**			
***RMR×CAR*[−30,−1]**				**−0.250** **(−0.998)**	**−0.230** **(−0.669)**	**−0.094** **(−0.252)**
RTURN×RDA	**0.004** **(0.271)**	**0.006** **(0.331)**	**−0.006** **(−0.300)**			
RMR×RDA				**−0.013** **(−0.968)**	**−0.000** **(−0.025)**	**−0.035*** **(−1.768)**
RTURN×DUAL	**0.086** **(0.671)**	**0.015** **(0.081)**	**0.164** **(0.925)**			
RMR×DUAL				**−0.178** **(−1.381)**	**−0.319*** **(−1.761)**	**0.045** **(0.252)**
RTURN×DEPTH	**0.048** **(1.002)**	**−0.055** **(−0.809)**	**0.162**** **(2.344)**			
RMR×DEPTH				**0.005** **(0.100)**	**0.034** **(0.510)**	**0.013** **(0.201)**
行业,年份,季度	控制	控制	控制	控制	控制	控制
N	11 570	6 566	4 766	11 570	6 566	4 766
adj. *R2*	0.211 1	0.220 8	0.193 1	0.211 7	0.221 7	0.192 5

第四节 本章小结

投资者注意力作为现实中投资者所存在的特定心理现象，在经济和公司基本面等其他状况没有发生根本变化的情况下，会对上市公司信息披露的行为及经济后果产生重要的影响。本章从认知心理学角度出发，分析了投资者注意力与盈余公告效应以及管理层盈余公告择机行为之间的关系，研究发现:(1) 投资者注意力确实是我国资本市场盈余公告效应形成的一个重要成因。投资者注意力程度总体上与盈余公告效应呈显著的负向关系,即当投资者处于有限注意时,上市公司的盈余公告效应会加重,而当投资者注意力处于充分注意时却会减轻上市公司的盈余公告效应。(2) 盈余公告的市场交易量反应与投资者注意力呈显著的正向关系,即当投资者注意力状态越低时,市场异常交易量越低,而投资者注意力状态越高时,市场异常交易量越高,从而从价量两方面的市场反应验证了投资者注意力对盈余公告效应的显著影响。(3) 基于投资者注意力状态的差异,我国上市公司管理层盈余公告存在择机偏好,即管理层倾向于在投资者注意力比较低的时候公布坏消息,而在投资者注意力比较高的时候公布好消息。而且这种择机倾向还受到客观条件(会计信息的不透明度)和主观能力条件(管理层权力)的影响。(4) 本章还发现管理层盈余公告信息披露具有非对称的时间偏好,即对于好消息性质的盈余信息披露,更倾向于在投资者注意力比较高的时候提前公布,而对于坏消息性质的盈余信息披露并不具有时间偏好。

综合来看,本章的研究基本证实了"投资者注意力"假设,即作为心理的认知过程,投资者注意力确实会对上市公司信息披露的市场反应产生显著影响,而且基于对此种影响的认识,管理层会进一步调整自己的信息披露行为。

表 7-12 本章的实证结果汇总

研究内容	研究假设	假设描述	实验结果
投资者注意力、盈余公告效应与管理层公告择机	假设 H7-1	投资者注意力程度与盈余公告效应呈显著的负向关系,即盈余公告日的超额回报对盈余信息的敏感性伴随着投资者注意力程度增加而增加;盈余公告后的漂移伴随着投资者注意力程度增加而减少	支持
	假设 H7-2	在其他条件相同下,盈余公告日的市场交易量反应同市场投资者的注意力程度呈显著的正相关关系。即上市公司盈余公告日的异常交易量伴随着投资者注意力的增加而增加,减少而减少	支持
	假设 H7-3	基于投资者注意力特征,管理层盈余信息公告行为具有时机偏好,即管理层倾向于在投资者注意力比较低的时候公布坏消息,而在投资者注意力比较高的时候公布好消息	支持
	假设 H7-4	基于投资者注意力特征,管理层盈余信息公告行为具有时间偏好,即管理层在投资者注意力比较低的时候更倾向于提前公布坏消息,而在投资者注意力比较高的时候更倾向于提前公布好消息	部分支持

第八章 投资者注意力、信息获利与管理层交易择机

股权分置改革以后，伴随着2006年新《公司法》和《证券法》以及2007年中国证监会颁布的《上市公司董事、监事和高级管理人员所持本公司股票及其变动管理规则》的出台，上市公司高级管理人员（以下简称高管[1]）交易本公司股票被解除了枷锁，很多公司出现了高管集体交易或者频繁交易本公司股票的现象。比如黑牡丹(600510)在2007年5月9日一天时间内，就有6位内部人卖出了公司的股票，而海南制药(000566)的一名高管配偶在2007年8月9日到2007年9月19日之间交易股票更多达26次。而且这些人员在买卖自家公司股票时，经常能够买在低位，出在高位，时机的把握上非常精准，例如2011年5月汉王科技(002362)高管集体精准套现[2]。是什么因素造成这一现象？高管的择机交易受到什么因素的影响？其对应的价值效应如何？这些问题成为摆在广大中小投资者和监管机构面前的关键问题。

综合国内外的研究文献发现，以管理层为代表的内部人经常能够利用其自身的信息优势地位进行择机交易牟利(Yang,2005;Ke,2003;曾庆生,2007;高鑫,2009;曾亚敏和张俊生,2009)。而对于管理层择机交易是否存在相应的制约因素的研究文献却非常缺乏。其中Cheng和Lo(2008)通过收集1995—2002年同时发生内部人交易行为以及披露管理层的盈利预测信息的4 995家公司为研究对象进行了实证研究，发现考虑到法律风险，管理层更多的是通过发布坏消息买入股票获利。这说明内部人利用自愿信息披露机会牟取私利是有选择性的，只发生在综合法律风险足够低的时候；另外，这也意味着外部公司治理环境的确可以制约内部人交易行为。Durnev等(2007)以

[1] 本书定义的高管只包括董事长、总经理、内部董事和一般高管，不包括监事和独立董事。

[2] 见2011年5月20日中国经济网财经新闻“汉王科技9大高管精准减持 律师称涉嫌内幕交易”。

21 个国家的 2 189 家公司为研究样本，分析了投资者保护水平对内部人择机交易的作用机理。研究发现从总体来说，严格的内部人交易信息披露规则有利于减少内部人交易行为。但是，当该国的投资者保护水平比较低的时候，对一些代理成本高的公司而言，严格的内部人交易信息披露规则对遏制内部人交易导致的超额收益现象并没有多大的帮助。因为控股股东为了绕过内部人交易规则的管制，会通过更为隐秘的方式进行内部人交易，提高内部人交易的超额收益，侵占中小股东的利益，降低公司价值。而在投资者保护水平高的国家，严格的内部人交易信息披露规则可以发挥较好的作用。这些研究基本都围绕公司治理环境对管理层择机交易的制约作用进行分析，但是却长期忽略了投资者本身在制约管理层自利择机上的作用。

本书的研究引入新的视角，预期从认知心理学的视角出发，分析投资者对股票的注意力状态差异对管理层择机交易行为的影响及其对应的价值效应。本书研究的边际贡献体现在：对于管理层择机交易，以往的研究都是从传统的信息不对称理论出发，基于管理层的信息优势地位来考察管理层是否会利用信息操纵获得股票择机交易的自利收益，但是，在这其中却长期忽略投资者的作用，特别是忽略了投资者对于特定股票的认知所产生的影响。中国证券市场目前在发展程度上和成熟资本市场差异较大，市场中投资者以散户投资为主。这些投资者[1]对于信息的处理能力有限，面临资本市场种类繁多的股票，由于注意力是投资者的一种稀缺资源（Kahneman，1973），因此投资者对这些股票的信息分析必然存在注意力如何使用和分配的问题，即投资者对于市场中股票存在选择性的注意状态。对于那些概念题材股、表现出异常交易和异常收益以及具有重要新闻曝光点的股票，投资者必然会聚焦充分的注意力（Baber 和 Odean，2008），而对于其余股票，投资者的注意力必然有限。在这种选择性注意力配置状况下，投资者充分注意的股票无疑能够吸引更多投资者的注意力，其对应股票的信息收集和加工的处理效率必然提高，这有助于企业信息不对称状况的改善，进而对管理层的择机性股票交易行为产生影响。因此，本书通过构建新的管理层择机交易指标，结合信息不对称理论和投资者认知心理学理论去深入分析投资者对股票的选择性注意力状态对管理层择机交易的影响、作用机理及其对应价值效应，无疑丰富了当前内部人交易动机、手段和经济后果的研究文献。

---

〔1〕 Loh(2010)研究认为专业投资的机构投资者决策判断和行为模式同样也会受到有限注意力的影响。而Hirst和Hopkins(1998)更指出，即使是专业机构的研究分析师也不能及时、正确地对复杂的财务披露信息做出反应。由此可见，有限关注是资本市场中普遍存在的认知现象。

本章结构安排如下：第一节为文献基础和基本假设；第二节为实证设计，包括样本和数据来源说明、核心变量的选择、研究程序和模型设定；第三节为实证结果与分析；第四节为本章小结。

第一节 基本假设

一、投资者注意力与管理层择机交易

Myers 和 Majluf(1984)研究发现，公司内部管理阶层拥有信息优势，因而与潜在投资者对公司的价值判断不同，形成信息的不对称。此时，内部人可以借此通过公司未公开的内部利空或利多消息，于消息发布前买入或者卖出股票以获取超额收益。Yang (2005)运用 1986—2003 年美国市场的内部人交易数据，实证考察了公司管理层买入行为的影响因素，研究结果表明，管理层买入行为与其所拥有的内幕信息正相关，而与信息披露负相关。Ke 等(2003)研究发现，内部人在盈余信息公告前两年已掌握相关的会计信息，并会运用这些信息牟取私利。以公司盈余持续增长结束这一信息为例，在此信息披露前的三至九个季度内，公司存在异常的内部人交易现象，内部人的卖出行为大幅度增加。曾庆生(2007)以我国资本市场内部人卖出股票为研究对象，发现从短期窗口来看，上市公司内部人卖出本公司股票时表现出很强的时机把握能力。高鑫(2009)通过验证内部人交易的规模与其后财务报表披露的盈余信息之间的关联关系，发现我国资本市场内部人信息获利动机的存在性。由此可见，基于信息资源差异，企业内外部投资者的信息不对称状况为以管理层为代表的内部人提供了择机交易本公司股票的动机和条件，如果有相应因素影响了企业内外部投资者的信息不对称程度，那么管理层的择机交易无疑会受到显著影响。

而结合资本市场投资者的认知特征分析，投资者注意力是一种稀有资源，它是认知资源上一种任务对另一种任务的替代。Kahneman(1973)认为注意力是一种基于对外界信息输入处理的有意识活动，总体上的处理能力会由于外界的刺激而增加或减少，同时存在决定各种意识资源分配和各个阶段处理的规则和策略。并且他认为由于人们的信息处理能力有限，同时对这些信息进行筛选可能需要付出很大的努力，因此当面临大量的信息环境时，人们对信息进行选择性注意力配置就成为必然结果。在股票市场，选择性注意表现为由于时间和精力的有限性，使得投资者不可能对资本市场中所有的股票进行关注(Aboody,2012)。投资者由于不具备充分分析市场上所有股票的能力和精力，因此其经常会对市场中表现出异常交易、异常收益以及受到媒体报道的股票付出充分注意力(Baber 和 Odean,2008)，而对于其余的股票会

表现出有限的注意力。对于能够引起投资者充分注意的股票，投资者的注意力更加集中，信息的收集和加工处理效率更高，此时其相对于内部管理层的信息劣势状况会得到一定程度的改善，而对于有限注意的股票，投资者付出的有限注意力无疑强化了其与内部管理层的信息资源差异。综合来看，如研究逻辑图 8-1 所示，投资者对股票的注意力程度通过影响企业的信息不对称程度，进一步影响了管理层择机交易的活动，投资者充分注意的股票，其对应的信息处理效率提高，企业信息不对称程度得到相应改善，因此有效地抑制了管理层择机交易程度，而投资者付出有限注意力的股票，则反之。

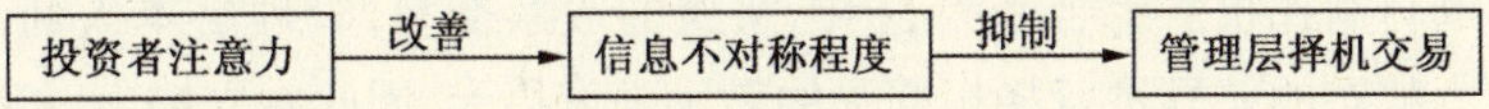

图 8-1　研究逻辑图

因此，对于理性的管理层而言，其对应的择机交易策略必然会根据投资者对企业股票信息的注意力状态而进行调整，进而形成如下的研究假设：

H8-1：投资者注意力程度与管理层择机交易呈显著的负向关系。即当投资者对股票充分注意时，管理层择机交易倾向和程度较低；而当投资者对公司股票有限注意时，则管理层择机交易倾向和程度较高。

二、管理层择机交易的影响因素

在上市公司管理层这类内部人交易中，不同层次的管理层接触信息的多少和质量存在显著差异，Seyhun(1986)首次提出“信息层级假说”认为，掌握内幕信息越多的人，通常是管理级别越高的人进行交易的时机选择能力越强。但在现实中，职位越高的管理层如总经理或 CEO 作为公司“灵魂人物”，其行为不仅在公司内部影响巨大，而且会受到市场和监管部门更多的关注和监督，而且相比一般高管，CEO 一旦从事自利性的择机交易被投资者和监管层发现时其受到的声誉损失更大。因此他们虽掌握最多的内幕信息，但却需要通过更加隐蔽的方式实现股票交易的自利择机。综合来看，相比一般管理层，CEO 利用投资者注意力状态的差异进行择机交易的激励强度更大，因此本书提出以下假设：

H8-2：相比一般管理层，CEO 更倾向于利用投资者注意力状态进行择机交易。

Huddart 和 Ke(2007)研究发现，公司内部人面临的监管风险(例如外部谴责、民事诉讼或刑事诉讼)能够有效遏制内部人利用未公开披露的信息谋求超额收益的交易行为。而 Cheng 和 Lo(2008)从理论分析和实证方法两方面系统分析了法律环境与管理层自利择机交易之间的关系，研究发现管理层利用自愿信息披露机会牟取私利是有选择性的，只发生在综合法律风险足够低的时候。在我国当前的法律体制下，管理层及其家属交易本公司股票面临不同的法律管制水平。对于公司董事和高管本人交易本公司股票，我国《证券法》第四十七条和第一百九十五条以及《上市公司董事、监事和高级管理人员所持本公司股份及其变动管理规则》明确提出禁止其从事短线交易〔1〕，并且对其股票买卖窗口的时限都有明确的指导规定〔2〕，但对于内部人家属交易的管制却几乎是空白。因此相对于家属，管理层本人的股票交易面临着更加严格的管制和法律风险，需要通过更加隐蔽的方式实现股票交易的自利择机。综合来看，相比家属的股票交易，管理层本人利用投资者注意力状态的差异进行择机交易的激励强度更大，因此本书提出以下假设：

H8-3：相对于高管家属，高管本人更倾向于利用投资者注意力状态进行择机交易。

基于信息不对称理论，以前的文献发现公司信息透明度与管理层的择机交易活动存在显著的相关关系（Ravina 和 Sanienza，2009；Li 和 Zhang，2010）。在信息透明度高的公司，一方面管理层与外部投资者的信息不对称程度低，管理层通过私有信息进行择机交易机会少或者难度大；另一方面，信息透明的公司管理层更会及时地通过财经媒体公布企业的运营信息，因此，透明度越高的公司也可能更会受到投资者注意。综合来看，相比信息透明度低的公司，信息透明度高的公司投资者注意力提高，管理层择机交易倾向受到严格制约，因此会影响到管理层择机交易倾向与投资者注意力之间的关系。基于此，本书提出以下假设：

H8-4：相对信息透明度高的公司，信息透明度低的公司高管更倾向于利用投资者注意力状态进行择机交易。

二、管理层择机交易的外部效应

由于所有权和控制权的分离，上市公司的管理层和股东的利益诉求有着

---

〔1〕 我国《证券法》第四十七条对从事短线交易的规定："上市公司董事、监事、高级管理人员、持有上市公司股份百分之五以上的股东，将其持有的该公司的股份在买入后六个月内卖出，或者在卖出后六个月内又买入，由此所得收益归该公司所有，公司董事会应当收回其所得收益。"同时《证券法》第一百九十五条规定："上市公司的董事、监事、高级管理人员、持有上市公司股份百分之五以上的股东，违反本法第四十七条的规定买卖本公司股票的，给予警告，可以并处三万元以上十万元以下的罚款。"上述规定意味着，上市公司高管在购买本公司股票之后 6 个月才能卖出股票或者在卖出股票 6 个月之后才能买入股票。

〔2〕 即上市公司内部人在"上市公司定期报告公告前 30 日内；上市公司业绩预告、业绩快报公告前 10 日内；自可能对本公司股票交易价格产生重大影响的重大事项发生之日或在决策过程中，至依法披露后 2 个交易日内；以及证券交易所规定的其他期间"不得买卖本公司股票。

本质差异，那么从广大股东角度出发，管理层股票的择机交易会产生怎样的外部效应？即管理层股票的择机交易对公司业绩和股票市场绩效会产生怎样的影响？当前文献并没有形成统一的研究结论。

就公司层面而言，有些学者认为内部人择机交易能减少股东和经理之间的利益冲突，降低代理成本，进而增加公司价值。例如 Manne(1966)认为管理层通过信息择机交易获取超额收益的行为对企业的长期发展而言并不是坏事，因为这种内部人交易可作为激励企业家创新的一种有效的报酬机制，有关创新信息披露后的股价上涨是对公司创新活动的相对准确的估价，允许企业家在信息披露前购买股票并且在股价上涨后卖出，是对高管人员创新努力的风险补偿。Carlton 和 Fischel(1983)进一步指出，由于内部人择机交易给那些能创造有价值的信息、愿意承担风险的经理可观的回报，因此，把内部人交易作为一种补偿机制可以克服经理的保守经营，并能筛选出最有能力、不厌恶风险的经理，这样，公司甄别、监督经理的成本降低，公司价值提高。然而，内部人择机交易作为经理创新激励机制的观点遭到了激烈批评。首先，由于很难限制与价值创造无关的人员通过内幕信息交易获利，其结果是企业家获得的补偿将大大低于投资者所承担的成本。其次，内部人交易作为经理创新激励机制的观点很难解释为什么允许内部人利用“坏消息”进行交易获利或止损(Manove,1989)。这样，公司不得不花费成本监督经理的内幕交易，从而内部人交易不仅不能降低，反而会增加代理成本。

而就市场层面而言，主要是考察了内部人择机交易对公司股价市场绩效的影响。Manne(1966)，Carlton 和 Fischel(1983)较早强调内部人交易同时作为一种信息传递机制在提高市场有效性方面的作用。他们认为内部人交易能产生一种“衍生知情交易机制”，通过该机制，内部人交易把公司股票价格逐步调整到正确水平，避免信息一旦公布引起股价的大起大落，从而提高市场运行效率。Hirechey 等(1989)研究发现，在资产剥离信息公布前发生的内部人交易行为影响了证券市场对资产剥离信息的反应。当存在公司内部人净购买行为时，证券市场对资产剥离信息具有显著的正向反应，股票价格显著上升；当存在公司内部人净出售行为时，证券市场对资产剥离消息的正向反应变弱。这说明内部人交易影响了证券市场的定价能力，使其包含了更加准确的股价信息。也就是说，内部人交易可以促进公司特质信息进入股价，并进而提高证券市场的信息传递效率。反对者则认为内部人交易会影响股票市场信息传递效率和信息质量，从而影响市场配置资源的作用，因此，建议加强对内部人交易的监管和处罚力度(Beneish 和 Vargus，2002；Aboody 等，2012)。

综上所述，以往文献主要从管理层择机交易对公司业绩和市场股价的特质信息含量两个方面论述了管理层择机交易的外部价值效应，但并没有形成统一的结论，因此本书提出以下两个对立假设：

H8-5a：管理层择机交易具有正面的价值效应，即管理层择机交易程度和公司业绩以及公司股价的特质信息含量呈显著的正向关系。

H8-5b：管理层择机交易具有负面的价值效应，即管理层择机交易程度和公司业绩以及公司股价的特质信息呈显著的负向关系。

表 8-1 本章的研究假设及文献依据

研究内容	研究假设	假设描述	主要文献依据
投资者注意力、信息获利与管理层交易择机	假设 H8-1	投资者注意力程度与管理层择机交易呈显著的负向关系。即当投资者对股票充分注意时，管理层择机交易倾向和程度较低；而当投资者对公司股票有限注意时，则管理层择机交易倾向和程度较高	Yang(2005)，Ke 等(2003)，曾庆生(2007)，高鑫(2009)，Baber 和 Odean(2008)
	假设 H8-2	相比一般管理层，CEO 更倾向于利用投资者注意力状态进行择机交易	Seyhun(1986)
	假设 H8-3	相对于高管家属，高管本人更倾向于利用投资者注意力状态进行择机交易	Huddart 和 Ke(2007)，Cheng 和 Lo(2008)
	假设 H8-4	相对信息透明度高的公司，信息透明度低的公司高管更倾向于利用投资者注意力状态进行择机交易	Ravina 和 Sanienza(2009)，Li 和 Zhang(2010)
	假设 H8-5a	管理层择机交易具有正面的价值效应，即管理层择机交易程度和公司业绩以及公司股价的特质信息含量呈显著的正向关系	Manne(1966)，Carlton 和 Fischel(1983)，Carlton 和 Fischel(1983)，Hirechey 等(1989)
	假设 H8-5b	管理层择机交易具有负面的价值效应，即管理层择机交易程度和公司业绩以及公司股价的特质信息呈显著的负向关系	Manove(1989)，Beneish 和 Vargus(2002)，Aboody 等(2012)

第二节　实证设计

一、数据来源

本书选取深圳证券交易所(简称“深交所”)上市公司的管理层及其家属[1]内部人交易数据为研究样本,数据来源于深交所在其网站“诚信档案”栏目公布的“董监高及相关人员股份变动情况”统计。从公布数据来看,虽然从 2004 年 11 月 29 日开始,但真正连续性完整公布数据始于 2007 年 5 月 9 日。2004 年 11 月 29 日至 2007 年 5 月 9 日只零散公布了 7 起交易。为此,样本期间为 2007 年 5 月 9 日—2009 年 12 月 31 日。其中观测值以公司一交易人一日为单位,经过剔除其中的金融行业、公告日期有误观测值以及对交易方向一致且在同一天交易的观测值合并的处理,最后总计得到 1 780 个观测值。除了内部人交易数据,财务变量、公司治理变量以及股价等相关数据来源于 CSMAR 和 WIND 数据库。

二、样本描述

本书管理层仅包括董事和高管,对于每个管理者的职位,本书利用公司年报和新浪财经网站进行逐个核对。从表 8-2 可见,观测值中董事长和总经理两职合一的样本数最少,只有 19 个观测值,占到总样本的 1.07%;而具有总经理职位的样本数合计 219 个样本(19 + 157 + 33),占到总样本的 11.74%;而一般高管的样本最多,其中一般高管中,同时担任董事的占到总样本的 11.85%。

表 8-2　高管职位分类

高管职位	数量	比例	累计占比
董事长、总经理	19	1.07%	1.07%
董事、总经理	157	8.82%	9.89%
总经理	33	1.85%	11.74%
董事、一般高管	211	11.85%	23.60%
一般高管	1 360	76.40%	100.00%

管理层的亲属包括父母、配偶、子女、兄弟姐妹四种类型。表 8-3 所有内部人交易样本中,管理层本人交易有 853 个观测值,占到总样本的 47.92%,

〔1〕 在现有的文献中,亲属关系作为一种重要的社会网络关系被证实具有显著的经济价值(Bygrave 和 Hunt,2007;Fan 等,2008)。在中国这样的东方社会,亲属之间的关系就是维系家族利益的重要纽带,因此本书将家属和管理层交易本公司股票进行合并处理。

而管理层家属的交易样本中，配偶交易的样本占比最大。

表 8-3　交易对象分类

交易对象	数量	比例	累计占比
本人	853	47.92%	47.92%
父母	141	7.92%	55.84%
配偶	393	22.08%	77.92%
兄弟姐妹	322	18.09%	96.01%
子女	71	3.99%	100.00%

三、研究的主要变量

（一）管理层择机交易

本书构建的管理层择机交易指标从长期择机倾向、短期择机倾向以及择机交易程度三方面展开。

1. 长期择机交易倾向（*Timing*1）

管理层买股票时，如前六个月[1]的累计超额收益为负，而后六个月的累计超额收益为正；或者当管理层卖股票时，如前六个月的累计超额收益为正，而后六个月的累计超额收益为负，则 *Timing*1 为 1，否则为 0。其中累计超额收益以月为计算单位，基于买卖持有期收益模型 *BHAR* 计算得来。

2. 短期择机交易倾向（*Timing*2）

管理层买股票时，如交易前 20 个交易日[2]的累计超额收益 *CAR*(－20,－1)为负，而交易后 20 个交易日的累计超额收益 *CAR*(1,20)为正；或者当管理层卖股票时，如交易前 20 个交易日的累计超额收益 *CAR*(－20,－1)为正，而交易后 20 个交易日的累计超额收益 *CAR*(1,20)为负，则 *Timing*2 为 1，否则为 0。其中累计超额收益以日为计算单位，基于市场模型计算得来。

3. 择机交易程度（*OIT*）

在择机交易倾向的测度基础上，本书进一步测度管理层择机交易程度，择机交易程度以年为单位对观测值进行合并计算，计算公式如下：

---

〔1〕 之所以长期择机倾向时间段的判断选取交易日前后 6 个月是考虑到我国证券法在管制企业内部人交易本公司股票时规定的最长期限为 6 个月。

〔2〕 曾庆生(2008)研究发现，我国内部人在卖本公司股票时具有精准的时机把握能力，从(－20,20)共 41 日的短窗口来看，内部人选择在累计超常回报最高的时点卖出了本公司股票，并且在股票卖出后累计平均超常回报一直呈下降趋势。因此，本书短期择机倾向时间段的选取依据交易日前后 20 个交易日的累计超额收益进行判断。

$$OIT = \frac{\sum_{k=1}^{n}(Timing_k * Value_k)}{\sum_{k=1}^{n} Value_k} \tag{8-1}$$

其中，$Timing_k$为管理层年内第k次股票买卖交易择机倾向指标；$Value_k$为年内管理层第k次股票买卖交易的金额。

比如某公司在2008年全年共发生4笔管理层交易，2笔是管理层买股票交易(其中一笔交易金额为50万，该笔交易属于管理层短期择机交易，$timing2=1$；另一笔交易金额60万，该笔交易不属于短期择机交易，$timing2=0$)，2笔属于管理层卖股票交易(其中一笔交易金额为100万，不属于短期择机交易，$timing2=0$；另一笔金额为40万，属于短期择机交易，$timing2=1$)，则该公司2008年的管理层择机交易程度$OIT=\frac{(50\times1+60\times0+100\times0+40\times1)}{(50+60+100+40)}=0.36$。$OIT$的取值在[0,1]之间，为了数据的可取得性和匹配性，OIT的计算只取年内内部人交易在2笔以上的公司样本。

(二) 投资者注意力

本书用两个指标测度投资者注意力程度IA。

1. 换手率($TURN$)

在金融市场，换手率能够有效地衡量投资者对股票付出的注意力程度。一方面，当投资者对股票不付出注意力时他们不会积极地交易股票；另一方面，当投资者对股票进行充分注意时，过度自信等行为偏差往往会扩大投资者之间对于公司基础价值的异质信念，因此进一步加大了股票的换手率。借鉴Loh(2010)，Chemmanur和Yan(2013)的文献，利用事件日前63个交易日的平均换手率作为代理指标。该指标从金融资产的交易特性方面测度了投资者对特定股票的注意力程度。换手率越高，投资者注意力程度越高。为了消除异常值以及考虑时间趋势的影响，本书利用同一季度换手率的十分位数作为第一个投资者注意力指标$RTURN$。

2. 媒体报道数(MR)

现实经济生活中，各种大众媒体成为投资者获取市场信息的重要渠道，其对股票的注意力程度很容易受到新闻媒体的影响。特别是在当今的“信息化时代”，互联网成为广大股民最主要的信息渠道，吸引着千万投资者的眼球。因此，本书在换手率以外，借鉴Peress (2008)和饶育蕾等(2010)的文献，利用管理层交易日前63个交易日的媒体报道数量MR来构建投资者注意力程度指标[1]。同样为了消除异常值以及考虑时间趋势的影响，本书利用同一季度媒体报道的十分位数作为第二个投资者注意力指标 *RMR*。

（三）公司股价的特质信息含量程度

我们采用 Roll (1988)提出的方法，首先将股票收益分解为来自市场层面的共同收益($r_{m,t}$)和来自公司层面的特有收益($r_{i,t}$)，并借鉴 Morck，Yeung 和 Yu(2000)的方法，使用如下回归模型提取个股股价波动的信息含量：

$$r_{i,t}=\alpha_i+\beta_i r_{m,t}+\varepsilon_{i,t} \tag{8-2}$$

其中，$r_{i,t}$表示第 i 只股票 t 期的周收益率，本书采用考虑股利收入的收益率进行计算；$r_{m,t}$表示 t 期以流通市值加权计算的市场周收益率；$\varepsilon_{i,t}$表示残差，它捕捉了市场信息无法解释的收益率，也就是我们所关心的公司特质信息对股票收益的冲击。

就个股而言，当公司特质信息对股票收益冲击越大，收益率离中趋势越明显，残差也越大，那么回归方程的调整拟合系数 R^2 越小。从而，我们就可以用 R^2 来度量股价波动所反映出的信息含量的比例构成。当 R^2 越大时，说明股票收益受市场的影响越大，股价波动所包含的特质信息越少，反之则越多。

四、模型设定(具体变量定义见表 8-4)

为了验证假设 H8-1 到 H8-4，本书设定如下模型(8-3)和模型(8-4)：

$$\begin{aligned}Logit(Timing=1)=&\alpha_0+\beta_1 RIA+\beta_2 RIA\times Score+\beta_3 RIA\times CEO\\&+\beta_4 RIA\times Self+\beta_5 Lnsize+\beta_6 Level+\beta_7 MB\\&+\beta_8 Boardsize+\beta_9 Outdir+\beta_{10} Dual+\beta_{11} Controltype\\&+\beta_{12} Top1+\beta_{13} IO+\sum Industry+\sum Year+\varepsilon\end{aligned} \tag{8-3}$$

$$\begin{aligned}Tobit(OIT)=&\alpha_0+\beta_1 RIA+\beta_2 Lnsize+\beta_3 Level+\beta_4 MB+\beta_5 Boardsize\\&+\beta_6 Outdir+\beta_7 Dual+\beta_8 Controltype+\beta_9 Top1+\beta_{10} IO\\&+\sum Industry+\sum Year+\varepsilon\end{aligned} \tag{8-4}$$

〔1〕 需要指出的是，所谓的"新闻数量"包含以下几个层次：第一层是信息，就是按照证监会的要求上市公司必须披露的一些公司信息，如发行、融资等财务活动的公告；第二层是新闻和评论，就是大众媒体主动去发掘的一些公司新闻，如新产品研发成功、法律诉讼案以及上市公司的成员对某些社会活动的参与等；第三个层次是源于资本市场的研究报告，如分析师的预测、股评家的建议等。原则上讲，就本质上而言，投资者关注应该主要指第二个层次，但其他两个层次与其有着千丝万缕的联系，要想获得纯净的公众注意力衡量是很难的。

为了验证假设 H8-5,本书设定模型(8-5):

$$
\begin{aligned}
TobinQ/Roa/R^2 = {} & \alpha_0 + \beta_1 OIT + \beta_2 OIT \times RIA + \beta_3 Lnsize + \beta_4 Level + \beta_5 MB \\
& + \beta_6 Boardsize + \beta_7 Outdir + \beta_8 Dual + \beta_9 Controltype \\
& + \beta_{10} Top1 + \beta_{11} IO + \sum Industry + \sum Year + \varepsilon
\end{aligned} \tag{8-5}
$$

为了拓展分析管理层择机交易的具体途径,本书补充设定模型(8-6):

$$
\begin{aligned}
Logit(Illegal = 1) = {} & \alpha_0 + \beta_1 RIA + \beta_2 Lnize + \beta_3 Level + \beta_4 MB \\
& + \beta_5 Boardsize + \beta_6 Outdir + \beta_7 Dual + \beta_8 Controltype \\
& + \beta_9 Top1 + \beta_{10} IO + \sum Industry + \sum Year + \varepsilon
\end{aligned} \tag{8-6}
$$

表 8-4　变量定义表

变量类型	变量名称	变量符号	变量描述
公司业绩指标	市场业绩	*TobinQ*	(年末股票收盘价×流通股份数+年末每股净资产×非流通股份数+负债账面价值)/平均总资产
	会计业绩	*Roa*	年末总资产收益率
交易择机指标	长期择机倾向	*Timing*1	当管理层买股票时,如前 6 个月的平均月超额收益为负,而后 6 个月的平均月超额收益为正;或者当管理层卖股票时,如前 6 个月的平均月超额收益为正,而后 6 个月的平均月超额收益为负,则为 1,否则为 0
	短期择机倾向	*Timing*2	当管理层买股票时,如交易前 *CAR*(−20,−1)为负,而交易后 *CAR*(1,20)为正;或者当管理层卖股票时,如交易前 *CAR*(−20,−1)为正,而交易后 *CAR*(1,20)为负,则为 1,否则为 0。
	择机程度	*OIT*	见公式(8-1)
投资者注意力	换手率	*RTURN*	管理层买卖股票前 3 个月的日平均换手率的十分位数
	媒体报道数	*RMR*	管理层交易股票前 3 个月的累计媒体报道数的十分位数
信息环境指标	信息透明度	*Score*	当信息披露考评为优秀及良好时,取 1,合格和不合格时,取 0
管理层职位等级指标	管理层职位哑变量	*CEO*	当股票交易人为总经理时,取 1,其余取 0

续表

变量类型	变量名称	变量符号	变量描述
买卖方向指标	交易方向哑变量	*Sell*	1，卖出；0，买入
交易者类型指标	本人交易哑变量	*Self*	1，本人交易股票；0，家属交易股票
违规交易指标	违规交易哑变量	*Illegal*	1，在违规期间交易；0，其他
公司治理指标	董事会规模	*Boardsize*	董事会中董事人数
	外部董事比例	*Outdir*	董事会中独立董事所占比例
	两职合一	*Dual*	董事长和总经理是否两职合一，是为 1，否为 0
	实际控制人类型	*Controltype*	0 表示非国有企业，1 表示地方国企，2 表示央企
	第一大股东持股比例	*Top1*	第一大股东持股比例
	机构持股比例	*IO*	机构投资者所占股权比例
控制变量	公司规模	*Lnsize*	年末总资产的自然对数
	公司财务风险	*Level*	年末总资产负债率
	公司成长性	*MB*	年末的市值账面比
	行业	*Ind*	行业哑变量
	年份	*Year*	年份哑变量

第三节　实证结果与分析

一、描述性统计

表 8-5 是变量的描述性统计结果，从结果可见，管理层短期和长期的择机倾向程度大致相同，在所有的管理层内部人交易中，33.5%的管理层样本都能在交易前后 6 个月内实现精准择机，31.8%的管理层能够在交易前后 20 个交易日实现精准择机，从结合管理层交易价值分析的择机程度 *OIT* 指标来看，管理层股票交易金额中择机交易平均占到 30.1%。反映了我国资本市场管理层择机交易的普遍性和严重性。在这些管理层择机交易样本中，卖方交易 *Sell* 占到 57.5%，而管理层本人交易 *Self* 占到 47.9%，*CEO* 职位的管理层交易占到 11.7%，全样本中违规交易 *Illegial* 平均占到 44.9%，其中管理

层本人交易样本中违规交易只占到 14%，而家属违规交易高达 73.4%，这反映了不同管制环境下管理层和家属的违规交易行为存在显著差异，家属交易由于没有受到法律在交易日期上的明确管制，因此在从事短线和敏感期违规交易的行为上更加严重。

表 8-5　描述性统计结果

变量	样本数	均值	标准差	最小值	最大值
TobinQ	338	2.027	1.259	0.739	11.072
ROA	338	0.025	0.168	−0.859	2.568
*Timing*1	1 780	0.335	0.472	0	1
*Timing*2	1 780	0.318	0.466	0	1
OIT	338	0.301	0.325	0	1
MR	1 779	4.307	5.303	0	46
TURN	1 780	3.949	2.331	0.372	15.193
Sell	1 780	0.575	0.495	0	1
Illegal	1 780	0.449	0.497	0	1
Score	1 778	0.682	0.465	0	1
CEO	1 780	0.117	0.322	0	1
Self	1 780	0.479	0.499	0	1
Lnsize	1 770	21.941	1.232	11.348	25.647
MB	1 770	1.129	73.429	−1525.411	82.352
Level	1 770	0.645	3.294	0.018	138.378
Dual	1 688	0.134	0.340	0	1
Boardsize	1 688	9.866	2.382	5	18
Outdir	1 688	0.358	0.056	0	0.571
IO	1 688	28.93	22.169	0.163	89.569
*Top*1	1 688	33.016	14.695	6.47	78.14
Controltype	1 688	0.944	0.699	0	2

二、单变量分组分析

表 8-6 是按照管理层交易特征分类的单变量分组测试结果。由结果可见，相对于家属交易，管理层本人交易的长期和短期择机倾向更强，但违规倾向更低；相对于买方交易，卖方交易的长期和短期择机倾向更强，而违规倾向

更低；总经理和一般高管的择机倾向以及违规倾向并没有显著变化；相对于正常交易，当管理层从事违规交易时，其对应的长期和短期择机倾向显著较高。

表 8-6　按交易特征分组测试结果

分类		观测值数	长期择机倾向		短期择机倾向		违规倾向	
			*Timing*1	*T* 值	*Timing*2	*T* 值	*Illegal*	*T* 值
交易者类型	本人	853	0.374***	22.560	0.354***	21.554	0.140***	11.753
	家属	927	0.299***	19.865	0.286***	19.253	0.735***	50.630
	差异	—	0.075***	3.366	0.068***	3.039	−0.595***	−31.433
买卖方向	买	757	0.299***	17.938	0.299***	17.938	0.513***	28.194
	卖	1 023	0.362***	24.064	0.332***	22.555	0.403***	26.252
	差异	—	−0.333***	−2.795	−0.033**	−2.414	0.110***	4.630
职位类型	CEO	209	0.301***	9.474	0.297***	9.366	0.411***	12.060
	一般高管	1 571	0.339***	28.393	0.321***	27.232	0.454***	36.167
	差异	—	−0.038	1.089	−0.024	0.704	−0.043	−1.174
交易类型	违规交易	800	0.360***	18.670	0.340***	18.065	—	—
	正常交易	980	0.304***	23.477	0.290***	22.498	—	—
	差异	—	0.056**	−2.514	0.050**	−2.292	—	—

表 8-7 是按照投资者注意力指标进行分组的测试结果。从结果可见，投资者注意力指标不管是选择换手率指标还是媒体报道数指标，管理层股票交易短期择机的倾向均随着投资者注意力等级的提高而单调下降。极端组的比较差异也非常显著，表明投资者注意力确实是管理层短期择机交易的重要制约和考量因素。假设 H8-1 部分得到证实。而在管理层长期择机倾向以及违规倾向的分组测试中，研究结论并不稳定，而且也没有发现投资者注意力和管理层交易之间的单调关系。

表 8-7　按投资者注意力指标无条件分组测试结果

投资者注意力五分组		长期择机倾向		短期择机倾向		违规倾向	
		*Timing*1	*T* 值	*Timing*2	*T* 值	*Illegal*	*T* 值
按换手率分组	最低	0.365***	10.686	0.331***	12.063	0.373	14.652
	2	0.240***	14.237	0.331***	12.790	0.548	14.412
	3	0.334***	13.294	0.323***	13.210	0.482	18.083
	4	0.348***	13.720	0.317***	13.210	0.473	17.777
	最高	0.387***	15.039	0.287***	13.072	0.371	20.864
	低一高	−0.022**	2.110	0.044***	4.298	0.002	1.011

续表

投资者注意力五分组		长期择机倾向		短期择机倾向		违规倾向	
		*Timing*1	*T* 值	*Timing*2	*T* 值	*Illegal*	*T* 值
按媒体报道数分组	最低	0.367***	14.479	0.346***	12.881	0.508***	19.317
	2	0.377***	14.587	0.331***	13.634	0.453***	17.082
	3	0.283***	11.795	0.326***	13.210	0.499***	18.709
	4	0.334***	13.294	0.315***	13.041	0.441***	16.695
	最高	0.312***	12.741	0.273***	11.594	0.345***	13.744
	低—高	0.055	1.572	0.073***	5.623	0.162***	4.476

三、多元回归分析

（一）择机交易倾向分析

表 8-8 是管理层长期择机能力的多元回归结果。由结果可见，投资者注意力与管理层长期择机倾向并没有显著的相关关系，而且信息透明度、管理层职位等级以及交易对象并没有对这一关系产生任何显著影响。而表 8-9 是管理层短期择机能力的多元回归结果。从结果可见，投资者注意力与管理层短期择机倾向呈显著的负向关系，这与我们的假设 H8-1 相符，表明管理层虽然不会基于投资者的注意力状态进行股票的长期择机，但却会基于投资者的注意力状态进行短期的交易择机，而且从表 8-9 可见，交乘项 *RIA*×*Score* 的回归系数显著为正，表明相比信息透明度低的公司，信息透明度高的公司投资者注意力与短期择机倾向之间的负向关系会更低，信息透明度能够有效抑制管理层利用投资者注意力进行短期择机的倾向，假设 H8-4 得到验证。交乘项 *RIA*×*Self* 的回归系数显著为负，表明相比高管家属交易本公司股票，高管本人交易本公司股票时更倾向于从事基于注意力的短期择机交易行为，这反映了高管本人和家属面临的制度和法规环境对市场参与者交易行为的影响，假设 H8-3 得到验证。交乘项 *RIA*×*CEO* 交乘项系数并不显著，表明在利用注意力进行择机交易时，高管的职位层级并没有产生显著影响。

表 8-8 长期择机倾向的多元回归结果

解释变量	因变量：*Timing*1			
	栏目 1	栏目 2	栏目 3	栏目 4
常数项	0.759 (0.628)	0.965 (0.546)	2.016 (0.180)	1.925 (0.203)
RTURN	0.050 (0.131)	−0.025 (0.548)		

续表

解释变量	因变量：*Timing*1			
	栏目 1	栏目 2	栏目 3	栏目 4
RMR			0.045 (0.225)	0.062 (0.129)
RTURN×*Score*		0.037 (0.426)		
RMR×*Score*				−0.028 (0.521)
RTURN×*CEO*		0.140 (0.118)		
RMR×*CEO*				0.102 (0.101)
RTURN×*Self*		0.072* (0.062)		
RMR×*Self*				−0.019 (0.624)
Score	0.115 (0.390)	−0.133 (0.681)	0.153 (0.260)	0.311 (0.264)
CEO	−0.281 (0.106)	−1.091*** (0.005)	−0.300* (0.085)	−0.875** (0.027)
Self	0.488*** (0.000)	0.074 (0.769)	0.484*** (0.000)	0.588** (0.018)
Lnsize	−0.015 (0.836)	−0.003 (0.967)	−0.066 (0.348)	−0.065 (0.350)
MB	0.001 (0.502)	0.001 (0.519)	0.001 (0.434)	0.001 (0.452)
Level	−0.244 (0.315)	−0.259 (0.293)	−0.265 (0.247)	−0.291 (0.225)
Boardsize	−0.013 (0.658)	−0.016 (0.598)	−0.012 (0.678)	−0.010 (0.724)
Outdir	−2.394** (0.020)	−2.392** (0.022)	−2.102** (0.043)	−2.052* (0.052)

续表

解释变量	因变量：*Timing*1			
	栏目 1	栏目 2	栏目 3	栏目 4
Dual	−0.494*** (0.005)	−0.506*** (0.005)	−0.543*** (0.003)	−0.546*** (0.002)
IO	−0.008** (0.017)	−0.008** (0.032)	−0.012*** (0.000)	−0.012*** (0.000)
Controltype	−0.173* (0.078)	−0.184* (0.063)	−0.172* (0.079)	−0.166* (0.089)
*Top*1	−0.009** (0.049)	−0.009** (0.038)	−0.008* (0.061)	−0.008* (0.071)
N	1 688	1 688	1 688	1 688
Chi^2	116.42	131.79	114.54	117.83
Pseudo R^2	0.059 4	0.064 0	0.059 7	0.061 3

注：*、**、*** 分别表示 10%、5%和 1%的显著性水平，括号内为 P 值，下同。

表 8-9 短期择机倾向的多元回归结果

因变量	因变量：*Timing*2			
	栏目 1	栏目 2	栏目 3	栏目 4
常数项	2.238 (0.145)	2.284 (0.140)	1.811 (0.217)	1.580 (0.288)
RTURN	**−0.015**** **(0.027)**	**−0.009**** **(0.040)**		
RMR			**−0.019***** **(0.007)**	**−0.036**** **(0.036)**
RTURN×Score		**0.019*** **(0.074)**		
RMR×Score				0.091** (0.028)
RTURN×CEO		−0.043 (0.464)		
RMR×CEO				−0.079 (0.186)
RTURN×Self		−0.027* (0.071)		

续表

因变量	因变量：*Timing*2			
	栏目 1	栏目 2	栏目 3	栏目 4
RMR×*Self*				−0.068* (0.074)
Score	−0.111 (0.402)	−0.219 (0.472)	−0.126 (0.345)	−0.628** (0.015)
CEO	−0.117 (0.496)	0.108 (0.764)	−0.111 (0.517)	0.326 (0.359)
Self	0.377*** (0.001)	0.528** (0.029)	0.379*** (0.001)	0.759*** (0.001)
Lnsize	−0.098 (0.152)	−0.101 (0.142)	−0.079 (0.247)	−0.068 (0.324)
MB	0.002*** (0.000)	0.002*** (0.000)	0.002*** (0.000)	0.002*** (0.000)
Level	0.259 (0.123)	0.260 (0.120)	0.270 (0.107)	0.340* (0.055)
Boardsize	0.020 (0.484)	0.020 (0.488)	0.020 (0.485)	0.018 (0.514)
Outdir	1.385 (0.172)	1.434 (0.160)	1.312 (0.200)	1.423 (0.176)
Dual	−0.423** (0.018)	−0.417** (0.020)	−0.406** (0.022)	−0.397** (0.025)
IO	−0.002 (0.579)	−0.001 (0.675)	−0.001 (0.790)	−0.001 (0.671)
Controltype	−0.046 (0.631)	−0.053 (0.582)	−0.048 (0.618)	−0.050 (0.605)
*Top*1	0.005 (0.245)	0.005 (0.263)	0.005 (0.252)	0.004 (0.288)
N	1 688	1 688	1 688	1 688
Chi^2	73.75	74.58	73.59	85.66
Pseudo R^2	0.031 3	0.031 9	0.031 5	0.036 2

（二）择机交易程度分析

表 8-10 是管理层择机交易程度的多元回归结果。由表 8-8 结果可见，长期择机倾向 *Timing*1 并不受投资者注意力程度 *RIA* 的影响，而由表 8-9 发

现,短期择机倾向 *Timing*2 是受到投资者注意力影响的,因此本书构建的择机程度指标 *OIT* 仅依据短期择机交易倾向指标形成。由结果可见,不管是用换手率测度的投资者注意力指标 *RTURN*,还是以媒体报道数测度的投资者注意力指标 *RMR*,其回归系数都显著为负,表明随着投资者注意力程度的提高,管理层择机交易程度会显著下降,而随着投资者注意力程度的下降,管理层择机交易程度确会显著上升。因此投资者注意力是管理层择机交易的重要制约因素。

表 8-10　择机交易程度的多元回归结果

因变量	因变量:*OIT*			
	栏目 1	栏目 2	栏目 3	栏目 4
常数项	0.436 (0.604)	0.350 (0.748)	0.624 (0.433)	0.210 (0.846)
RTURN	**−0.016**** **(0.069)**	**−0.008***** **(0.007)**		
RMR			**−0.015**** **(0.048)**	**−0.012**** **(0.041)**
Lnsize	−0.005 (0.873)	−0.011 (0.815)	−0.008 (0.805)	−0.002 (0.961)
MB	0.001 (0.351)	−0.007 (0.455)	0.001 (0.315)	−0.006 (0.531)
Level	0.123 (0.239)	0.075 (0.713)	0.131 (0.210)	0.074 (0.713)
Boardsize		0.007 (0.628)		0.008 (0.579)
Dual		−0.045 (0.678)		−0.046 (0.674)
Outdir		0.606 (0.401)		0.703 (0.327)
IO		−0.316 (0.341)		−0.357 (0.249)
*Top*1		0.003 (0.241)		0.003 (0.228)
Controltype		−0.058 (0.000)		−0.061 (0.235)

续表

因变量	因变量：*OIT*			
	栏目 1	栏目 2	栏目 3	栏目 4
Ind	yes	yes	yes	yes
Year	yes	yes	yes	yes
N	336	294	336	294
LR Chi^2	23.88	27.67	24.07	28.26
Pseudo R^2	0.045	0.058	0.045	0.060

（三）择机交易的价值效应分析

表 8-11 是管理层择机交易程度的多元回归结果。由结果可见，当因变量是市场业绩 *TobinQ* 时，管理层择机交易程度 *OIT* 的回归系数显著为负，并且投资者注意力与择机交易的交乘项 *RIA*×*OIT* 的回归系数显著为正，表明管理层择机交易是自利性的，具有负面的市场价值效应。而且伴随着投资者注意力程度的提高，这种负面的市场价值损失会得到显著降低和抑制。而当因变量是会计业绩 *ROA* 和公司特质信息 R^2 时，*OIT* 和 *RIA* 的交乘项 *RIA*×*OIT* 的回归系数并不显著，表明就会计业绩而言，投资者注意力并没有产生显著的负面价值效应，而且就市场层面的信息传播而言，管理层择机交易在我国资本市场并没有产生像 Manne(1966)，Carlton 和 Fischel(1983)所提及的“衍生知情交易机制”。也就是说在我国资本市场，并没有发现管理层择机交易通过信息传递机制提高市场有效性方面的显著证据。因此从管理层择机交易综合来看，基本发现具有负面的价值效应，这种负面的价值效应会受到投资者注意力程度的显著影响。

表 8-11　管理层择机交易的价值效应

解释变量	因变量：*TobinQ*		因变量：*Roa*		因变量：R^2	
	栏目 1	栏目 2	栏目 3	栏目 4	栏目 5	栏目 6
常数项	5.947*** (0.000)	6.582*** (0.001)	−0.173* (0.067)	−0.210** (0.022)	0.162 (0.539)	0.098 (0.711)
OIT	**−0.189**** **(0.012)**	**−0.340**** **(0.060)**	**0.011** **(0.542)**	**−0.008** **(0.743)**	**0.045** **(0.423)**	**0.036** **(0.407)**
RTURN*×*OIT	**0.013***** **(0.005)**		**−0.005** **(0.235)**		**−0.005** **(0.588)**	
RMR*×*OIT		**0.045*** **(0.078)**		**−0.001** **(0.658)**		**−0.003** **(0.673)**

续表

解释变量	因变量：*TobinQ*		因变量：*Roa*		因变量：R^2	
	栏目 1	栏目 2	栏目 3	栏目 4	栏目 5	栏目 6
Lnsize	0.159* (0.061)	0.190** (0.044)	0.009** (0.048)	0.011** (0.011)	0.013 (0.270)	0.016 (0.171)
MB	0.155*** (0.000)	0.152*** (0.000)	0.000 (0.725)	0.001 (0.590)	−0.007** (0.022)	−0.006** (0.026)
Level	−1.978*** (0.000)	−1.920*** (0.000)	−0.124*** (0.000)	−0.131*** (0.000)	−0.016 (0.766)	−0.026 (0.642)
Boardsize	−0.012 (0.620)	−0.010 (0.666)	−0.001 (0.516)	−0.001 (0.500)	−0.006 (0.156)	−0.006 (0.152)
Outdir	1.168 (0.287)	1.162 (0.281)	−0.004 (0.962)	−0.013 (0.861)	−0.350* (0.053)	−0.357** (0.047)
IO	1.754*** (0.000)	1.709*** (0.000)	0.107*** (0.000)	0.118*** (0.000)	−0.180** (0.031)	−0.168** (0.040)
*Top*1	−0.005 (0.332)	−0.005 (0.307)	0.000** (0.034)	0.000** (0.024)	−0.002*** (0.002)	−0.002*** (0.002)
Controltype	0.089 (0.262)	0.098 (0.222)	0.004 (0.550)	0.003 (0.590)	−0.011 (0.376)	−0.012 (0.336)
Dual	−0.091 (0.518)	−0.091 (0.521)	0.014 (0.167)	0.014 (0.151)	0.013 (0.601)	0.013 (0.603)
Ind	Yes	Yes	Yes	Yes	Yes	Yes
Year	Yes	Yes	Yes	Yes	Yes	Yes
N	294	294	294	294	293	293
adj. R^2	0.616	0.618	0.312	0.306	0.494	0.493

四、拓展研究：择机交易的途径分析

结合表 8-8、8-9 以及表 8-10 的研究发现，管理层确实会基于投资者的注意力状态进行短期的择机交易，并且结合表 8-11 的研究发现，这种择机交易行为具有负面的价值效应，那么管理层具体会通过什么途径进行择机交易呢？这种择机交易与管理层违规交易之间存在什么关系？本书进一步进行拓展分析，设定的回归模型见模型(8-6)。

模型的回归结果见表 8-12。在全样本下，投资者注意力与管理层违规交易倾向并没有显著关系，但当把样本按照交易方向分为买方和卖方交易样本时可见：当管理层卖股票时，投资者注意力 *RIA* 的回归系数显著为负，而且在两种指标下都比较稳定。表明在卖方交易中，管理层确实会倾向于利用投资者注意力状态进行违规交易。在卖方交易中，投资者注意力程度越高，则管理层违规倾向越低，而投资者注意力程度越低，则反之。结合表 8-6 的研究，相对于正常和买方交易，违规交易和卖方交易的择机交易倾向更高。因此综合以上研究，本书发现了管理层择机交易的一种重要途径，即基于投资者注意力状态的差异，管理层会倾向性地通过选择卖方交易中的违规交易以获取充分的自利收益。

表 8-12 择机交易的途径分析

自变量	因变量：*Illegal*					
	全样本	买方交易	卖方交易	全样本	买方交易	卖方交易
常数项	9.767*** (0.000)	10.882*** (0.003)	8.894*** (0.000)	9.416*** (0.000)	10.322*** (0.002)	8.480*** (0.000)
RTURN	**−0.025** **(0.363)**	**−0.018** **(0.679)**	**−0.035**** **(0.038)**			
RMR				**0.015** **(0.532)**	**−0.022** **(0.572)**	**−0.025***** **(0.004)**
Score	−0.333** (0.047)	−0.477 (0.109)	−0.211 (0.309)	−0.323* (0.055)	−0.498* (0.093)	−0.190 (0.367)
CEO	−0.273 (0.211)	−0.339 (0.292)	−0.211 (0.490)	−0.271 (0.213)	−0.324 (0.310)	−0.219 (0.469)
Self	−2.762*** (0.000)	−2.791*** (0.000)	−2.612*** (0.000)	−2.758*** (0.000)	−2.794*** (0.000)	−2.604*** (0.000)
Lnsize	−0.392*** (0.000)	−0.460*** (0.004)	−0.342*** (0.002)	−0.388*** (0.000)	−0.438*** (0.004)	−0.341*** (0.002)
MB	−0.004 (0.601)	−0.002 (0.279)	−0.002 (0.261)	−0.005 (0.612)	−0.002 (0.232)	−0.003 (0.286)
Level	−0.201 (0.484)	−0.547 (0.125)	0.056 (0.874)	−0.209 (0.459)	−0.537 (0.120)	0.028 (0.937)
Dual	−0.378* (0.074)	−0.734** (0.032)	−0.243 (0.407)	−0.382* (0.073)	−0.728** (0.034)	−0.236 (0.423)
Boardsize	0.029 (0.390)	0.064 (0.274)	0.007 (0.872)	0.028 (0.394)	0.065 (0.271)	0.008 (0.856)
Outdir	−1.094 (0.409)	−1.629 (0.478)	−0.748 (0.663)	−1.140 (0.392)	−1.695 (0.459)	−0.934 (0.585)
IO	−0.003 (0.467)	−0.010 (0.152)	0.001 (0.848)	−0.002 (0.656)	−0.009 (0.198)	0.003 (0.569)
Top1	0.010* (0.070)	0.016* (0.069)	0.005 (0.502)	0.009* (0.083)	0.016* (0.071)	0.005 (0.542)
Controltype	0.095 (0.424)	0.071 (0.730)	0.097 (0.517)	0.104 (0.381)	0.069 (0.737)	0.113 (0.449)

续表

自变量	因变量：*Illegal*					
	全样本	买方交易	卖方交易	全样本	买方交易	卖方交易
Ind	Yes	Yes	Yes	Yes	Yes	Yes
year	Yes	Yes	Yes	Yes	Yes	Yes
N	1673	698	954	1673	698	954
Chi^2	515.45	243.77	280.69	515.83	244.87	280.98
Pseudo R^2	0.327 7	0.390 4	0.299 8	0.327 5	0.390 6	0.299 6

第四节　本章小结

针对中国制度背景，股权分置改革后“大非”、“小非”解禁，以及新《公司法》《证券法》对管理层交易本公司股票的“开闸”，客观上为内部人交易提供了制度条件。考虑到我国相关监管制度缺失及公司治理弱化[1]，本章选择新的研究视角，从分析投资者认知特征出发，在分析管理层交易特征的基础上，重点分析了投资者对股票信息的注意力程度、管理层择机交易及其对应的价值效应之间的关系。研究表明管理层确实会基于投资者对股票的注意力状态从事自利性的择机交易，其具体择机交易的倾向、后果以及途径体现在以下方面：(1) 投资者注意力与管理层长期的择机交易倾向不存在显著的关系，而与管理层短期择机交易倾向、程度呈显著的负向关系，表明管理层择机交易过程中确实会考虑投资者对股票的注意力状况，当投资者对股票付出的注意力越高时，管理层短期择机交易倾向更低，且其对应的择机程度更低，而当对股票付出的注意力越低时，则反之。(2) 管理层基于注意力进行内部人择机交易的行为会受到信息透明度和内部人类型的显著影响。其中信息的透明度的提高能够有效抑制管理层利用投资者注意力进行择机交易的倾向，而相比高管家属交易本公司股票，高管本人交易本公司股票时更倾向于从事基于注意力的短期择机交易行为。(3) 本章的进一步证据发现，管理层择机交易程度和市场业绩呈显著的负向关系，并且投资者注意力的提高，能够显著地抑制这种负面的价值损失。这表明在我国资本市场，管理层择机交易是自利的，并且这种自利择机的负面价值效应会受到投资者注意力的充分影响。(4) 通过对管理层择机交易的途径进行分析，还发现了基于投资者的

〔1〕 吴育辉和吴世农(2010)研究发现股权分置改革后，我国上市公司的内部人如大股东利用信息披露从事了更大程度的自利减持交易，这验证了股权分置改革后我国相关制度和法规体系并没有对内部人自利交易行为产生明显的监管效应。

注意力状态差异，管理层更会倾向性地通过选择卖方交易中的违规交易以获取充分的自利收益。

本章研究从新的视角系统分析了管理层择机交易的动力、制约因素、运作途径以及其对应的外部效应。研究从理论上首次发现，投资者对股票信息付出的注意力差异能够对股票市场参与者的行为及其信息处理效率产生显著影响。而对于当前证券市场投资者和监管层更具有重要的实践启示意义：(1) 对资本市场的广大投资者而言，应坚决杜绝跟风、跟概念、跟题材炒股的投机行为，对于股票投资审慎选择自己熟悉的股票进行长期跟踪监管，充分提高对跟踪股票的信息分析能力，进而形成有限股票范围内注意力的高度集中以有效抑制管理层自利性的择机交易行为，这对提高资本市场的信息效率具有重要的价值和意义。(2) 对于监管层而言，为了维护资本市场的信息效率，在加强对管理层本人内部人交易监管的同时，也应当注重内部人亲属交易行为。现有法律法规主要规制的是内部人交易行为，尤其是在内部人短线交易上与敏感时期交易上都有严格的限制，但对内部人亲属交易则无明确要求。这很可能促使内部人亲属交易成为内部人交易的替代方式，或者成为规避内部人交易管制的手段，进而使得内部人交易管制的效率下降。

表 8-13 本章实证结果汇总

研究内容	研究假设	假设描述	实验结果
投资者注意力、信息获利与管理层交易择机	假设 H8-1	投资者注意力程度与管理层择机交易呈显著的负向关系。即当投资者对股票充分注意时，管理层择机交易倾向和程度较低；而当投资者对公司股票有限注意时，则管理层择机交易倾向和程度较高	部分支持
	假设 H8-2	相比一般管理层，CEO 更倾向于利用投资者注意力状态进行择机交易	不支持
	假设 H8-3	相对于高管家属，高管本人更倾向于利用投资者注意力状态进行择机交易	支持
	假设 H8-4	相对信息透明度高的公司，信息透明度低的公司高管更倾向于利用投资者注意力状态进行择机交易	支持
	假设 H8-5a	管理层择机交易具有正面的价值效应，即管理层择机交易程度和公司业绩以及公司股价的特质信息含量呈显著的正向关系	不支持
	假设 H8-5b	管理层择机交易具有负面的价值效应，管理层择机交易程度和公司业绩以及公司股价的特质信息呈显著的负向关系	支持

第九章　研究结论与展望

决策过程建立在对信息的加工、分析、改造和整合的基础之上。决策者通过对给定的已知信息进行分析、处理，查找和挖掘已知信息中隐含的相关信息资源，然后进行整合、再加工，形成统一的具有正确逻辑意义的方案，并执行方案，这就是决策结果形成的过程。在决策过程中，人们在注意力的认知资源、主观能动性、认知需要和投入的认知努力上的差别，会影响个体对信息加工的深度，最终影响到决策结果。本书从注意力的心理学和经济学理论基础出发，通过对相关研究文献的梳理和述评，提出了本书的投资者注意力的测度指标：换手率和媒体报道数，并利用这两个指标作为实证分析的基础，深入检验了我国资本市场投资者注意力、股票误定价以及管理层择机行为之间的内在关系。本章将对本书的研究作出总结，具体的结构安排如下：第一节归纳总结了本书研究得出的主要结论；第二节在本书研究结论的基础上提出若干研究启示和政策建议，为投资者的投资和消费行为、监管层的市场监管和规范行为提供依据；第三节指出本书研究可能存在的局限性及未来的研究方向。

第一节　研究结论

注意力是一种稀缺的认知资源。大量的认知心理学文献发现，人脑的中央认知能力存在着局限。当市场充斥着大量信息时，有限注意不可避免。这使得注意力成为影响人们学习和决策制定的关键因素。金融市场充斥着超量信息，这些信息不一定都能被股价充分吸收，这些信息要引起市场的反应，首先就要引起投资者的注意，这是市场反应的前提和客观条件。但长期以来，注意力的研究仅停留在心理学研究层面，财务和金融学者甚至包括行为金融学者都忽视了对资本市场中经济局限条件的分析。投资者注意力的研究无疑有效补充了这一空缺从研究的范式来看，投资者注意力在两个层面影响了投资者的行为：(1) 注意力局限使投资者有可能忽略某些影响价格变化的信息，甚至是公开信息，从而使投资者的信息集小于参与定价的信息集；(2) 注意力局限有可能使投资者在分析这些信息时出现代表性的偏误，如过度自信、外推预期、锚定效应、保守性偏差、代表性偏差等。传统的行为金融研究主要是从第二个层次进行分析，而投资者注意力则着手从第一个层次进行分析，投资者注意力研究完善了现有行为金融流派的研究体系。

基于认知心理视角，投资者注意力研究放松了传统和以往行为金融将信息视为外生变量的假设，认为在认知约束下，投资者注意力的分配首先决定了关注的信息结构，基于投资者注意力与信息之间的内生化关系，投资者注意力差异对投资者的交易行为产生了显著影响，并进一步影响了股票的定价及其动态变化。正是因为投资者注意力能够影响资产定价，现实中关心公司短期股价、具有信息优势地位的管理层会基于投资者的注意力状况进行择机性的信息披露和交易行为决策。本书得出的基本结论如下：

(1) 投资者注意力对市场误定价的影响。本书通过对持续性的股价历史信息和间歇性的盈余公开信息这两种信息特性的分析，发现投资者对于市场中不同特性的信息会存在选择性的注意力配置状态，这种注意力配置状态引起了投资者信息吸收、解读和处理模式的差异，进而造成了投资者行为的差异化，这种差异化的行为模式更进一步造成了市场中股票的定价偏差。研究发现投资者注意力是我国资本市场价格反转与盈余惯性形成的重要成因，投资者注意力对资产定价具有双重作用：一方面，有限的注意力引起投资者对盈余公开信息反应不足，进而形成了市场中盈余惯性收益；另一方面，投资者对股价历史信息的充分注意又会和其自身的行为偏差(外推预期和过度自信)交织在一起引起对股价历史信息的过度反应，从而形成了市场中股票的价格反转收益。极端的投资者注意力状态显著影响了投资者的决策质量。

另外，本书为了验证投资者注意力对股票定价的动态影响，还进一步将样本期间分为牛市和熊市两种态势，根据金融市场的“鸵鸟效应”预期，在牛市时投资者将会比熊市时付出更多的注意力，本书在投资者注意力横截面分析的基础上提出了不同市场态势下投资者注意力对信息反应的非对称假设。研究发现，基于投资者注意力的认知状态差异，我国资本市场存在“鸵鸟效应”，即价格反转收益在牛市比熊市更强，而盈余惯性收益在熊市比牛市更强。

(2) 投资者注意力对应计误定价的影响。沿袭投资者注意力—盈余操纵—应计误定价的递进分析思路，本书通过多种实证方法验证了投资者注意力与应计误定价之间具有显著的负相关关系。其中的机理表明投资者注意力一方面具有“治理效应”,投资者注意力的提高能够抑制管理层的主观操纵行为,降低异常应计的构成比例,提高盈余构成信息的持续性。另一方面,投资者注意力具有“认知效应”,投资者注意力的提升使投资者对盈余构成信息的解读能力得到显著提高,因此,应计成分的高估价程度得到显著的抑制,最终导致了市场对其应计构成成分定价效率的提升。

通过对投资者注意力与代表性股票误定价之间的关系分析,本书发现,投资者注意力程度是市场中代表性股票误定价(价格反转、盈余惯性、应计误定价)形成的重要成因。投资者充分的注意力会引起投资者对于特定信息的过度关注,进而造成了股价的过度反应,而投资者有限的注意力却会造成投资者对于特定信息的短期忽视和长期修正,表现在股价上会产生反应不足。投资者注意力状况通过影响投资者的信息处理效率进一步影响了市场中股票误定价的程度。

如果投资者注意力程度影响了市场中股票误定价的程度,那么下一个层次的问题必然产生:是否有短视的、处于信息优势地位的管理层,会在权衡短期股价最大化和公司基本价值最大化的基础上,进行自利性的择机战略决策呢?本书研究发现,答案是肯定的,至少在盈余信息披露行为以及内部人交易行为上,管理层表现出明显的基于投资者注意力状况而进行的财务择机行为。

(3) 投资者注意力对管理层盈余信息披露的择机行为影响。研究发现,资本市场上具有信息优势的管理层在公布盈余公告时会择机进行,为了减轻市场对坏消息的“惩罚”力度和提高对好消息的市场“奖励”力度,管理层会倾向于在投资者注意力比较分散的状态下公布坏消息,而在投资者注意力比较集中的状态下公布好消息,其中好消息性质的盈余信息更倾向于提前公布。而且基于投资者注意力状态的盈余公告择机倾向还受到上市公司客观条件(会计信息透明度)以及主观条件(管理层权力强度)的影响。

(4) 投资者注意力对管理层内部人交易的择机行为影响。研究发现投资者注意力与管理层短期择机交易倾向、程度呈显著的负向关系,表明管理层择机交易过程中确实会考虑投资者对股票的注意力状况,当投资者对股票付出的注意力越高时,管理层短期择机交易倾向越低,且其对应的择机程度越低,而当对股票付出的注意力越低时,则反之。并且研究还发现,信息透明度的提高能够有限抑制管理层利用投资者注意力进行择机交易的倾向。本书的进一步研究还发现,管理层择机交易程度和市场业绩呈显著的负向关系,并且投资者注意力的提高,能够显著地抑制这种负面的价值损失。这表明在我国资本市场,管理层择机交易是自利的,并且这种自利择机的负面价值效应会受到投资者注意力的充分影响。最后通过对管理层择机交易的途径进行分析，本书还发现了基于投资者的注意力状态差异，管理层更会倾向性地通过选择卖方交易中的违规交易以获取充分的自利收益。

第二节 研究启示和政策建议

现代金融学理论认为投资者是完全理性的，资本市场也是有效的。因此，股票收益的唯一决定因素就是市场风险。在资本市场有效的前提下，管理层会基于一定的薪酬契约和公司治理机制追求自身利益的最大化。近年来，随着研究的不断深入，越来越多的证据表明，投资者完全理性的假设很难成立，因为资本市场是一个信息海洋，具有不同流动性的股票充斥其中，而对于投资者而言，注意力是一种稀缺资源。在注意力资源的约束下，投资者是否对市场中信息存在注意力的配置状况？如果是，那么这种选择性的注意力配置是否会影响资本市场股票的横截面收益及其动态变化？对于管理层而言，在一些公司治理行为上是否又会充分考虑投资者的注意力状况进行择机决策呢？这些问题的系统分析具有很大的现实性和趣味性。而本书以投资者注意力贯穿始终，首次对这些问题进行了系统分析。

本书的研究结果表明，股票的横截面收益及其动态变化不仅受到系统性风险的影响，还受到了投资者注意力程度的显著影响，投资者注意力是资本市场价格异象、盈余异象和应计异象形成的重要成因，这些市场短期的定价偏差在统一的投资者注意力框架下得到解释。投资者注意力引起股票误定价还进一步引起了管理层公司财务行为发生显著变化，如管理层的盈余信息披露以及内部人交易会表现出基于投资者注意力状况进行择机决策的特征。

从市场中的投资者，特别是散户投资者的角度来看，应坚决杜绝跟风、跟概念、跟题材炒股的投机行为，对于股票投资应审慎选择自己熟悉的股票进行长期跟踪监管，充分提高对跟踪股票的信息分析能力。投资者应根据自身的知识结构、专业背景、从业经验选择自己熟悉的、认知处理相对容易的股票进行跟踪，进而形成有限股票范围内注意力的适度集中，这对提高资本市场的信息解读和处理效率具有重要的价值和意义。

从上市公司的管理层角度来看，相比国外透明、有效的资本市场，我国上市公司管理层面临着薄弱的制度和法律环境，管理层负面决策在制度上的监控和处罚力度比较低，政策约束比较小，这为当前我国上市公司管理层进行短期自利行为提供了便利，本书的研究也确实发现管理层会在信息披露和内部人交易上进行自利择机行为。但是从资本市场的长期建设来看，随着有效法制的强化以及资本市场信息披露制度的完善，建立具有声誉以及具有信托、勤勉责任的企业家市场将会是未来的发展趋势。因此，管理层在进行信息披露及内部人交易行为时，应专注于公司的核心业务，从公司发展的长期利益最大化出发，通过维护股东的利益，实现企业的长期发展，而非短视性地片面迎合投资者的注意力状况进行自利性的择机交易，追求短期股价的最大化，从而损害公司利益。

从监管层的角度来看，本书研究为监管机构在改进和完善上市公司的信息披露原则以及监管内部人交易行为时提供了思路和指引方向。首先，监管层应加强对投资者的教育，并切实提高市场中信息的审查机制，建立对决策者透明、有效的分层次信息披露机制，以有效规避投资者的认知局限。其次，监管部门应强化年报信息的“均衡披露”原则。尽管中国的股票市场从不缺乏主题或故事，但假如年报集中在投资者注意力分散的时段披露，会使投资者无法对上市公司进行逐一分析检验，从而影响投资者，尤其是中小投资者对市场信息的反应速度。当前我国上市公司年报披露存在“挤末班车”、业绩“前高后低”、披露时间“前松后紧”的问题，这严重影响了年报公布的及时性，并加重了投资者的认知负担，因此监管层在各家上市公司上报年报披露时限时，应与上市公司进行合理协调，尽量保证公告发布日期在确定的时间段内均衡披露，这就能有效降低投资者的注意力负担，让投资者能够更为有效地进行信息处理和股票交易决策，最终提高市场上的资源配置效率。最后，针对不同板块的上市企业，监管层还应系统性地审视这些板块对应的信息特性，分析哪些信息是能够引起投资者注意力兴奋点的信息，哪些信息是不能引起投资者注意力兴奋点的信息，从而对管理层内部人交易择机时迎合的信息种类进行分类监管和跟踪，并有效防止管理层利用信息优势进行自利性的择机交易，切实提高资本市场的“三公”原则。

第三节　研究局限与展望

本书的研究将认知心理学、公司治理和行为金融学等多学科领域的相关发现较好地进行了贯穿和整合，并首次从投资者注意力的认知视角，系统性地分析了资本市场股票误定价的形成成因以及管理层择机行为的动机、途径以及经济后果。研究结论丰富了现有行为金融学的研究体系，对于理解我国资本市场上投资者的信息解读以及管理层的信息披露与交易行为动机具有指导意义。研究发现了一些有趣的结论，并形成了有益的研究启示。

但需要注意的事实是：投资者注意力是资本市场上一种常态的认知偏差现象，在现实中投资者对这种认知特征都能体会，但在学术探索方面，学者研究却长期忽略。毋庸置疑，投资者注意力肯定在研究中，特别是实证研究中存在着一些关键的难点问题还有待突破。本书的研究局限性体现如下：

(1) 投资者注意力的科学测度指标。本书在总结和评述以往文献三种类型的测度指标——竞争性刺激信息的干扰程度、信息的显著和易处理程度以及交易特性指标的基础上，提出了本书的投资者注意力程度指标——换手率和媒体报道数。这两个指标将投资者注意力的起因和结果相结合，在实证检验中一方面能够增加研究结论的可靠性，另一方面也能有效地规避内生性的问题。但是，是否能找出更加直接、噪音更少并且能够有效规避内生性问题的指标仍是本书以后研究要突破的重要局限。

(2) 基于不同类别投资者的交易行为中“注意力效应”考察。本书基于大样本的实证分析，对投资者注意力与投资者交易行为、市场股票定价以及管理层财务择机行为之间的关系进行了考察。但是本书的研究是面向投资者总体交易行为的考察。国外已经有相应的文献发现，个体投资者和机构投资者虽构成了投资者的总体，但是这两种类型的投资者其在信息分析、交易行为上存在显著的差异，那么对于不同类别的投资者，投资者注意力局限对其的影响是否存在差异，这种差异是否影响了其信息处理模式，进而对其交易行为和市场中股票定价产生影响，这需要分别收集更为直观的个体和机构投资者的营业网点交易账户进行跟踪分析，但限于数据的获取性和研究条件，本书还未进行这方面的深入分析。

对于投资者注意力流派的深化研究，作者认为存在以下重要问题有待于与各位研究同仁共同商榷和分析：(1) 在投资者注意力配置与投资者的行为偏差之间的交互影响研究方面，投资者注意力在什么条件下更容易与行为偏差发生交互作用，这种作用在不同市场状态下的强弱程度如何？(2) 从长期来看，投资者注意力对股票定价的影响是否会消失？即集中注意的投资者和分散注意的投资者在资本定价中由于注意力局限所犯的错误是否能够抵消？或者这两种投资者各自是否都通过长期学习而使其误定价行为得到更正？(3) 如果投资者注意力影响了管理层的信息择机披露和内部股票择机交易行为，那么基于成本—收益的经济学框架，进一步鉴别哪些因素制衡或者强化这种影响效应就显得非常必要。另外在更广泛的财务框架中，如上市公司配股、定向增发以及股利分配等财务决策中是否也存在着基于投资者注意力状态的择机倾向？这些问题需要做进一步的深入探索。

参考文献

[1] 陈小悦,肖星,过晓艳.配股权与上市公司利润操纵[J].经济研究,2000(1).

[2] 陈志武.股价同向涨跌率上升,中国股市质量变差了?[J].新财富,2005(12).

[3] 醋卫华,李培功.国内媒体吹口哨了吗?[Z].厦门大学工作本书.2010.

[4] 黄梅,夏新平.操纵性应计利润模型检测盈余管理能力的实证分析[J].南开管理评论,2009(5).

[5] 黄明峰,黄瑶,田水.配股政策的变更与上市公司盈余管理现象的实证研究——基于1994—2007年上市公司的经验数据[J].北方经济,2009(6).

[6] 高鑫.内部人交易、信息获利动机与制衡因素——基于沪市股上市公司的经验证据[D].复旦大学博士论文,2009.

[7] 李培功,沈艺峰.媒体的公司治理作用:中国的经验证据[J].经济研究,2010(4).

[8] 李维安,唐跃军,左晶晶.未预期盈利、非标准审计意见与年报披露的及时性[J].管理评论,2005(3).

[9] 李筱强.年报披露进度均衡性有待提高[N].中国证券报,2003-06-06.

[10] 李远鹏,牛建军.退市监管与应计异象[J].管理世界,2007(5).

[11] 刘博,皮天雷.惯性策略和反转策略:来自中国沪深A股市场的新证据[J].金融研究,2007(8).

[12] 刘斌,杨开元.我国A股市场应计异象研究[J].证券市场导报,2011(6).

[13] 刘文达,张宏伟.盈余管理计量模型检验:中国上市公司证据[Z].厦

门大学工作本书.2010.

[14] 刘云中.中国股票市场对会计盈余和会计应计量信息的反映[J].中国软科学,2003(11).

[15] 马启伟,张力为.体育运动心理学[M].杭州:浙江教育出版社,1998.

[16] 权小锋,吴世农,文芳.管理层权力、私有收益与薪酬操纵[J].经济研究,2010(11).

[17] 饶育蕾,彭叠峰,周相宜.基于有限注意的排行榜效应研究——来自上海股票市场的证据[Z].中南大学,2010.

[18] 饶育蕾,彭叠峰,成大超.媒体注意力会引起股票的异常收益吗？——来自中国股票市场的经验证据[J].系统工程理论与实践,2010(2).

[19] 宋云玲,李志文.A股公司的应计异象[J].管理世界,2009(8).

[20] 谭伟强.我国股市盈余公告的周历效应与集中公告效应研究[J].金融研究,2008(2).

[21] 唐跃军,薛红志.企业业绩组合、业绩差异与季报披露的时间选择[J].会计研究,2005(10).

[22] 王春,徐龙炳.投资者关注研究新进展[J].上海财经大学学报,2009(5).

[23] 王克敏,王志超.高管控制权、报酬与盈余管理——基于中国上市公司的实证研究[J].管理世界,2007(7).

[24] 王永宏,赵学军.中国股市"惯性策略"和"反转策略"的实证分析[J].经济研究,2001(6).

[25] 王宗胜.基于注意力的证券投资选择[D].天津财经大学博士论文,2007.

[26] 王宗胜,李腊生.基于注意力的经济行为[J].云南财经大学学报,2007(6).

[27] 吴世农,吴超鹏.我国股票市场"价格惯性策略"和"盈余惯性策略"的实证研究[J].经济科学,2003(4).

[28] 吴世农,吴超鹏.盈余信息度量、市场反应与投资者框架依赖偏差分析[J].经济研究,2005(2).

[29] 吴育辉,吴世农.股票减持过程中的大股东掏空行为研究[J].中国工业经济,2010(5).

[30] 吴育辉.股权分置改革后大股东的掏空行为研究[D].厦门大学博士论文,2010.

[31] 肖军,徐信忠. 中国股市价值反转投资策略有效性实证研究[J]. 经济研究,2004(3).

[32] 辛宇,徐莉萍. 媒体治理与中小投资者保护[Z]. 中山大学工作本书. 2010.

[33] 许年行,洪涛,吴世农,徐信忠. 信息传递模式、投资者心理偏差与股价[J]. 经济研究,2011(4).

[34] 杨德明. 盈余惯性与价格惯性的关系研究[Z]. 华南理工大学,2008.

[35] 杨德明,林斌. 信息泄漏、处置效应与盈余惯性[J]. 管理科学学报,2009(5).

[36] 杨晓兰. 我国股票市场的网络关注度效应 ——一个基于和讯关注度的实证检验[Z]. 浙江大学,2010.

[37] 杨旭东,莫小鹏. 新配股政策出台后上市公司盈余管理现象的实证研究[J]. 会计研究,2006(8).

[38] 杨阳,万迪昉. 不同市态下投资者情绪与股市收益、收益波动的异化现象——基于上证股市的实证分析[J]. 系统工程,2010(1):19-23.

[39] 于李胜,王艳艳. 信息不确定性与盈余公告后漂移现象(PEAD)[J]. 管理世界,2006(3).

[40] 于李胜,王艳艳. 信息竞争性披露、投资者注意力与信息传播效率[J]. 金融研究,2010(8).

[41] 郑志刚. 法律外制度的公司治理角色——一个文献综述[J]. 管理世界,2007(9).

[42] 张力为,任未多. 体育运动心理学研究进展[M]. 北京:高等教育出版社,2000.

[43] 张昕. 中国亏损上市公司第四季度盈余管理的实证研究[J]. 会计研究,2008(4).

[44] 张昕,杨再惠. 中国上市公司利用盈余管理避免亏损的实证研究[J]. 管理世界,2007(9).

[45] 曾庆生. 公司内部人具有交易时机的选择能力吗? [J]. 金融研究,2008(10).

[46] 曾亚敏,张俊生. 上市公司高管违规短线交易行为研究[J]. 金融研究,2009(11).

[47] Aboody, David. 1996. Recognition versus disclosure in the oil and gas industry[J]. Journal of Accounting Research Supplement 34(3).

[48] Aboody, D. , Hughes, J. and Liu, J. 2005. Earnings quality, insider

trading, and cost of capital[J]. Journal of Accounting Research 43.

[49] Aboody, D., R. Lehavy and B. Trueman. 2012. Limited attention and the earnings announcement returns of past stock market winners[Z]. Working Paper.

[50] Ali, A. and Gurun, U. G. 2009. Investor sentiment, accruals anomaly and accruals management[J]. Journal of Accounting, Auditing and Finance 24(3).

[51] Amir, Eli. 1993. The market valuation of accounting information: The case of postretirement benefits other than pensions[J]. Accounting Review 68(4).

[52] Bacon, S. J. 1974. Arousal and the Range of Cue Utilization[J]. Journal of Experimental Psychology 102 (1).

[53] Bahrick, H. P. 1954. Incidental learning under two incentive conditions[J]. Journal of Experimental Psychology 47(3).

[54] Bagnoli, Mark, Michael, B. Clement, and Susan G. Watts. 2005. Around-the-clock media coverage and the timing of earnings announcements[Z]. Working Paper.

[55] Baker, Malcolm, Richard Ruback and Jeffrey Wurgler. 2007. Behavioral corporate finance: A survey [M]. In The Handbook of Corporate Finance: Empirical Corporate Finance, edited by Espen Eckbo. New York: Elsevier/North Holland.

[56] Ball, R. and P. Brown. 1968. An empirical evaluation of accounting income numbers[J]. Journal of Accounting Research 6.

[57] Ball, R., Shivakumar L. 2006. The role of accruals in asymmetrically timely gain and loss recognition[J]. Journal of Accounting Research 44.

[58] Barone, G. J. and Magilke, M. J. 2009. An examination of the effects of investor sophistication on the pricing of accruals and cash flows [J]. Journal of Accounting, Auditing and Finance 34(3).

[59] Barber, Brad M. and B. T. Odean. 2008. All that glitters: The effect of attention and news on the buying behavior of individual and institutional investors[J]. Reviews of Financial Studies 21.

[60] Beneish, M. D. and Vargus, M. 2002. Insider Trading, Earning Quality, and Accrual Mispricing[J]. The Accounting Review 77.

[61] Bernard, V. L. and Thomas, J. K. 1989a. Post-earnings-

announcement drift: Delayed price response or risk premium? [J]. Journal of Accounting Research 27(3).

[62] Bernard, V. L. and Thomas, J. K. 1989b. Evidence that stock price do not reflect the implications of current earnings for future earnings [J]. Journal of Accounting and Economics 13.

[63] Bernard, V. L. and Thomas, J. K. 1990. Evidence that stock prices do not fully reflect the implications of current earnings for future earnings [J]. Journal of Accounting and Economics 13.

[64] Bradshaw, Mark and Richard Sloan. 2002. GAAP versus the street: An empirical assessment of two alternative definitions of earnings [J]. Journal of Accounting Research 40(1).

[65] Broadbent, D. E. 1958. Perception and Communication [M]. New York: Pergamon Press.

[66] Runco, M. A. and Pritzker, S. R. 1999. Encyclopedia of Creativity[M]. San Diego: Academic Press.

[67] Budsaratragoon, Lhaopadchan, Hillier. 2010. Institutional shareholder activism and limited investor attention[Z]. Working Paper.

[68] Bushee, B. J., J. E. Core., W. Guay and S. J. W. Hamm. 2008. The role of the business press as an information intermediary [Z]. Working Paper.

[69] Bygrave, W. D. and Hunt, S. 2007. For love or money? A Study of Financial Returns on Informal Investments in Business Owned by Relatives, Friends and Strangers[J]. Regional Frontiers of Entrepreneurship Research 44(5).

[70] Cai, Jian, Gerald T. Garvey and Todd T. Milbourn. 2012. How well do investors process information? The case of employee stock options [Z]. Working Paper.

[71] Carton, D. W. and Fischel, D. 1983. The regulation of insider trading [J]. Stanford Law Review 35(2).

[72] Chakrabarty, Bidisha and Pamela, C. Moulton. 2013. Earning more attention: The impact of market design on attention constraints[Z]. Working Paper.

[73] Chambers, A. and S. Penman. 1984. Timeliness of reporting and the stock price reaction to earnings announcements [J]. Journal of

Accounting Research 22.

[74] Chan, K. C. , Jegadeesh, N. and Lakonishok, J. 1996. Momentum strategies [J]. Journal of Finance 57.

[75] Chan, W. S. 2003. Stock price reaction to news and no-news: drift and reversal after headlines [J]. Journal of Financial Economics 70.

[76] Cherry, E. C. 1953. Some experiments on the recognition of speech, with one and two ears [J]. Journal of the Acoustical Society of America 25.

[77] Chemmanur, T. and Yan, A. 2013. Advertising, attention and stock returns [Z]. Working Paper.

[78] Chen, S. , M. L. DeFond. and C. W. Park. 2002. Voluntary disclosure of balance sheet information in quarterly earnings announcements [J]. Journal of Accounting and Economics 33.

[79] Cheng, Q. and Lo, K. 2008. Insider trading and voluntary disclosures [J]. Journal of Theoretical and Applied Finance 11(5).

[80] Chi, S. S. 2013. Simultaneous presense of different domestic GAAPs and Investors' Limited Attention Bias in U. S Equity Markets: Implication for Convergence[Z]. Working Paper.

[81] Chi, W. , Jevons Lee and Heng Yue. 2004. Timeliness and earnings quality [Z]. Working Paper.

[82] Chordia, T. and Shivakumar, L. 2000. Momentum, business cycle and time-varying expected returns[Z]. Working Paper.

[83] Chordia, T. and Shivakumar, L. 2006. Earnings and price momentum [J]. Journal of Financial Economics 80.

[84] Chordia, T. , A. Goyal, G. Sadka, R. Sadka and Shivakumar, L. 2006. Liquidity and the post-earnings announcement drift [Z]. Working Paper.

[85]Cohen, Lauren and Andrea Frazzini. 2008. Economic links and predictable returns [J]. Journal of Finance 63(4).

[86] Collins, D. W. , G. Gong. and P. Hribar. 2003. Investor sophistication and the mispricing of accruals [J]. Review of Accounting Studies 22.

[87] Core, J. , Holthausen, R. and Larcker, D. 2008. The power of the pen and executive compensation[J]. Journal of Financial Economics 88.

[88] Corwin, Shane A. and Jay Coughenour. 2008. Limited attention and the allocation of effort in securities trading [J]. Journal of Finance 63 (6).

[89] Da, Z., Engelberg, J. and Gao, P. J. 2012. In search of attention [Z]. Working Paper.

[90] Damodaran, Aswath. 1989. The weekend effect in information releases: A study of earnings and dividend announcements [J]. Review of Financial Studies 2(4).

[91] Daniel, Kent, David HiIshJeifer and Avanidhar Subrahmanyam. 1998. Investor psychology and security market under-and overreactions [J]. Journal of Finance 53(6).

[92] Daniel, K. and Titman, S. 1999. Market efficiency in an irrational word[J]. Financial Analyst Journal 55.

[93] Davis, Friday, Paquita, Buky Folami, Chao-shin Liu and Fred Mittelstaedt. 1999. The value relevance of financial statement recognition versus. Disclosure: Evidence from SFAS No. 106 [J]. Accounting Review 74 (4).

[94] DeFond, M. L. and C. W. Park. 2001. The reversal of abnormal accruals and the market valuation of earnings surprises [J]. The Accounting Review 76.

[95] Della, Vigna, Stefano and Joshua M. Pollet. 2007. Demographics and industry returns [J]. American Economic Review 97(5).

[96] DellaVigna, Stefano and Joshua Pollet. 2009. Investor inattention and Friday earnings announcements [J]. Journal of Finance 64(2).

[97] Deutsch, J. A. and Deutsch, D. 1963. Attention: Some theoretical considerations[J]. Psychological Review 70.

[98] Dietrich, Richard, Steven Kachelmeier, Donald Kleinmuntz and Thomas Linsmeier. 2001. Market efficiency, bounded rationality and supplemental business reporting disclosures [J]. Journal of Accounting Research 39(2).

[99] Doyle, James, Russell Lundholm and Mark Soliman. 2003. The predictive value of expenses excluded from pro forma earnings [J]. Review of Accounting Studies 8.

[100] Doyle, J. T. and Magilke, M. J. 2009. The Timing of Earnings

Announcements: An Examination of the Strategic Disclosure Hypothesis [Z]. Working Paper.

[101] Doyle, J. T. and Magilke, M. J. 2010. The opportunistic timing of management forecasts[Z]. Working Paper.

[102] Drake, M. S., J. N. Myers and L. A. Myers. 2008. Disclosure quality and the mispricing of accruals and cash flow[Z]. Working Paper.

[103] Durnev, A. A. and Nain, A. S. 2007. Does insider trading regulation deter private information trading? International evidence [J]. Pacific-Basin Finance Journal 15.

[104] Dyck, A., Volchkova, N. and Zingales, L. 2008. The corporate governance role of the media: Evidence from Russia [J]. Journal of Finance 63.

[105] Dyck, Alexander and Luigi Zingales. 2002. The media and asset prices [Z]. Working Paper.

[106] Dyck, Alexander and Luigi Zingales, 2004. Private Benefits of Control: An International Comparison[J]. Journal of Finance 59.

[107] Easterbrook, J. A. 1959. The effect of emotion on cue utilization and the organization of behavior [J]. Psychological Review 66(3).

[108] Engelberg, Joseph. 2008. Costly information processing: Evidence from earnings announcements[Z]. Working Paper.

[109] Engelberg, J., Sasseville, C. and Williams, J. 2013. Market madness? The case of Mad Money [Z]. Working Paper.

[110] Eysenck, M. W. and Calvo, M G. 1992. Anxiety and performance: The Processing Efficiency Theory[J]. Cognition and Emotion 6(6).

[111] Fama, E. 1998. Market efficiency, long-term returns and behavioral finance[J]. Journal of Financial Economics 49.

[112] Fama, E. and K. French. 1993. Common risk factors in the returns on stocks and bonds [J]. Journal of Financial Economics 33.

[113] Fan, J., Wiwattanakantang, Y. and Bunkanwanicha, P. 2008. Why do shareholders value marriage? [Z]. Working Paper.

[114] Fang, Lily and Joel Peress. 2009. Media coverage and the cross-section of stock returns [J]. Journal of Finance. Forthcoming.

[115] Feltham, G. A. and J. Z. Xie. 1992. Voluntary financial

disclosure in an entry game with continua of types [J]. Contemporary Accounting Research 9.

[116] Fiske, Susan and Shelley Taylor. 1991. Social Cognition. [M] New York: McGraw-Hill Press.

[117] Franken, R. E. 2005. Human Motivation (6th ed.) [M]. Pacific Groves, CA: Brooks/Cole.

[118] Francis, Jennifer, Donald Pagach and Jens Stephan. 1992. The stock market response to earnings announcements released during trading versus nontrading periods[J]. Journal of Accounting Research 30(2).

[119] Frieder, Laura and Subrahmanyam, Avanidhar. 2005. Brand perceptions and the market for common stock [J]. Journal of Financial and Quantitative Analysis 40.

[120]Gaa,C. ,2008. Good news is no news: asymmetric inattention and the neglected firm effect[Z]. Working Paper.

[121]Gabaix, Xavier and David Laibson. 2005. Bounded rationality and directed cognition [Z]. Working Paper.

[122]Gabaix, Xavier, David Laibson, Guillermo Moloche and Stephen Weinberg. 2006. Costly information acquisition: Experimental analysis of a boundedly rational model [J]. American Ecol1omic Review 96(4).

[123] Gans, Narayanamoorthy. 2001. Implications of conservatism for the post earnings announcement drift [D]. Dissertation, University of Rochester, USA.

[124] Graham, John and Alok Kumar. 2004. Do dividend clienteles exist? Evidence on dividend preferences of retail investors [Z]. Working Paper.

[125] Griffin, D. and Tversky, A. 1992. The weighing of evidence and the determinants of confidence [J]. Cognitive Psychology 24.

[126] Grullon, G. , Kanatas, G. and Weston, J. P. 2004. Advertising, breadth of ownership, and liquidity[J]. Review of Financial Studies 17(2).

[127] Hai-feng You and Xiao-jun Zhang. 2009. Limited attention and stock price drift following earning announcements and 10－K filings [Z]. Working Paper.

[128] Hand, John. 1990. A test of the extended functional fixation hypothesis[J]. Accounting Review 65(4).

[129] Haw, In-Mu G. , Park, Kyungjoo, Q, i Daqing, and Wu, Woody. 2003. Audit qualification and timing of earnings announcements: Evidence from China. Auditing[J]. Journal of Practice& Theory 22.

[130] Hebb, D. O. 1955. Drives and the CNS (Conceptual Nervous System) [J]. Psychological Review 62.

[131] Henock Louis and Amy Sun. 2009. Investor's inattention, strategies timing of merge announcements, and stock-for stock acquirers' long-term underperformance[Z]. Working Paper.

[132] Hirschey, M. and Zaima J. K. 1989. Insider trading, ownership structure and the market assessment of corporate sell-offs [J]. Journal of Finance 49(4).

[133] Hirshleifer, David and Siew Hong Teoh. 2003. Limited attention, information disclosure, and financial reporting [J]. Journal of Accounting and Economics 36.

[134] Hirshleifer, David, Kewei Hou, Siew Hong Teoh and Yinglei Zhang. 2004. Do investors value balance sheet bloat? [J]. Journal of Accounting and Economics 38(1).

[135] Hirshleifer, David, James Myers Linda Myers, and Siew Hong Teoh. 2008. Do individual investors drive post-earnings announcement drift? Direct evidence from personal trades[J]. Accounting Review 83(6).

[136] Hirshleifer, David, Sonya S. Lim and Siew Hong Teoh. 2009. Limited investor attention and stock market misreactions to accounting information[Z]. Working Paper.

[137] Hirshleifer, D. and Teoh, S. H. 2009. Driven to distraction: Extraneous events and underreaction to earnings news [J]. Journal of Finance 64.

[138] Hirst, Eric and Patrick Hopkins. 1998. Comprehensive income reporting and analysts' valuation judgments [J]. Journal of Accounting Research 36.

[139] Ho, Thomas and Roni Michaely. 1988. Information quality and market efficiency [J]. Journal of Financial and Quantitative Analysis 5(3).

[140] Hopkins, Patrick. 1996. The effect of financial statement classification of hybrid financial instruments on financial analysts' stock price judgments [J]. Journal of Accounting Research 34.

[141] Hopkins, Patrick, Richard Houston and Michael Peters. 2000. Purchase, pooling, and equity analysts' valuation judgments[J]. Accounting Review 75(3).

[142] Hou, K., Peng, L. and Xiong, W. 2009. A tale of two anomalies: The implications of investor attention for price and earnings momentum [Z]. Working Paper.

[143] Huberman, Gur and Tomer, Regev. 2001. Contagious speculation and a cure for cancer[J]. Journal of Finance 56(1).

[144] Huddart, S. and Ke, B. 2007. Information asymmetry and cross-sectional variation in insider trading[J]. Contemporary Accounting Research 24(2):195—232.

[145] Huddart, Steven, Mark Lang and Michelle Yetman. 2009. Volume and price patterns around a stock's 52-week highs and lows: Theory and evidence[J]. Management Science 55(1).

[146] Janelle, C. M., Singer, R. N. and Williams, A. M. 1999. External distraction and attentional narrowing: Visual search evidence[J]. Journal of Sport and Exercise Psychology 21(1).

[147] Janelle, C. M. 2002. Anxiety, arousal and visual attention: A mechanistic account of performance variability[J]. Journal of Sports Sciences 20(3).

[148] Jeffreg T. Doyle and Matthew Magilke. 2009. The opportunistic timing of management forecasts [Z]. Working Paper.

[149] Jensen, Michael. 2004. The agency costs of overvalued equity and the current state of corporate finance [J]. European Financial Management 10.

[150] Jensen, Michael. 2005. Agency costs of overvalued equity[J]. Financial Management 34.

[151]Jin, J. 2009. Investor attention and stock mispricing[Z]. Working Paper.

[152] Jin, L. and Myers, S. C. 2006. R^2 around the world: new theory and new tests[J]. Journal of Financial Economics 79(2).

[153] Joe, J., Louis, H. and Robinson, D. 2009. Managers' and investors' responses to media exposure of board ineffectiveness [J]. Journal of Financial and Quantitative Analysis 44.

[154] Joel, Peress. 2009. Media coverage and investors′ attention to earning announcements [Z]. Working Paper.

[155] Kacperczyk, Marcin, Stijn Van Nieuwerburgh and Laura Veldkamp. 2009. Attention allocation over the business cycle: Evidence from the mutual fund industry[Z]. Working Paper.

[156] Kahneman, D. 1973. Attention and Effort [M]. Englewood Cliffs, NJ: Prentice-Hall.

[157] Kahneman, Daniel and Amos Tversky. 1973. On the psychology of prediction[J]. Psychological Review 80(4).

[158] Karlsson, N., Loewenstein, G. and Seppi, D. 2009. The ostrich effect: Selective attention to information [J]. J Risk Uncertain 38.

[159] Kasznik, Ron. and Kremer, Ilan. 2009. The timing of management earnings forecasts and investor inattention[Z]. Working Paper.

[160] Ke, B., Huddart, S. and Petron, K. 2003. What insiders know about future earnings and how they use it: Evidence from Insider Trades [J]. Journal of Accounting and Economics 35(3).

[161] Klibanoff, Peter, Owen Lamont and Thierry Wizman. 1998. Investor reaction to salient news in closed-end country funds [J]. Journal of Finance 53(2).

[162] Lavie N. 1995. Perceptual load as necessary condition for selective attention[J]. Journal of Experimental Psychology 21(3).

[163] Lee, C. M. C. Shleifer, A. and Thaler, R. H. 1991. Investor sentiment and the closed-end fund puzzle[J]. The Journal of Finance 46(1).

[164] Li, D. and Zhang, Y. Internal Control Effectiveness and Insider Trading [Z]. Working Paper.

[165] Li, J. and J. F. Yu. 2010. Investor attention, psychological anchors, and stock return predictability[Z]. Working Paper.

[166] Loh, R. K. 2010. Investor inattention and the underreaction to stock recommendations[J]. Financial Management 39(3).

[167] Lou, Dong. 2009. Attracting investor attention through advertising[Z]. Working Paper.

[168] Louis, Henock and Sun, Amy. 2010. Investor inattention, strategic timing of merger announcements, and stock-for-stock acquirers' long-term underperformance[Z]. Working Paper.

[169] Manne. 1966. Insider Trading and the Stock Market [M]. Free Press.

[170] Mano, H. 1992. Judgments under distress: Assessing the role of unpleasantness and arousal in judgment formation [J]. Organizational Behavior and Human Decision Processes 52(2).

[171] Manove, M. 1989. The harm from insider trading and informed speculation [J]. Quarterly Journal of Economics 4(1).

[172] McLeod, P. 1977. Parallel processing and the psychological refractory period [J]. Acta Psychologica 41.

[173] Mendenhall, R. 2004. Arbitrage risk and post-earnings announcement drift [J]. Journal of Business77.

[174] Merton, R. C. 1987. A simple model of capital market equilibrium with incomplete information[J]. Journal of Finance 42(3).

[175] Miller, G. 2006. The press as a watchdog for accounting fraud [J]. Journal of Accounting Research 44.

[176] Mischel, W. and Ayduk, O. 2002. Self-regulation in a cognitive-affective personality system: Attentional control in the service of the self [J]. Self and Identity 1.

[177] Mishkin, F. 1983. A rational expectations approach to macroeconometrics: Testing policy effectiveness and efficient markets models [M]. Chicago, IL: University of Chicago Press for the National Bureau of Economic Research.

[178] Moray, N. 1959. Attention in dichotic listening: Affective cues and the influences of instructions [J]. Quarterly Journal of Experimental Psychology 11.

[179] Morck, R., Yeung, B. and Yu, W. 2000. The information content of stock markets: Why do emerging markets have synchronous stock price movements? [J]. Journal of Financial Economics 58(3).

[180] Myers, J. N., L. A. Myers and T. C. omer. 2003. Exploring the term of the auditor-client relationship and the quality of earnings: A case for mandatory auditor rotation? [J]. The Accounting Review 78.

[181] Nigg, J. T. 2006. What causes ADHD? Understanding What Goes Wrong and Why [M]. New York: Guilford Press.

[182] Nisbett, Richard and Lee Ross. 1980. Human Inference:

Strategies and Shortcomings of Social Judgment [M]. Englewood Cliffs, NJ: Prentice-Hall.

[183] Pagan, A. R. and Sossounov, K. A. 2003. A simple framework for analyzing bull and bear markets [J]. Journal of Applied Econometrics 18.

[184] Park, Y. R. 2009. Limited attention, trading volume, and return predictability[D]. Dissertation, University of California, Irvine, USA.

[185] Patell, James, M. and Mark A. Wolfson. 1982. Good news, bad news, and the intraday timing of corporate disclosures [J]. Accounting Review 57(3).

[186] Peng, Lin. 2005. Learning with information capacity constraints [J]. Journal of Financial and Quantitative Analysis 40(2).

[187] Peng, Lin and Wei Xiong. 2006. Investor attention, overconfidence, and category learning[J]. Journal of Financial Economics 80 (3).

[188] Peng, Lin, Wei Xiong and Tim Bollerslev. 2007. Investor attention and time-varying comovements [J]. European Financial Management 13(3).

[189] Peress, Joel. 2008. Media coverage and investors' attention to earnings announcements[Z]. Working Paper,

[190] Qian, Y. M. and Yu, X. Y. 2009. Business cycles, firm size and market reactions to news[Z]. Working Paper.

[191] Ravina, E. and Sapienza, P. 2009. What do independent directors know? Evidence from their trading [J]. Review of Financial Studies 22(1).

[192] Richardson, S., R. Sloan, T. Soliman and I. Tuna. 2005. Accrual reliability, earnings persistence and stock prices [J]. Journal of Accounting and Economics 39.

[193] Richardson, S., R. Sloan, M. Soliman, I. Tuna. 2006. The implications of accounting distortions and growth for accruals and profitability[J]. The Accounting Review 81.

[194] Roll, R. 1988. R^2 [J]. Journal of Finance 43.

[195]Ron Kasznik and Ivan Kremer. 2009. The timing of management earnings forecasts and investor inattention[Z]. Working Paper.

[196] Rosa R. S. and R. B. Durand. 2008. The role of salience in portfolio formation[J]. Pacific-Basin Finance Journal 16.

[197] Rosch, E. and Lloyd, B. B. 1978. Cognition and Categorization [M]. Hillsdale, NJ: Erlbaum Press.

[198] Savor, Pavel and Qi Lu. 2009. Do stock mergers create value for acquirers? [J]. Journal of Finance 64.

[199] Sadka, G. and R. Sadka. 2005. The post-earnings announcement drift and liquidity: level, risk and profitability of trading [Z]. Working Paper.

[200] Sadka, R. 2006. Momentum and post-earnings announcement drift anomalies: the role of liquidity risk [J]. Journal of Financial Economics 80.

[201] Seasholes, Mark S. and Guojun Wu. 2007. Predictable behavior, profits, and attention[J]. Journal of Empirical finance 14(5).

[202] Seyhun, H. N. 1986. Insiders' profits, costs of trading, and market efficiency [J]. Journal of Financial Economics 16(2).

[203] Shleifer, Andrei and Robert Vishny. 2003. Stock market driven acquisitions[J]. Journal of Financial Economics 70.

[204] Simmons, D. J. and D. T. Levin. 1997. Change blindness [J]. Trends in Cognitive Sciences 1.

[205] Sloan, Richard. 1996. Do stock prices fully reflect information in accruals and cash flows about future earnings? [J]. Accounting Review 71 (3).

[206] Stein, Jeremy C. 1996. Rational capital budgeting in an irrational world [J]. Journal of Business 69.

[207] Stroop, J. 1935. Studies of interference in serial verbal reactions [J]. Journal of Experimental Psychology 28.

[208] Teoh, Siew Hong, Ivo Welch and T. J. Wong. 1998a. Earnings management and the long run market performance of initial public offerings [J]. Journal of Finance 53(6).

[209] Teoh, Siew Hong, Ivo Welch and T. J. Wong. 1998b. Earnings management and the underperformance of seasoned equity offerings [J]. Journal of Financial Economics 50(1).

[210] Thomas Chemmanur and An Yan. 2013. Advertising, attention and stock returns [Z]. Working Paper.

[211] Treisman, A. and A. Davies. 1973. Dividing Attention to Ear

and Eye[M]. In S. Kornblum, 2nd. Attention and Performance IV. New York: Academic Press.

[212] Tversky, Amos and Daniel Kahneman. 1973. Availability: A heuristic for judging frequency and probability[J]. Cognitive Psychology 5 (2).

[213] Wilson, R. and Keil, F. C. 1999. The MIT Encyclopedia of the Cognitive Sciences [M]. Cambridge, MA: The MIT Press.

[214] Wolford, G. and Hollingsworth, S. 1974. Lateral masking in visual information processing [J]. Perception and Psychophysics 16.

[215] Wu Chen-Hui, Wu Chin-Shun and Liu Victor W. 2010. Limited attention and Annual Earnings Announcements [J]. Academia Economic Papers 38(3).

[216] Xie, Hong. 2001. The mispricing of abnormal accruals [J]. Accounting Review 76.

[217] Yang. Y. 2005. Why Insiders in Some Firms Are More Inside than Those in Others: Cross-Sectional Determinants and Effects of Insider Purchase Profitability[Z]. Working Paper.

[218] Yerkes, R. M. and Dodson, J. D. 1968. The relation of strength of stimulus to rapidity of habit formation [J]. Journal of Comparative Neurology Psychology 18.

[219] Yuan, Y. 2012. Attention and trading [Z]. Working Paper.

后 记

本书的完成和顺利出版得到了诸多人的帮助。

首先，感谢我的博士后指导教师北京大学光华管理学院的陆正飞教授和我的博士生指导老师厦门大学管理学院的吴世农教授。两位恩师在我的生活和事业发展上给予了大量的无私帮助。

其次，感谢厦门大学的沈艺峰教授、孙谦教授、李常青教授、沈维涛教授、屈文洲教授、王志强教授，是他们把我带入了财务学的美丽殿堂，让我深深感受到财务学的精彩之处。感谢同门师兄、师姐吴超鹏教授、潘越教授、吴育辉副教授、肖作平教授、吴红军副教授、许年行副教授等在我学术研究过程中提供的帮助和指导。

再次，感谢苏州大学出版社的李寿春老师，正是她和出版社同仁的认真、高效工作，才使得本书能够顺利出版。

最后，感谢我的家人，如果没有他们的理解和支持，我想我难以如此醉心学术。

权小锋

2014 年 4 月 13 日晚

于苏州大学商学院文成楼